小沢鋭仁《さきひと》物語

政策中心の政治を目指して

大下英治

小沢鋭仁物語

政策中心の政治を目指して

大下英治

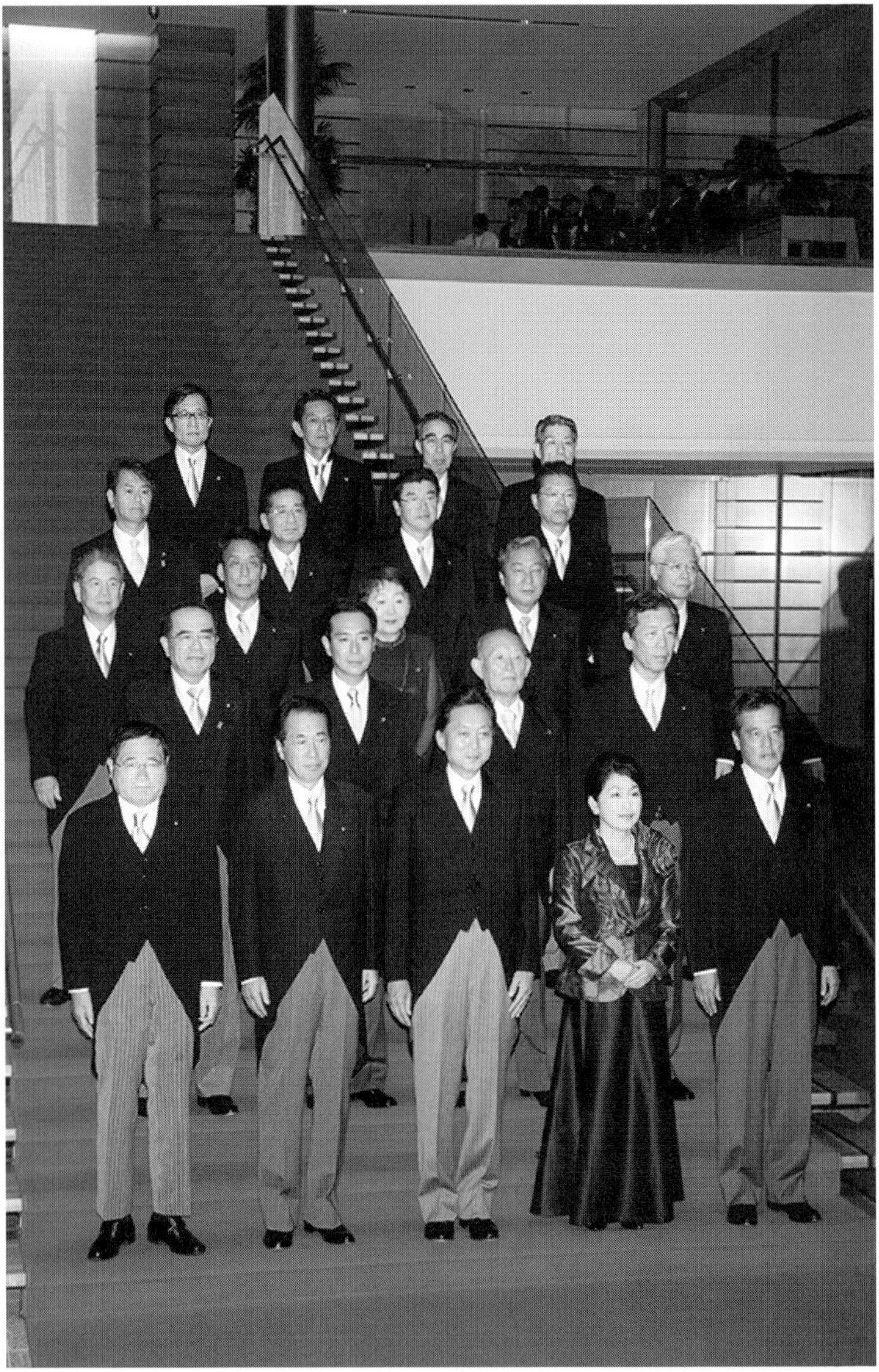

目次

序章「決断、新しい『革命』に向かって」

第一章「山梨県甲府市に生まれて」

第二章「国会議員への道」

第三章「民主党政権の葛藤」

第四章 「政治家・小沢鋭仁として
——政策中心の政治を目指して——」

序章「決断、新しい『革命』に向かって」

「チェ・ゲバラの霊廟で」

平成二十二年十二月、メキシコのカンクンで開かれた国連の気候変動枠組み条約第十六回締約国会議（COP16）に出席した小沢鋭仁は、帰路、カンクンから目と鼻の先にあるキューバに立ち寄ることにした。

この時、小沢鋭仁は、キューバ中央部の都市サンタ・クララにある「チェ・ゲバラの霊廟」を訪れた。

ゲバラは言わずと知れたキューバ革命の英雄である。カストロとともにキューバ革命に参加し、新政権下では内政、外交ともに重要な役割を果たした。その後政権を離れコンゴ、ボリビアなどでゲリラを率いて革命運動を続けたゲバラは、一九六七年（昭和四十二年）十月八日、ボリビア政府軍に捕らえられ翌日処刑された。

小沢は、現地で改めてゲバラの生涯に触れ、大いに刺激を受けて帰国の途についた。

この時の体験が蘇ったのは、名古屋市長の河村たかしの一言だった。

平成二十四年一月、あるパーティで偶然会った河村たかし名古屋市長が言った。

「サキちゃん、もう一回〝革命〟をしようや」

平成五年七月、河村は、小沢鋭仁の協力を得て日本新党から出馬して初当選を果たした経緯がある。その恩義を感じているのか、河村は言った。

「今度は、わしがサキちゃんを誘う番や」

むろん、河村が代表を務める「減税日本」に参加することはできない。が、河村の言った「もう一回革命をしようや」という言葉がこの時、キューバでの体験とリンクした。

小沢鋭仁は平成五年に初当選以来、六期を務めてきた。政治家としては、陸上競技にたとえればすでに最後の第四コーナーに差し掛かった頃と言っていいだろう。

この時以来、小沢鋭仁は「革命」を意識するようになっていった。

〈もう一度、思い切った政治行動を取りたいものだ〉

小沢鋭仁の政治家としての三大課題は、「経済のリフレ政策」「憲法九十六条の改正」「ＩＲ法案の実現」であった。いずれも日本の統治機構の改革や憲法改正などが必要であり、難しいテーマである。これまで、いくら党内で自説を訴えてきてもなしのつぶてであった。すでに民主党では実現不可能なことは明白であった。

ところが、日本維新の会は、その三大課題を見事に掲げてくれた。

小沢鋭仁は思った。

〈維新と一緒に政治行動が取れたらいいな…〉

両者の間を取り持ってくれたのは、松野頼久だった。

「小沢さん、維新で一緒にやりましょうよ」

二人は平成二十一年の政権交代時、小沢は環境大臣、松野は内閣官房副長官として共に鳩山政権を支えてきた仲である。

平成二十四年、小沢鋭仁は、松野の仲介により、橋下徹と松井一郎に面会することになった。

「橋下徹との会談」

小沢鋭仁は思った。

〈民主党を離党することをおおっぴらに宣伝して回るわけにはいかない。しかし、支援者にはしっかりと挨拶をしておかねばならない〉

六回も選挙を経験すると、人間関係もできている。

小沢鋭仁は、機会を見つけては民主党の県連代表や、自治労委員長など支援者に一対一で説明した。

「もしかしたら次の選挙は、民主党でないところからになるかもしれません。みなさんには申し訳ないけれど、もしそうなったら勘弁していただきたい」

平成二十四年十一月十四日、小沢鋭仁は、大阪のホテルで橋下徹と松井一郎に面会した。いよいよ選挙になる。その前に最終的な話をしておく必要があった。橋下も松井も多忙な中、揃って小沢鋭仁を待っていてくれた。

小沢は、橋下の日頃の言動からみて、天才的な人間だと感じていた。

一つ心配だったのは、橋下がタカ派なのではないか、ということである。そこで小沢鋭仁は橋下に念を押した。

「ぼくは、リベラルな人間ですよ」

するど、橋下が答えた。

「先生ね、ぼくは世の中から言われるよりずっとリベラルですから」

小沢は言った。

「今週末に後援会で皆さんと相談をして、週明けにご連絡します」

三日後の十七日には、後援会の役員会が控えていた。やはり、ここで後援会の人たちの賛同をしっかり得ておかなければ、人としての道理は通らない。むろん、次の政治行動にも影響が出る。

ところが、小沢鋭仁が大阪から戻ってみると、野田首相の「十六日解散」宣言で大騒ぎになっていた。

新聞記者の一人が、笑いながら小沢鋭仁に言った。

「以前、サキさんが言っていたとおりの話になっちゃいましたね」

小沢鋭仁は、以前から親しい人に打ち明けていた。

「民主党で当選した任期はきちんとまっとうしたい。その上で、次の選挙は違う旗でやって当選できれば、それもいいんじゃないか」

この新聞記者の言うとおり、十六日に解散となれば、図らずして任期をまっとうした上で違う旗の下で選挙、という順番になる。

十一月十七日、小沢鋭仁は後援会で、離党して維新に合流したい旨を説明したところ、反対意見もあったが最終的に了解を得ることができた。

選挙区である山梨一区については、民主党と自民党の調査でいずれも「小選挙区は小沢鋭仁当選」という予測結果が出ていた。自民党の候補者である宮川典子はまだ新人で当選経験はない。このまま民主党にいれば小選挙区で勝てる可能性は高いし、比例まで出れば負けることはまずない。

　ところが日本維新の会に行けば、これまで築いた人間関係は切れるし、資金も出てこない。おそらく、かなりの額は自腹になるだろう。それに民主支持の連合はすべて離れるため、自前の組織で選挙を戦わねばならない。

　民主党内でも、うらやましそうに言われていた。

「サキさんのところは安泰じゃないですか」

　この台詞は、十五日に本会議で同席した仙谷由人副代表にも言われた。

「山梨一区なんか、選挙は心配ないじゃないか」

　小沢鋭仁は答えた。

「しかし、死に花を咲かせたいんです」

　その言葉を聞いて、仙谷は笑っていた。

「近いうち解散の行方」

　この回の衆議院解散は「近いうち解散」と呼ばれた。平成二十四年十一月十六日、民主党の野田佳彦内閣が打ったものだ。自民党総裁・谷垣禎一（当時）と公明党代表・山口那津男、野田の与野党トップが八月八日、一堂に会した三党首会談。野田は、この席で明言した。

「社会保障と税の一体改革関連法案が成立した後、近いうちに国民の信を問う」

谷垣から交代した自民党総裁・安倍晋三は国会での論戦で解散時期の明言を求めた。

野田は、十一月十四日の党首討論でついに十六日という具体的な日付に言及。解散を決断するに至った。

あまりにも唐突な決断である。多くの衆議院議員が周章狼狽した。

小沢鋭仁もその一人だった。大阪で大阪市長・橋下徹と大阪府知事・松井一郎と会談。戻ってすぐのタイミングだ。決して歓迎すべきものではなかった。

小沢鋭仁は、すでに民主党離党の腹を固めていた。だが、後援会の了承はまだ得ていない。時間を見つけては、民主党山梨県連や関係者を訪れ、一対一で意を尽くして報告してきた。いや、相談といったほうがいいかもしれない。

「もしかしたら、次の選挙は民主党でないところからになるかもしれません。みなさんには申し訳ないけれど、もしそうなったら勘弁していただきたい」

解散が先に立ち、支持者の了解は後回しになってしまった。地元で支えてくれた人たちから「非礼」と取られても仕方がない。

三日後の十一月十七日には、後援会の役員会の日程を組んでいる。橋下と松井にも次のように伝えてきた。

「今週末に後援会で皆さんと相談をして、週明けにご連絡します」

役員会の席では支持者の賛同を確実に得る必要がある。

「何でだ」

何人かの出席者からはそんな声が上がった。反発の声。あまりに急な話だ。無理もない。特に民主党系の人々や連合からは強烈な反発が返ってきた。

だが、小沢に弁解を重ねている時間はなかった。衆議院はすでに解散した。選挙戦は始まっているのだ。きめ細かな報告のために支持者の元を訪問している場合ではない。

〈早急に選対を立ち上げなければならない〉

後援会の十分な承認を取り付けないまま、突入した選挙戦。緒戦でのつまずきは結局、最後まで尾を引いた。

十二月十六日の投開票。小沢が集めた票は、わずか三万四四一四にとどまった。平成二十一年の選挙では九万票を集めた。政権交代がかかっていたこともあり、勢いが違う。約三分の一の得票は激減といっていい。

当時の民主党幹事長は輿石東だった。選挙対策の総責任者のメンツにかけて、「離党した小沢鋭仁は絶対に落とす」と息巻いていた。これは輿石一人にとどまらず、民主党内に漂っていたムードといっていいだろう。

ただ、小沢の地元・山梨県連の受け止め方は少し違っていた。ついこの間まで共に活動してきた仲間同士である。袂を分かったからといって、いきなりいがみ合うものでもない。

「ここは不戦敗でもいいじゃないか」

そんなことを言ってくれる者がいると、風の噂で伝わってきた。声の主は当時の県連代表・樋口雄一である。現在は甲府市長を務めている。

輿石は「不戦敗論」には一切耳を貸さなかった。野田政権で官房副長官の任にあった参議院議員・斎藤勁を担ぎ出す。衆議院への鞍替え出馬に踏み切った。

山梨一区の選挙結果は皮肉なものだった。

・宮川典子（自民）五万四九三〇票

・小沢鋭仁（維新）三万四四一四票

・斎藤勁（民主）二万六〇七〇票

二位の小沢と三位の斎藤の票を足せば、宮川を上回っていた。大きく票を減らした小沢だったが、「日本維新の会」は南関東ブロックで比例名簿の一位で処遇していた。難なく復活当選を果たす。小沢の惜敗率は南関東でトップ。仮に一位でなかったとしても、議席は得られていた。

小選挙区での黒星。小沢が選挙で敗れたのは生涯初のことだった。生まれてこのかた、小学校時代の児童会選挙を含め、ただの一度も選挙で負けたことがない。議席を得られたことは確かにうれしかった。だが、選挙後に開いた祝勝会を兼ねた報告会の席での表情は勝者のそれではなかった。

仲間の市議会議員による著作『ダイヤモンドは傷つかない』には、こう記されている。

「小沢鋭仁は一切笑顔がなかった」

このときの表情は小沢鋭仁の胸の内をそのまま映し出していた。生まれて初めての敗北。単に「悔しい」わけではない。

〈選挙とは多くの人たちの気持ちの結果だ〉

小沢はそう考えている。小選挙区での敗退は支持者を失望させたり、期待を失わせたりした結果だ。小沢はそう受け止めたのだ。政治家として、これほど辛いことはなかなかない。

ともあれ、議員バッジはつけられた。年が明ければ、通常国会の幕が開く。

日本維新の会は選挙前に変革の時を迎えていた。元東京都知事の石原慎太郎率いる太陽の党との合併話が浮上。最終的に合意し、十一月十七日に一体となる。

合併への動きは秋の始め頃から始まっていた。小沢は、松井と橋下に会うために十一月十四日、大阪を訪れた。会談の席で橋下はこんな話を切り出した。

「実は、石原さんたちと合流したいと思うんです。小沢さん、ご意見はいかがですか」

メディアにも両党が合流するのではないかとの観測がちらちらと出始めた頃だった。

小沢の返答は決まっていた。

「反対です」

理由は二つあった。まず、思想・信条の問題だ。石原や平沼赳夫ら、太陽の面々は自民党時代から党内右派、いわゆるタカ派で売ってきた。自他共に認めるリベラル派である小沢とはかなり色彩が違う。

もう一つは、年齢だ。太陽のメンバーは七十代も少なくない。石原に至っては八十歳を超えている。清新さを看板にしている橋下維新とは、この点でも肌合いに差があった。

「両方の意味で反対です」

小沢の考えはそれなりに筋の通ったものだった。だが、合流への流れは止まらない。水と油に思えた両党が選挙前に急遽一つになる。

選挙戦では、悪い意味でのサプライズもあった。序盤で石原が爆弾を投下したのだ。

「日本も核を持つことを考えていいんじゃないか」

党内では誰もが口あんぐりだった。

大阪維新の会代表だった橋下徹は、石原と共に共同代表に収まった。

国会議員団と呼ばれる組織が党内に発足。会長には太陽出身の平沼赳夫が就任した。幹事長には旧維新側から松野頼久が選ばれる。

「国会対策委員長をやってくれないか」

小沢は議員団から要請を受けた。

合併後の日本維新の会は選挙の結果、一大勢力に成長する。野党第一党の民主党は七十七議席を獲得した。これに対し、維新は七十四議席で肉迫。僅差で野党第二党の地位を占めた。小沢は、今でも考えている。

〈あの合併は、失敗だった。旧維新、太陽のままで選挙戦に突入していれば、民主党より多くの支持が得られ、野党第一党の座も夢ではなかったんじゃないか〉

国会が始まってしまえば、イデオロギーのことばかり考えているわけにもいかない。小沢は国対委員長として議事の運営に責任を果たさなければならなかった。

日本維新の会で衆議院議員の大半を占めるのは初当選組だ。山田宏と中田宏は首長を経験しての出戻り。松野頼久や松浪健太、谷畑孝といったベテランもいる。だが、八割近くは新人議員である。

一年生議員は国会でどうやって質問するのかさえわかっていない。新人への指導も国対の役割だ。圧倒的多数ともなれば、なかなか骨が折れる。国対委員長として一番大変だったのは新人指導だった。

橋下維新ブームの追い風で永田町にやってきた新人議員たち。実力のほどはどうだったのだろうか。

小沢は日本新党時代、同じようにブームで大量当選した一年生議員を見てきた経験がある。

結論からいえば、「玉石混交」。勢いだけでバッジをつけている者も少なくはない。だが、一方で「結構いい」人材も集まってきていた。ブームは馬鹿にならない。

日本新党もそうだ。平成五年、細川ブームを背景に野田佳彦や前原誠司、枝野幸男ら、政権交代時の民主党を支えた人材を国会に送り込む役割を果たした。

選挙の洗礼を受け、生き残る議員もいるし、途中で消えていく者もいる。このこと自体は、今も昔も変わらない。政界の風景である。

新人議員といえば、小沢にはいまだに忘れられない橋下徹の言葉がある。平成二十四年十二月、衆議院選挙が終わり、維新の全国会議員が初めて一堂に会する研修会が都内のホテルで開かれた。まず、勉強会を行い、その後、懇親会という運びだ。

小沢はこのとき初めて橋下の講演を一時間ほどじっくり聞く機会を得た。

橋下の演説には特徴があった。並の政治家であれば、長く話をしていると、だんだん聴衆が減っていく。だが、橋下の場合、時間がたてばたつほど人が集まってくるのだ。

「あんなに演説がうまい男は初めて見た」

石原慎太郎ですら、舌を巻いた。石原が政治家・橋下を評価する点の一つがこの演説の力である。

この日の講演も、本当に引き寄せられる内容だった。

〈橋下さんは、本当に魅力のある人だな〉

小沢はつくづく感じ入った。

平成五年の初当選以来、数多くの政治家と接点を持ってきた。総理経験者を含め、大物も少なくはない。橋下はそれらの人物に決して引けを取らない。いや、それどころか、群を抜いているのではないか。

〈小泉純一郎さんも演説が面白い政治家だった。面白さという点で、橋下さんは小泉さんと互角かもしれない〉

橋下の演説は時にパワフルだが、ユーモアもある。小沢が最も印象に残ったのはこんな一節だ。

「ここに集まっている一部の先生方を除いて、今度新たに入ってきた人たちは国会なんかでろくなことはできないと思います。偉そうに『国会議員になった』なんていう思いで国会に臨むのではなく、とにかく謙虚になって、きちんと勉強してやっていただきたい。基本的な方針は先輩議員がきちっと立てて、その下できちっとした活動、実務が早くできる人間になってください」

橋下がここまで踏み込んだ発言をしてくれたおかげで、小沢は国対委員長としてずいぶん仕事がしやすくなった。

橋下の姿勢には他にも目を開かされるものがあった。一言でいえば、「新しい野党の在り方を求めたい」という思いだ。

キーワードは「是々非々」である。この言葉そのものは決して目新しいものではない。政治用語としてはむしろ使い古されてきた感がある。だが、あえて日本維新の会は「是々非々」を掲げた。

分裂を繰り返した平成二十八年、通常国会の衆議院本会議。おおさか維新の会は「是々非々」を地で行った。これに対して与党でも野党でもない「ゆ党」としての振る舞いだと軽んじる向きもある。だが、これは日本維新の会が当初から持っていた遺伝子だ。小沢は評価している。

〈「是々非々」の中で判断していけばいいだけのこと。いいものはいい、駄目なものは駄目という話だ〉

「是々非々」と並んで維新の軸となったのが「提案型野党」だ。

「『何でも反対』の野党では駄目だ」

橋下をはじめ、維新のメンバーはそう考えた。小沢ももちろん同調した。

まずは自分の持ち場だ。国対委員長として、小沢はこう考えた。

〈とにかく、議員立法を出そう〉

議員立法をつくる党内の機関は政策調査会だ。維新の議員団政調会長は自民党参議院出身の重鎮・片山虎之助が務めていた。法案をつくるのは確かに政調。だが、国会に出すのは国対のマターだ。

小沢が国対委員長ポストにある間、維新は十二本の議員立法を国会に上程している。そのうち五本は、小沢が自分でつくったものだ。その中には、小沢のライフワークともいえる「日銀法改正案」も含まれている。

中でも実りが大きかったのは国民投票法改正案だ。厳密にいうと、「改正」ではない。国民投票法が制定されたのは第一次安倍政権の時代だ。だが、三つの「宿題」を残していた。「投票年齢の確定」「公務員の政治的行為の規制緩和」「国民投票の対象拡大」である。これを解決しない限り、国民投票法は機能しない。

維新は国民投票法を使える法律にするために「提案」をした。最終的には各党すべて相乗りで可決・成立する。

平成二十四年六月に成立した国民投票法改正は日本維新の会が先導した。こうした話は永田町の内外であまり表に出ることはない。だが、知る人ぞ知る真実である。こうして、発議さえすれば、いつでも憲法改正が可能な世の中になった。小沢は、自分をはじめ維新の尽力があればこそだと自負している。

「日本維新の会国対委員長として奮戦」

国対委員長としての苦労は膨大な新人議員への指導に尽きる。これは骨が折れた。だが、その反面、「やりたいこと」が何でもやれる風土はあった。

橋下徹共同代表と松井一郎幹事長は、ほとんど大阪にいる。資金の問題では議員団幹事長の松野が東京と大阪の間に入って汗をかいてくれていた。だが、国会運営に関してはどこからも横槍が入ることはなかった。国対委員長としては、かなり腕を振るいやすい環境にあったといえる。

橋下も松井も、国会議員の経験はない。しかも、大阪で仕事をしている以上、「目の前にある話」ではない。国会の仕切りについては当初から「小沢さんにお任せ」という暗黙の了解があった。

小沢は国対委員長就任が決まったあと、大阪に出向いている。橋下と松井に会うためだ。一席設けた際に、二人は口をそろえてこう言った。

「国会のことは、小沢さんにお任せしますから」

新人議員のお尻をたたきつつ、議員立法を上げる。「これは」という法案については小沢が自ら手がけた。政策好きの小沢にとって、維新の国対委員長はなかなか楽しい仕事だった。

日本維新の会の中で政策通の議員として小沢は議員立法を数多く手がけてきた。これまで見てきた通りだ。だが、日本維新の会内では「路線対立」の火種が日増しに大きくなりつつあった。当初はみんなの党との合流案が浮上。みんなの党が分裂すると、江田憲司率いる結いの党との合併構想が生まれた。平成二十六年一月から橋下の意向で結いの党との協議が開始された。

石原慎太郎共同代表や平沼赳夫議員団会長は、合併には反対。小沢は国対委員長の仕事で忙殺されていたため、党内の調整は議員団幹事長の松野頼久に委ねられた。

石原は公言していた。

「結いとの合流は、絶対に認めない」

理由ははっきりしている。代表の江田憲司の存在があるからだ。

〈江田さんは基本的に護憲の人。改憲というより、「廃憲」に近い石原さんとぶつかるのは無理もない〉

国会議員団で政調会長・参議院議員団会長を務める片山虎之助は岡山出身で江田憲司とは同郷の間柄だ。

小沢は江田からこんな話を聞いたことがある。

「片山さんと一杯飲んだら、話がうまく進んだ」

江田はご機嫌の様子。だが、片山はそうでもなさそうだ。

「それは大人だから。飲んでるときに喧嘩なんかしないよ」

旧太陽の党から公然とささやかれ始めた。

「江田は駄目」

江田には本当に頑固なところがあるからだ。自分の言ったことを絶対に曲げない。意見を下げない。

「維新の党、結成」

合併推進派と反対派。双方の妥協点はついに見つからず、日本維新の会は分裂する。

平成二十六年六月、日本維新の会は分党し、石原慎太郎共同代表ら旧太陽派が割って出る形となった。石原らは次世代の党を結成する。

残った日本維新の会は、平成二十六年九月、結いの党と合流。党役員人事を一新した。小沢は国会議員団の幹事長に就任する。江田憲司と橋下徹が共同代表。国会議員団会長は松野頼久という布陣だ。

ただ、この新体制は実質的に二カ月ほどしか持たなかった。平成二十六年十二月には衆議院選挙になだれ込んでいくからだ。小沢はわずか二カ月とはいえ、国会議員団幹事長として党務の采配を振るった。

この年の衆議院選挙は、小沢にとって苦闘続きとなった。まずは選挙区の区割りの問題に直面する。小沢の地元である旧山梨一区が「〇増五減」対象区だったからだ。

新山梨一区は約七割が新選挙区。しかも、そのほとんどは中選挙区時代に金丸信が地盤にしていた山間部地域だった。いうまでもなく、自民党の金城湯池だ。

区割りの実態が明らかになる一方、結いとの合流の過程でこんな話も進んでいた。

「小沢鋭仁は比例優遇」

改正選挙区への手当として、小沢を比例南関東ブロックの名簿一位で処遇する。これは、結いの党の合流前、松野・松井両氏が内々、決めた事であった。正式に決定したことである。

だが、新たに共同代表の座に就いた江田憲司は頭を振った。

「それは認めない。小沢の比例優遇だけは絶対に了承できない」

交渉は難航した。

結局、公示日の前々日という土壇場でもう一人の共同代表・橋下徹が断を下す。

十一月三十日、小沢に橋下からの電話が鳴った。

「近畿ブロックの比例一位で、どうですか」

橋下は松井一郎幹事長と相談。江田の顔も立てながら、妙案をぎりぎりでひねり出したのだ。

この条件は、江田ものんだ。小沢は戦い慣れた地元・山梨を離れ、急遽、比例単独候補として近畿ブロックに落下傘で出馬することになった。

〈議席を得るという意味では、チャンスだ。山梨一区での野党共闘も進む〉

それにしても、江田はなぜそこまで小沢の比例優遇に拒否反応を示したのだろうか。実は江田には江田の選挙区事情があったからだ。江田は神奈川八区の選出。横浜市緑区・青葉区を地盤としている。比例南関東ブロックは自分の庭場だ。子分も多くいる。子飼いの手勢の生死に影響するような小沢の優遇など、承服できるはずがない。

選挙の常道からいえば、あくまでも南関東にこだわるべきだ。だが、党の決定には従わざるを得ない。

〈新山梨一区で出れば、小選挙区で敗れることになる。比例はどうか？　だが、近畿の比例では当確だ〉

小沢の危惧は現実のものとなる。

「小沢は、選挙区・山梨を捨てるのか」

地元の支持者からはこうした声が昂然と上がり始めた。当然といえば、当然だ。一方、近畿ブロックの候補者からは不満の声が聞こえてくる。

「何で、小沢が急に比例の一位で来るんだ」

小沢は両方の選挙民から恨みを買うことになってしまった。他に道がなかったわけではない。比例優遇を断固として断り、小選挙区単独で戦う選択肢もあった。だが、七割が新選挙区という新しい区割り。しかも、民主党時代には後ろ盾となってくれた連合という原動力もすでにない。小選挙区一本に絞ることは選挙戦に敗れることとほぼイコールだった。比例で近畿の名簿一位ならば、当選はほぼ保証されている。

小沢が新山梨一区から身を引いたことで思わぬ副産物がもたらされた。当時、維新の党は民主党と選挙協力を行っている。具体的には候補者の調整だ。小沢の近畿比例への転出に伴い、新山梨一区からは民主の公認候補・中島克仁が出馬。見事勝利を収めた。

〈安倍自民党があれだけ支持を集めている中、小選挙区で野党候補が勝ち上がるのは大変なことだ〉

こうした経緯から、中島は小沢に深く感謝している。中島はもともとみんなの党に所属しており、旧山梨三区を地盤としていた。

平成二十四年の衆議院選挙で初出馬。旧三区では民主・自民の候補者に後れを取ったが、比例で救われている。平成二十六年のこの選挙で小沢の後援会は中島陣営の援護射撃に回った。その効果も決して少なくはない。

平成二十七年一月、小沢後援会の新年会には中島も顔を出した。

「とにかく小沢先生のおかげで当選しました」

支持者に向かって、深々と頭を下げた。小沢には中島への貸しが都合二回ある。中島もそれは心得ており、二人の関係は良好だ。山梨県の政界に隠然たる影響力を持つ輿石東は平成二十八年の参議院選挙には出馬せず、引退する。重石が取れれば、いろいろな可能性が広がりそうだ。

平成二十六年の衆議院選挙。小沢は輿石の候補者調整に振り回された。当時の小沢は日本維新の会幹事長。候補者を立てている全国の選挙区の情勢を見なければならない。山梨一区でいえば、「維新は小沢、A党は○○、B党は××、C党は△△……」と書き出した表を作っていく。

平成二十四年の衆議院選挙の山梨一区でみんなの党は中島克仁を公認した。候補者調整の会合を重ねても、民主党の候補はずっと空白のまま。維新の公認はこの時点で小沢である。普通なら、小沢で決まりなのだが、決められない。民主党幹事長の枝野幸男は維新の党の松野頼久国会議員団会長に苦渋の表情で説明した。

「ご承知のように、民主党には輿石さんという御大がいて。『ここは一切手をつけるな』と言われてますから、決められません」

小沢はそれを聞いて唖然とするしかなかった。選挙協力は勝つためにするものだ。自民党より強い候補を立てなければならない。

民主党と維新もそのために苦心している。他の選挙区を見れば一目瞭然だ。維新では千葉で活動している椎木保を大阪二区に国替えさせた。民主党も各地で候補者を降ろしている。

それでも山梨一区の候補者調整は難航した。民主は空白。維新には現職で幹事長の小沢鋭仁がいる。それでも決められないのはなぜか。

「苦渋の決断、近畿比例ブロックからの出馬」

小沢は、平成二十六年の衆議院選挙を比例の近畿ブロックで戦った。山梨と近畿、両方の支持者・有権者から非難の声を浴びる。小沢はけじめとして全役職を辞した。平成二十七年の一年間は完全な無役として活動している。

小沢らしく政策だけは磨き続けていた。憲法調査会会長だけは続投。環境委員会と内閣委員会の委員も務めている。

ヒラの議員となった小沢は国会での質問に力を注いだ。事務所のスタッフにこう言われたことがある。

「こんなに一国会で質問の準備をしたのは初めてです」

日本維新の会の独自性といえば、もう一つ忘れてはならないのが「最後は多数決」だ。小沢に言わせれば、「民主主義なんだから、当たり前のこと」となる。だが、永田町で同じような考えを持つ人は意外に少ない。現に党の意思決定を「最後は多数決」で決めているところは維新を除いて他にない。

小沢がまだ民主党時代にいたころ、平成二十四年のことだ。消費増税関連四法案を含む社会保障・税一体改革関連法案の採決をめぐって民主党では党内政局が紛糾。小沢鋭仁は執行部に「決を取ってくれ」と再三迫った。

だが、結局多数決には踏み切れないまま、「代表一任」でどうにか収めた。党内の誰一人としてこれで決着とは考えてはおらず、これは小沢一郎元代表とグループ議員衆参五十人が離党届を出す伏線となっていく。

「最後は多数決」については党内で異論もあった。急先鋒は石原慎太郎共同代表である。

「小学校の生徒会じゃねえんだ」

息巻く石原を、小沢鋭仁は説得した。

「いや、それをやりましょう」

こうして、日本銀行総裁・副総裁の国会同意人事について日本維新の会は多数決を取った。その上で「賛成」で意思を統一したのだ。

国会同意人事は一般の法案と扱いが違う。イエスかノーかだけだ。一度否決された候補にはケチがついてしまう。順番を変えたとしても、もう一度出すのは難しい。

〈大阪との意見の違いは確かにある。だが、維新の文化である「最後は多数決」については橋下徹共同代表、松井一郎幹事長も理解してくれている。あれでよかった〉

意見の違いが対立にまで発展したことがもう一度ある。インドへの原子力発電所輸出の問題だ。

平成二十三年三月十一日の東日本大震災と東京電力福島第一原子力発電所事故以降、原発を認めるかどうかの議論はずっと続いてきた。

石原慎太郎共同代表や平沼赳夫代表代行は原発容認の立場だ。

「日本は、とにかく原発を使っていかなければならない。まさに時代の要請なんだ」

橋下徹共同代表と松井一郎幹事長は反対する。

「あれだけの危険がまだある。しかも、放射性物質は十万年たってもなくならない。そんな中で、われわれは原発にとても責任を持てない」

真っ向対立したが、これも「最後は多数決」。反対が賛成を上回り、党の意思は「反対」に決まった。

日本維新の会が「最後は多数決」を行ったのは、この二回のみだ。

〈一つの政党とはいえ、意見の違いはよくある。衝突がまったくないのは公明党や共産党ぐらいだろう。どんな政策課題についてもいろいろな議論をした上で、「最後は多数決」で決める。この方法は非常にわかりやすいんじゃないか〉

民主党政権当時、とても国民投票法をいじれる雰囲気ではなかった。党内に憲法改正反対派がかなり多くいるからだ。

小沢は平成二十三年十月、枝野幸男から憲法審査会の筆頭幹事職を引き継いだ。会長は大畠章宏から中野寛成に交代。

〈もう本当に憲法審査会で国民投票法を仕上げなきゃいけない〉

小沢はそう決意した。久しぶりに憲法審査会を開くことにする。これまでは与党である民主が幹事を一切出さなかったため、憲法審査会の扉は閉ざされたままだった。

流れを変えたのは筆頭幹事である小沢だ。会長の中野も憲法改正派。気心は知れている。

「国民投票法をやろう」

当時、小沢は努めてこう口に出してきた。新聞に書かれたこともある。

結局のところ、歴代民主党政権は国民投票法改正に踏み出せなかった。党内の空気を尊重した形である。

民主から維新に党籍を変え、新たに議員立法で国民投票法改正案を提出。これがたたき台となる。自民党を含む超党派が相乗りし、法案を出し直して可決・成立した。世間の注目を集めた「十八歳選挙権」はこのときの改正の一部だ。

もう一つ、小沢が主導した大きな変革がある。安全保障の問題だ。日本維新の会が最初に提案した限定的集団安全保障の容認。一般には与党主導と誤解されている面がある。だが、実際に舞台を回したのは維新だった。

「限定的」とはどのような意味か。一言でいえば、日本を守るために戦ってくれている同盟国軍は現状ではアメリカ軍のみだ。将来的に同盟国軍の枠が広がったとしても、それらの軍が攻撃されれば、日本の部隊はそれを守る。これは当たり前のことだ。ただし、同盟国軍が日本を守るために行動しているときに限る。これが「限定的」の意味である。

〈われわれが論陣を張ることで、限定的集団安全保障はようやく実現にこぎ着けた〉

小沢は今もそう自負している。

最後に小沢が生涯のテーマとしてきた日銀法改正にも触れておこう。平成二十五年四月に衆議院に提出している。この改正はインフレターゲットをきちんと認めるためのものだ。インフレターゲットとは、物価上昇率（インフレ率）に対して、政府・中央銀行が一定の目標を定め、それに収束するように金融政策を行うことである。

現在の日本銀行は黒田東彦総裁と岩田規久男副総裁がツートップ。二人は政策論的にインフレターゲットの必要性を十分に認めている。だが、人事の加減によっては理念の異なる執行部が生まれる可能性もある。日銀法改正案では「物価安定目標」を設定。これを日銀の政策の内容として正式に位置付けた。これによって、日銀のトップにどんな考え方の人物が座ろうと、インフレターゲットを意識した舵取りをしなければならなくなる。

平成二十五年四月、衆議院予算委員会の質問で小沢は安倍総理にただした。

「総理がかつてわたしたちとリフレの勉強をしていたときに、『日銀法改正をやろう』とおっしゃってましたよね」

答弁に立った安倍総理は笑顔で応えた。

「今は日銀幹部とインフレターゲットについて話ができているんで、いい。法改正については、もう少し時間をかけてやっていきたいですね」

小沢には前東京都知事の舛添要一（当時自民党参議院議員）と共同で平成十四年から勉強会を続けていた時期がある。課題はリフレ（金融緩和）政策。小沢は十年以上も前から筋金入りのリフレ派だった。この種の勉強会には後に渡辺喜美が加わり、やがて安倍も参加する。小沢は安倍への質問で当時を振り返ってみせたのだ。

トップに立った人間の主義主張に頼るのではなく、日銀の役割の中に物価安定目標を盛り込む。これが改正の肝だ。

小沢が魂を込めた日銀改正法案は、いまだ棚ざらしのまま。審議に入るめどは立っていない。

法改正とは別の次元で安倍政権の経済政策は完全に「リフレ」の方向を向いている。安倍は平成二十三年の自民党総裁選挙の時点から「リフレ」の旗を掲げてきた。この年の十二月に政権奪還、首相に就任してからも、旗を降ろしたことはない。日銀人事を黒田東彦・岩田規久男コンビでまとめたのもその一環だ。日銀法改正は暗礁に乗り上げているが、リフレ政策そのものは安倍のリーダーシップの下で完全に実現しているといっていい。

小沢は政治家として「経済の活性化」を目指してきた。そのための具体的な政策が「リフレ」である。民主党に籍を置いた時代にも、この点は主張し続けてきた。

だが、小沢の持論は党内では異端とみなされてしまう。民主党の政策調査会で「主流」といわれる藤井裕久や岡田克也、仙谷由人、枝野幸男らはいずれも「反リフレ」派である。

藤井や岡田たち主流派は、なぜ「リフレ」を嫌うのか。理由は二つある。

一つはハイパーインフレへの懸念だ。デフレ脱却を目標に掲げるのはいい。だが、経済は生き物だ。物価が暴走を始めたらどうなるのか、というわけだ。

もう一つは金融政策への疑問である。「金利をいくらいじっても、経済はよくならない」と主流派は考えている。インフレ目標など設定している暇があるのなら、少しでも実体経済をよくする努力をすべき——という立場を取る。

後者については、小沢にも異論はない。実体経済を上向かせることの重要性は十分に理解している。「アベノミクス」でいえば、「成長戦略」に当たる部分だ。経済活性化には不可欠の要素といっていい。

だが、その前にデフレを解消する必要がある。デフレ解消に効果のある政策といえば、「リフレ(金融緩和)」。これは経済学の教科書にも出てくる。極めてオーソドックスな手法といっていい。一部の論者が指摘するような「奇妙奇天烈な手」「劇薬」などではまったくない。

「維新の党の対案路線」

維新の党は安全保障法制への対案を出している。政府の存立危機事態法案を批判し、「武力攻撃危機事態に対処するための自衛隊法等の一部を改正する法律案」を平成二十七年八月、参議院に提出した。

当時の安全保障調査会長は小野次郎。小沢は副会長を務めた。だが、この法案は小野と小沢でつくったものでは必ずしもない。

〈この法案を生んだのは、橋下の思いだ〉

維新はなぜ存立危機事態を認めないのか。一つ例に挙げるとすれば、ホルムズ海峡（ペルシャ湾とオマーン湾との間の海峡）だ。経済的な要因だけで日本から遠く離れた地域で武力攻撃が認められるのはおかしい。憲法違反の疑いも濃厚だ。あくまで日本を守るためだけの武力攻撃にしなければならない。これも小沢の持論である集団的自衛権の「限定容認論」につながる話だ。

日本を守ってくれる同盟国軍とのみ行動を共にする。この「限定容認論」は憲法学者のほとんどが合憲と認めている。安保法制廃止の論陣を張る小林節慶應義塾大学名誉教授も含めてだ。

安保法制について小沢が問題視している点はもう一つある。「重要影響危機事態」をめぐる危険性だ。これは今まであまり報じられてこなかった論点だ。

一言でいうと、自衛隊がアメリカの後方支援をするときの問題だ。安保法制の下では事実上、日本の領土を離れて世界中どこででも可能になっている。これも違憲である可能性が高い。

テロへの目配りの問題もある。日本の安全保障で今、最大の懸案は北朝鮮のミサイル問題だろう。だが、国際的なテロへの対策もそれと同じくらい深刻な課題だ。

〈安保法制は従来的な危機に対しては抑止力になっている。だが、テロについてはどうか。かえって誘発している面があるかもしれない〉

対テロ戦争はまさに「重要影響危機事態」といっていい。アメリカの後方支援で世界をまたにかけて自衛隊が出動する。となれば、国際社会はこんな問いを立てかけてくるだろう。

「じゃあ、中東にも派遣するのか」

「ＩＳ（「イスラム国」）と戦うこともあるのか」

「限定的容認論」と「重要影響危機事態」。二つの点で小沢ら維新の党は安保法制に反対した。

小沢は高村正彦自民党副総裁と「限定的容認論」について言葉を交わしたことがある。高村はかつて仕えたこともあり、旧知の間柄だ。

「存立危機事態は『限定的容認論』を超えてますよ」

小沢は「重要影響危機事態」への懸念についても説明した。法案が衆議院での審議を終え、参議院に送られているころだ。

「安保法制の法案を修正したとする。じゃあ、今の維新がその法案を今度は衆議院に戻して、それをちゃんとまた認め直すことができるのか。松野と江田の路線は『安保法制徹底反対』じゃないか。それはできないよ」

集団安全保障について「限定的」「限定的」と繰り返し発言してきた高村。だが、小沢の異論への回答は期待を裏切るものだった。小沢はこの高村の発言を松野らに報告している。

「リフレ政策を訴え続けていた小沢鋭仁の思い」

民主党が政権を獲得した平成二十一年。鳩山由紀夫首相は日銀の白川総裁（当時）を官邸に呼び入れた。

「とにかくデフレから脱却するために、大胆な金融政策を打ってくれ」

事実上の「リフレ」政策要請だったが、このとき一回きりで終わってしまう。その後、歴代の民主党政権が「リフレ」を取り上げることはなかった。ついに政府全体の政策とはならなかったわけだ。

民主党の古本伸一郎と内閣委員会で一緒になったとき、こんなふうに水を向けられたことがある。

「今の安倍さんの支持率の最大の理由は経済ですよね。『三本の矢』と最初に言ってたけど、リフレ政策、大胆な金融政策が効いている。われわれが政権を取っていたとき、小沢さんが言ってたリフレ政策を打っていれば、景気もよくなっていたかもしれない。そうなれば、民主党政権ももうちょっと長く続いていたかもしれませんね」

古本は民主党政権で税調の要職を歴任した人物。経済政策は政調の主流派に近い。その古本が言うのだから、説得力がある。

〈リフレ政策は結果的に安倍首相の手柄になってしまった。だが、われわれもずっと賛成の立場で進めてき

たものだ〉

日本維新の会、維新の党といえば、「東京」と「大阪」の反目がつきものだ。

政策の面でいうと、日本維新の会公認で小沢が衆議院選挙を勝ち抜き、国対委員長に就任した直後、平成二十五年二月には早くも問題が噴出した。

きっかけは日本銀行の人事。安倍晋三首相が発表した「黒田東彦総裁・岩田規久男副総裁」案に対し、小沢は記者会見でこう述べた。

「ベストに近い案だ」

小沢はもともと生粋の「リフレ」政策支持者。同じ考えの持ち主である黒田東彦・岩田規久男の登用は願ってもない話だった。

ところが、この人事にさっそく噛みついた人物がいる。橋下徹だ。

「財務省出身の黒田東彦さんを日銀総裁に据えるなんてバカな話はない。僕は反対です」

小沢が当時、地元を回っていたときのこと。ふと目を上げると、テレビの映像が飛び込んできた。見ると、「維新公認で当選を果たしたはずの小沢鋭仁が共同代表の橋下に楯突いている」かのような報じ方だ。小沢は驚き、苦笑するしかなかった。

テレビの報道はいつも以上に扇情的である。「維新の党内は四分五裂」とばかりに攻め立てる。フジテレビ系の『報道2001』では党の内紛を図で紹介。小沢の大きな顔写真も使われていた。

当初から報道が先行した面は否めない。小沢はすぐ修復作業に入った。

大阪にいる橋下には電子メールで連絡する。橋下は日銀人事について「順番が逆だ」と指摘していた。

「岩田規久男さんが総裁、黒田東彦さんが副総裁というのなら構わない。でも、財務省出身の官僚ＯＢを総裁に据える。こんな人事は駄目だ」

小沢はメールで次のように諫言した。

「国会同意人事は法案と違って野党から提案も修正もできません。イエスかノーかの二つに一つです。これがもし、駄目だということになると、がらっと変わっちゃいますよ。ですから、そういう意味で僕は『ベストに近い』という言い方をしたんです」

橋下からはこんな返信が来た。

「そういうことですか」

「維新の党の分裂問題」

小沢が無役のまま国会質問に励んでいた平成二十七年八月。維新の党をまたも激震が襲う。降ってわいた分裂騒動だ。

発端は当時の柿沢未途幹事長が山形市長選挙で民主党・共産党などが推薦する立候補者を応援に訪れたことだった。

「それはやめてくれ」

党内の一部にあった声を振り切り、柿沢は独断で山形入りする。松井一郎大阪府知事は柿沢のこの行動に激怒。幹事長辞任を求める。党内がざわつき始めた。

党の役職に就いていない小沢には何が何やらさっぱりわからない。役員会の動きもまったくつかめていなかった。

旧知の下地幹郎と会った際、事情を聞いてみるのが精一杯だ。下地は、困り果てた表情だった。

「いや、もう大変だ」

その年の五月、橋下徹大阪市長と松井一郎大阪府知事がそれぞれ首長の立場で沖縄を訪問した。同時期、松野頼久が国会議員団会長として訪沖。現地で受け入れ役を買って出たのは下地である。

「昼飯でも食べましょうか」

下地は橋下、松井、松野が一堂に会する昼食の席を用意する。全員が着座すると、開口一番、橋下が言い放った。

「そろそろ、別れましょうか」

「何を言ってるんですか」

下地は動揺を悟られぬよう、「これから安保法制もあって大変なときに」とその場は何とかごまかした。

分裂騒ぎの原因は、何だったのか。小沢の分析では柿沢の件はあくまできっかけにすぎない。

〈とにかく、分裂は回避しなければならない〉

小沢は大阪に飛んだ。松井一郎大阪府知事に会うためだ。

「何なんですか」

率直に尋ねた。選挙の応援に行った、行かないで公党の幹事長が進退を問われる。外から見ると、まったく不可解だ。

「いや、先生、それはこの半年間ずうっと積み上がってきたことなんですよ」

松井はそう答えた。ごく簡単にいえば、こうだ。

江田憲司と松野頼久が牽引する維新の党は野党路線を取っている。最終的には民主党との合流を視野に入れていた。安全保障法制にも反対の立場だ。

これに対して小沢や橋下、松井らは建設的路線。自民党と一体とはいわないが、是々非々の関係を重視する。

両者が衝突するのは無理もない。この路線対立が水面下で続いてきた。その帰結が五月の沖縄での出来事だったのだ。

小沢は、当時フジテレビの番組でこんな発言をしたことがある。

「日本維新の会、維新の党は民主党を割って、改革勢力を結集し、自民党に対峙していくことを目的としてきました。その上で自民を超え得る政党を目指す。これが維新の基本的な立場だったわけです。しかし、江田さんにしても、松野さんにしても、実質的には民主に吸収でもいいから、そちらに入っていかないと戦えないと考えるようになった。そういう意味では、この分裂騒動は完全に路線闘争なんです」

番組が終わったあと、フジテレビの反町理が声をかけてきた。

「小沢さんの言ってることが、一番まともだったね」

ようやく全体像が見え始めた。小沢は最後となった両院議員総会でもこう発言している。

「この問題はわかりづらいけれども、ずっと積み重なってきた路線闘争だ。両方が折り合わないのなら、これはもう仕方ない。せめて円満に別れよう」

すったもんだの最中、今井雅人幹事長が大阪側の党員五十数人を突如除籍処分にした。

「それは、いくら何でもひどいじゃないか」

さすがの小沢も激高した。除籍処分は維新がこれまで主張してきたこととまったく違う。小沢らはけじめをつける意味で離党を決断した。

とはいえ、小沢は橋下徹や松井一郎の新党・おおさか維新の会に参加するわけにもいかなかった。仮に大阪選出の議員だったら、何の迷いもない。すぐに馳せ参じていただろう。

周囲からもよく聞かれた。

「何で、おおさか維新の会には行かなかったんですか」

一言でいえば、「おおさか維新の会」の名前と実態の問題がある。地元の山梨で「おおさか維新の会の小沢です」とあいさつしたとき、どんな反応が返ってくるか。小沢には手に取るようにわかる。

「大阪のために仕事してるのか」

必ずそう聞かれるだろう。

ましてや、小沢には特有の事情があった。平成二十六年の衆議院選挙は近畿比例の単独候補として戦っている。その上、「おおさか維新の会」所属では、山梨を捨てたと言われていることの決定打になりかねない。

分裂のときにも、小沢は松井にこう告げている。

「なかなかそちらには行けませんよ」

松井はうなずきながら、こう答えた。

「いや、とにかく大阪コテコテで当分行きたいんで。もし、おおさか維新所属で差し障りがあるようだったら、その周辺のところで活動してもらやええんやないですか」

平成二十七年十二月に決着を見た維新の党の分裂劇にも江田憲司前代表の振る舞いが色濃い影を落としている。小沢は「円満な解決」が第一と考えていた。これまで一緒にやってきた仲間だからだ。

幕引きに力を尽くしたのが松野頼久代表。松野は「お坊ちゃん」育ちで人がいい。何とか丸く収めようとしてきた。

だが、江田憲司の考えは違っていた。

「一歩も譲るな、引くな。勝手に出ていくんだから、一銭もやることはない」

自派の議員にそう発破をかけたという。この点は否めない。江田は、こうも言ってのけた。

「(大阪府知事・市長)ダブル(選挙)は二つとも負ける。そしたら、終わりだから」

政党助成金をめぐる攻防は、結局両者の痛み分けで終わった。平成二十七年十二月八日、両者は円満解決で合意。借金は新維新の党とおおさか維新の会で分ける。その上でほぼ政党助成金の一回支給分に相当する額を国庫に返納した。結果的に維新の党、おおさか維新の会の双方は政党助成金を受け取ることはほぼできなかった。小沢は思った。

〈まったく馬鹿みたいな話だ〉

小沢は松野頼久代表とこんな会話をしたことがある。

「そんなこと言ってるから、両方とも損して終わっちゃってるじゃないの」

「そうなんですよねえ」

小沢は、こう持ちかけた。

「大阪市長・府知事のダブル選挙が終わったら、手打ちをしましょうよ」

松野は身を乗り出した。

「政党助成金は折半でいいですか」

松野は即答する。

「それでいい」

小沢はこの結論をおおさか維新の会の松井一郎代表に投げた。ところが、落としどころを検討する前に爆弾が投下される。またも橋下の発言だった。

「こんな金の問題でもめてるのは、みっともない。だから、こんなものは国庫に返すんだ」

橋下の発言を受け、松井は小沢にこう告げてきた。

「いや、先生。それはもうね、あそこまで言っちゃったら、『これで選挙終わりました』『手を打ちました』じゃ、われわれがもう大阪から見捨てられるんですわ」

こうして交渉はおおさか維新の会側から打ち切られることになった。お互いに裁判沙汰という最悪の事態は避けられたものの、妥協の道は結局閉ざされてしまう。

残った借金は双方が返すことになった。ここでも一問着が持ち上がる。大阪都構想の住民投票のときの借金があったのだ。

「あんなもの、おおさか維新の会の問題だろう。こちらが返す必要は一切ない」

東京側はそう言い切った。だが、大阪都構想の費用は、維新の党として機関決定した支出。東京側が知らんぷりを決め込むわけにはいかなかった。

第一章「山梨県甲府市に生まれて」

「インクの匂いが染み付く家で」

小沢鋭仁は、昭和二十九年五月三十一日、山梨県甲府市に生まれた。

甲府消防署の裏手の路地にある会社兼用で二つに分かれた家では、小さな印刷屋を営む父親の孝が顔や手を黒くインクで染めながら仕事に励み、母親のよしのも仕事を手伝っていた。そんな家には、インクの匂いが染み付いていた。

昭和二年生まれの父親孝は、小児麻痺の影響で足が悪かった。小沢の祖父にあたる孝の父親は、東京電力の前身の会社に務めていたが、孝が母親のお腹にいる時に仕事中の事故で感電死してしまった。そのため、父親の顔を知らずに育ったという。

山梨県の南に位置するあたりに山梨県西八代郡市川三郷町山保という集落がある。父親の孝は、その山林地主だった。が、第二次世界大戦後、ＧＨＱの指揮の下、日本政府によって行なわれた農地解放により、すべての山林が安く買い上げられてしまった。そのため、裸一貫となった父親の孝は、甲府市に住居を移し、所有する土地の所在地に居住していない不在地主となり、新たに印刷業を起こしたのだった。

母親のよしのは、長野から山梨県に嫁いできていた。

次男坊の小沢鋭仁には、四つ上の兄がいた。その兄が生まれたばかりの昭和二十五年ごろは、まだまだ生活は厳しさを見せていたが、小沢鋭仁が生まれた昭和二十九年ころからは家業の印刷会社も順調になった。

高度成長期のちょうど入り口のときであり、社会全体が希望にあふれていた時代であった。

そんな時代の波に乗り、父親は家業に追われていたため、鋭仁ら子供たちに「勉強しろ」などと口やかましく言うことがなかった。

というよりも、鋭仁は、むしろ、小さいころから勉強はやたらとできる少年だった。そのため、親がいちいち口出しする必要はなかったのかもしれない。

父親は山梨県の山奥から甲府に出てきた。母親も長野からやってきた。どちらも、甲府の教育環境に詳しいわけでもなかったし、それほど教育に力を入れようと思っていたわけではなかった。

それでも小沢は、たまたま国立大学山梨大学附属小学校を受験することになった。そして、みごと合格し、附属小学校に通うことになったのである。

そこでも小沢は、テストで百点ばかりをとって帰ってくる。

あとから、教師が父親に打ち明けた話によれば、小沢は入学試験の点数がトップだったという。

文系も理系もどちらも得意。おまけに、スポーツも好きな活発少年の小沢は、野球に打ち込んだ。長嶋茂雄に憧れ、プロ野球選手になることを夢見、毎日、泥だらけになって遊んでいた。

そして、小学校時代には、将来の妻となる寿子とも出会っていた。

「ケネディ大統領暗殺の衝撃」

昭和三十八年十一月二十二日、九歳の小沢は衝撃的な事件に出くわした。

「ただいまァ！」

そういって、家に飛び込んだとたん、父親が言った。

「ケネディが、撃たれて殺された」

アメリカで起きたケネディ大統領暗殺事件だった。

小沢は、ケネディ大統領について詳しいことを知っているわけではなかったが、その名前を聞いて思った。

〈若々しいアメリカの大統領で、大変人気が高い人のことだ。その人が、殺されたんだ……〉

このときから、小沢は、政治を意識するようになり、政治家という職業が子供心に深く刻まれたのだった。

それ以来、小沢は、政治家になることを少しずつ意識しはじめていく。

だが、家族や親戚一同を探しても、小沢のまわりには、政治家を職業とする人物はいなかった。それでも、政治家という職業が気になってしょうがなかった。

同時に、小説を書くことにも興味を持っていた。

小沢は、本を読むことも好きだった。市立図書館や県立図書館によく通っては、本を借りて読んでいた。特に、江戸川乱歩の怖い探偵小説のシリーズものなどは、何度も繰り返し読むほど好きだった。

附属小学校からそのまま附属中学校に進学し、野球部に入部した。長嶋茂雄に憧れていたので、長島と同じサードのポジションにこだわっていた。が、そこに高原仁という小沢よりも体が大きく、がっしりとした少年が入部してきたのである。

キャプテンが、小沢に言った。

「おまえは、ショートにまわれ」

上級生のキャプテンから言われてしまっては、断るわけにはいかない。小沢は、泣く泣くショートを守ることになったが、中学生になったばかりの小沢には、とてもとても辛い出来事となった。

しかし、そんなことも乗り越えて、小沢は野球に没頭し、プロ野球選手を目指した。

「妻・寿子との出会い」

中学二年になり、小沢には、恋人ができた。相手は、小学校から同級生だった菊島寿子である。

だが、交際していることが先生たちの耳にも入り、叱られることもあった。

「お付き合いするなんて、やめなさい」

それでも、小沢も寿子も成績が良かったこともあり、思いを貫いていた。

〈反対される理由はない〉

中学生ながらもそう思い、交際をやめることはなかった。

そのときの彼女が、小沢の妻である。寿子とはその後も、十三年の交際を経て、昭和56年9月に結婚することになる。

恋愛もして、クラブ活動にも熱中して、勉強もする。忙しくも充実した学生生活を小沢は過ごしていた。

そのころ、小沢は新たな文学の世界にのめり込んでいた。きっかけは、川端康成の『伊豆の踊り子』である。

『道がつづらおりになって、いよいよ天城峠に近づいたと思う頃、雨脚が杉の密林を白く染めながら、すさまじい早さで麓から私を追って来た』

こんな書き出しに感銘を受けた。が、まわりにいる同年代の友達からは不思議がられた。

「なんで、あれが面白いのか…、わからない」

小沢は早熟だったのかもしれない。『伊豆の踊り子』で日本文学の世界に目覚めた小沢は、文庫本を片っ端から読み漁った。

そんな小沢の身近に、ちょっと一風変わった大久保正博という先輩がいた。帷子耀《カタビラアキ》というペンネームで詩を書き、現代詩の賞を総なめにしている人だった。この先輩が、小沢に当時デビューしたばかりの五木寛之の小説をはじめとした現代文学の世界を教えてくれるきっかけとなり、『さらばモスクワ愚連隊』、『海を見ていたジョニー』なども読むようになった。それ以外にも、ヘミングウエイの『武器よさらば』をはじめとした世界文学、川端康成をはじめとした日本文学、そして、現代文学…と、ありとあらゆるものを読むようになっていた。

川端康成に魅了された小沢は『雪国』にも惹かれた。

〈ものすごくいいなァ…〉

そう思っていたことを覚えているが、今の小沢にしてみれば、疑問に思うこともある。

〈なんで、あの「雪国」の良さを中学生のときにわかったのだろう?〉

こうして文学の世界に導かれた小沢は、創作への強い思いを抱くようになった。

〈自分でも書きたい〉

「初めての挫折」

いっぽうで、中学三年生になった小沢は、クラブ活動の野球でも活躍していた。一番バッターでショートを守り、キャプテンとしてチームを率いていた。

だが、しだいに気付いてもいた。

〈ぼくは、身長が伸びない。一六八センチより大きくなりそうもない。プロは無理だろうな…〉

いつしか、プロ野球選手という選択肢は、心の中から消え去っていた。

小学校、中学校と国立大学の附属に通い、成績優秀でスポーツもできる。そんな小沢は、両親にとっても自慢の息子だった。

野球に没頭しながらも高校受験が近づくにつれ、将来の進路について真剣に考えるようになった小沢は、漠然と思うようになっていた。

〈東京に出て行きたい〉

山梨県内の高校ではなく、東京の高校に進学したいと願った。

小沢は向学心に燃えていた。

サードからショートへコンバートされたものの、その原因とも言える高原と三遊間を守るようになり、二人は大親友と呼べる関係を築いていった。

小沢は、その高原を誘った。

「いっしょに、東京の高校に行かないか?」

「うん、東京、行こうや!」

そんな会話を交わしながら、二人は東京を目指していた。

だが、中学三年の時に、小沢は腰を悪くしてしまい、思うように身体を動かすことができなくなってしまった。

野球部でも、ショートを守れずセカンドへ変わり、無念の気持ちが残っていた。激痛を抱えながら、それでも中学校最後の試合には痛み止めの注射を打ってプレーした。が、そのときの無理がさらに腰痛を悪化させた。

小沢自身よりも、父親の方が小沢の身体のことを心配した。自分は小児麻痺で足が悪い。そのため、息子をあっちこっちに連れて行っては、診察してもらった。医者に通いながら、針治療を受けたりもした。そのたびに、リウマチだといわれたり、椎間板ヘルニアだと診断された。

結局、腰の痛みで思い通りに身体が動かせない小沢は、とうとう中学三年の六月から卒業するまでの間、体育の授業は見学で過ごすことになった。

これが、小沢にとって大きな挫折となった。

〈運動ができない…。体育ができない…。治るかわからない…〉

治る目途がたたない日々を過ごすうちに、小沢は、勉強もでき、スポーツもできたかつての自分のことを振り返ることもあった。辛い思いをしている人の気持ちが、わかる人間になっていった。

〈いつしか、ぼくは、天狗になっていたのかもしれないな〉

小沢は、そんなことを思いながら、数ヶ月先に迫ってきた東京での高校生活を夢見た。

夏休みは、駿台予備校の高校入試クラスに通い、勉強に明け暮れた。おかげで、小沢は駿台の夏の模擬試験で全国一番になるほどに成績は伸びていた。

小沢自身は、自分のことを生まれつき優秀だとは思わなかった。むしろ、勉強の仕方がずば抜けてうまいのだと思っていた。余計な勉強はせず、テストに出題されるポイントだけに集中し、問題集を中心とした勉強に励んだ。そのため、幅広く、様々な分野にわたって詳しく知っているわけではないが、テストの問題はすらすらと解けるのだった。

「おまえは、本番に強い」

周囲から、そういわれることも多かった。

成績が良くなることに反して、腰の痛みの方は、思うほど回復する兆しを見せなかった。

〈これでは、東京に出て、一人で暮らせない…〉

泣く泣く、東京の高校への受験を諦めることにした。

いっぽう、親友の高原は東京で受験し、東京・国立市にある桐朋高校に進学した。小沢は人と付き合い始めると長く付き合う性格だ。縁を大事にして生きてきた。

高原は、のちに政治家となった小沢の後援会長を請け負ってくれた。また、婦人部長は、小学校一年生からの同級生の大野淑恵。政策秘書には、中学時代の野球部でいっしょだったピッチャーの飯島脩。そして、何よりも小学校からの同級生で、中学二年から十三年間付き合い結婚した妻の寿子がいる。

そんな、昔からの仲間に支えられながら、今の政治家小沢鋭仁があるという。

「甲府南高校への進学」

昭和四十五年四月、地元の甲府市に残ることを決めた小沢は、山梨県立甲府南高校に入学した。甲府南高校は昭和三十八年に新設されたばかりの高校で、小沢は八期生だった。

甲府には、旧制甲府中学の伝統を継ぎ、さらに江戸時代の甲府学問所・徽典館にルーツがある長い歴史を持つ山梨県一の伝統校「甲府第一高校」がある。卒業生には、第五十五代内閣総理大臣の石橋湛山がおり、山梨県内での知名度は甲府南高校よりもはるか上だった。

本当は、小沢も甲府一高への入学を希望していた。しかし、昭和四十三年から甲府一高と甲府南で総合選抜が実施されるようになった。そのため、小沢は甲府南へ振り分けられてしまった。四歳上の兄は、総合選抜前の入試だったため甲府一高へ進学できたが、小沢は総合選抜の三期生として甲府南へ入学することになった。

このとき甲府南へ入学したことが、のちの小沢に幸運をもたらすことになった。

平成五年の衆議院選挙に日本新党の候補者として山梨県全県区から出馬することになり、いざ甲府に帰ったときに、甲府南高校OBやOGが小沢を応援してくれたのだ。

伝統校である一高には、石橋湛山をはじめ、堀内一雄、堀内光雄、中尾栄一といった顔ぶれの政治家が、すでに活躍していた。

いっぽう、新設校だった甲府南出身で国政をめざすのは、小沢が第一号だった。そのため、甲府南出身の先輩、同級生、後輩といった多くの仲間たちが、小沢の後援組織として一致団結し、小沢を政治家とするべく選挙運動に燃えてくれた。

彼らの力強い応援もあり、小沢はみごとに当選を果たすのである。

ちなみにこのとき、甲府一高出身者である赤池誠章も無所属で出馬したが、落選している。

一高OBらは、すでに政治家を輩出しているため、同窓会の有志らが選挙に燃えることはない。反対に、甲府南高校の仲間は、結束して小沢をバックアップしてくれた。このことは大きかった。

「東大受験を目指して」

高校に入学した小沢は、スキー部に入部することにした。野球部がなかったからである。中学時代に痛めた腰は、高校に入ったときにはどうやら完治していた。もともと運動神経がよかった小沢は、高校でも身体を鍛え、勉強も一生懸命し、恋愛にも手を抜かなかった。

当時、小沢には、三つのやりたいことがあった。

一つ目は、政治家になること。

二つ目は、小説家になること。

そして、三つ目が、物理学者になること。

政治家は、小学校時代のケネディ暗殺事件がきっかけだった。

小説家は、文学の世界に魅了されてから、いつか自分でも書きたいと考えていた。

物理学者は、中学、高校と講談社が刊行している自然科学全般の話題を一般読者向けに解説・啓蒙している新書「ブルーバックス」を読みあさるほど物理学が好きで、かつ物理の成績もよかったことから、思っていた。

〈京都大学へ行って、物理でもやろうか…〉

小沢は、そんな思いをめぐらせながら、自分の進路を考えていた。

〈一応、東大の法学部に行けば、どうにでもつぶしはきくな〉

高校の時点で、自分の将来をこの三つのうちから一つだけ選び出すことはできなかった。

こうして、小沢の東大受験がスタートした。

ところが、甲府南は新設されて間もない高校だったため、東大入試への情報が皆無だった。先輩の中には、東大の文二・経済に合格した人がいたものの、小沢の目指す文一とは違った。

どのくらいの点数を取れば合格できるのかというようなデータが南高にはなく、旺文社や進研ゼミの模試などを通じて自分で、手探りで情報を収集するしか手段はなかった。

運動神経抜群の小沢は他人からは体力がありそうに見られるが、自分では病弱だと思っていた。

夜は早く寝て、朝は早く起きる。大学受験に向けて、一晩も二晩も徹夜で勉強する受験生もいるが、小沢には絶対できないことだった。毎日夜の十二時前には寝る生活をした。そうしなければ、頭が働かなかった。頭が動かない状態で勉強しても意味がないことを、よくわかっていた。

小沢は、我慢することが嫌な性格である。我慢によってストレスをすごく溜めるところがあった。だから、高校三年になってからの受験勉強漬けの日々は、小沢に我慢することを強いるストレスとの戦いだった。

そこで、小沢は、耐えることができるように、受験の先に見える喜びを掲げることにした。

そのころ、小沢は、小田実の体当り世界紀行本『何でも見てやろう』を読み、思うようになっていた。

〈こういうのを、やってみたいな…〉

そこで、ある日、意を決して父親に申し出た。

「ストレートで東大に合格することができたら、一年間だけ休学させてもらいたい。いろいろ旅してみたいんだ」

小沢の願いに対して、父親は簡単に同意してくれた。

現役で受かるはずはないだろうと内心で思っていた父親は、インセンティブだと考えたのかもしれない。

結局、小沢は、昭和四十八年四月、現役で東大法学部に合格し、晴れて東大生となった。甲府南から現役で東大に合格したのは四人いたが、最難関の文一・法学部は、小沢ただ一人だけだった。歴史の比較的浅い新設校でありながら、教師陣も懸命にバックアップしてくれた結果だった。そこには、もちろん教師陣たちの甲府一高に対するライバル心もあった。

「上京、そしてアメリカへ!」

山梨から上京すると、高級住宅街といわれる渋谷区松涛に下宿した。

老人夫婦が住む家の二階であった。八畳間をベニヤ板で区切った部屋だった。

その後は、下北沢にあるトイレなしのアパートに引っ越したが、そこが初めての一人暮らしの場所となった。一人暮らしはとてもうれしかった。ただ、冬が近づくにつれて増すアパートの寒さだけはこたえた。

大学生活をスタートさせた小沢は、受験前に父親と交わした約束を実行させるべく、五月祭のころまでは東京で暮らし、その後は甲府に一旦帰省することにした。旅の資金を捻出するためだった。

家庭教師を週に三件ほど掛け持ちする生活を始め、夏休みになると、今度は高校時代の恩師が経営する洋裁学校の校舎を借りて、中学生向けの塾を開いた。小沢のほかに、横浜国立大学や上智大学に進学した高校時代の同級生が講師として手伝ってくれることになった。授業で使うテキストは、小沢の実家が印刷会社ということもあり、自分たちで作り、小沢の家で印刷した。
四、五人で運営した塾は、一人あたり月三十万円くらいの収入をもたらしてくれた。
こうして、貯めたお金を持って、小沢は九月になると念願のアメリカへと旅立った。

旅のはじめは、高校時代の恩師の知り合いがミネソタ州に住んでいるため、まずはそこに一ヶ月間ホームステイさせてもらうことからだった。

ミネソタ州は、アメリカ合衆国中西部の北、カナダに接する州で、ハワイ州とアラスカ州をのぞいた隣接四十八州のなかで、最北端に位置する。寒いことで有名で、「アメリカの冷蔵庫」との異名があるほどだった。

ホームステイした先は、化学会社に勤める父親と母親、そして、高校生、中学生、小学生の三人の娘で構成される五人家族が住む家だった。州都ミネアポリスの近く、湖と森に囲まれたワイザータというきれいな町で、小沢のアメリカ生活が順調にスタートした。

アメリカで暮らしはじめていくうちに、小沢はこの国の豊かさを象徴する三つのことに衝撃を受けた。

一つは、就寝時に布団を掛けないことだった。毛布だけで寝るのだ。日本のホテルと同様だが、一般の家でもそうだった。ミネソタは結構寒かった。それにもかかわらず、毛布だけ掛けて寝られるのだ。それは、家の中が暖かいからだった。

二つ目は、その暖かさを供給するセントラルヒーティングが完備されていることだった。たとえば、外出の際には毛皮のような防寒具を身につけなければならないほど寒くても、家の中に入れば、子どもたちは半そでのTシャツ姿で過ごせるほど暖かいのだ。

小沢は山梨県で生まれ育った。その山梨県の冬場は、炬燵とせいぜい石油ストーブがあるくらいの生活だった。まさに、生活の暖かさ、快適さの違いを痛感させられた瞬間だった。

三つ目は、公共施設の場では、蛇口を回すとお湯が出てくることだった。当時の日本では、あり得なかった。

小沢は大学の体育館で、テニスの壁打ちをして汗をかくことがあった。シャワーを浴びて汗を流そうとしても、その蛇口からお湯は出てこない。山梨県の公共施設のテニスコート脇にあるロッカーでも、お湯が出てくることなどない。全部が水だった。

この三つを体験した小沢は、思った。

〈アメリカって、豊かな国なんだなァ〉

そのうえ、食生活でも驚くほどおいしいものと出会うことができた。アップルパイ、ブルーベリーパイ…。とにかく、パイの美味しさに感激した。

ブルーベリーなんて、アメリカで初めて体験した味だった。

〈こんなうまいものが…、世の中にはあるんだ…〉

毎日が、驚きの連続だった。

また、小沢は、アメリカで少林寺拳法の型を披露することもあった。東大の少林寺拳法は有名で、大学二年生から三年生は四国の本部合宿に参加するほどだ。それを少しだけかじっていたため、真似して見せると、

「カラテ、カラテ、カラテ」といって喜んでくれた。

こうしてホームステイ先で一ヶ月間過ごすと、その後、長距離バス「グレイハウンド」に乗り、二ヶ月間をかけてアメリカ中を旅してまわった。

バスの旅は快適だった。アメリカ人は、目と目が合えば必ずあいさつを交わしてくれた。おまけに、すごく陽気な人たちである。グレイハウンドのバスの運転手も乗客も、みんながすごく親切にしてくれた。小沢には、そのことが、うれしくてしかたがなかった。

小沢のアメリカに対する好感度は上昇するいっぽうだった。

旅のなかでも、小沢が一番魅了された街は、ルイジアナ州南部に位置する州最大の都市「ニューオーリンズ」だった。

ニューオーリンズは、ジャズの発祥地とされる音楽の都である。もともと、小沢はモダンジャズのジョン・コルトレーンやマイルス・デイヴィスをよく聴いていたが、ディキシーランド・ジャズのニューオーリンズの街には、体が自然と反応していた。

〈街に入ったとたん、音楽が聞こえてくる〉

小沢は体が浮き浮きする気分にとらわれた。そのうえ、スペインのような街の雰囲気が、とても綺麗にうつった。

グレイハウンドのバスで北に位置するミネソタから南下し、ニューオーリンズまでやってきた小沢は、ミズーリ州のカンザスシティへまわり、西海岸を目指した。

その途中の十一月、コロラド州にあるスキーで有名なベイルに立ち寄り、スキーを楽しむことにした。高校時代にスキー部へ所属した血が騒いだのだ。

ベイルのスキー場では、はじめてペアリフトに乗ってみた。

このとき、小沢の隣には男性が座った。この男性と会話していくうちに、男性が、青森県の三沢にある米軍基地に勤務していたことがわかった。

その男性が、小沢に言った。

「三沢でお世話になったから、きみにも優しくしてあげたい。夜、遊びに来なさい」

言われたとおり、小沢は男性のところに遊びに行った。

食事をご馳走になった小沢だったが、しだいに不安な気持ちがよぎるようになっていた。もしかすると、その男性は、同性愛者かもしれないと思ったのである。

〈もしや、ぼくは、襲われるのか…？〉

最初の話では、友だちもいっしょだということだったが、その友達の姿が、いっこうに見えない。結局、男性と一対一での食事となった。そして、冬のスキー場という場所だ。

不安な気持ちに駆られて、とうとう途中でその場から逃げてしまった。

帰り道、小沢は思った。

〈もし、あれが、本当に親切だけで食事に誘ったなら、ぼくはものすごく悪いことをしてしまった…。でも、あのまま二人でいて、本当に襲われでもしてしまったら…〉

今でも、ときどき思い出しては、その男性の本心はどちらだったのかと苦笑いしながら考えることがある。

ベイルでスキーを満喫した小沢は、ネバダ州のラスベガスを目指した。道中は暗く、山の中ばかりだったが、ふと気がつけば、向こう側にぼーっと蜃気楼のように街が浮き立っていた。

「あの街は、どこですか？」

小沢は、運転手に訊いてみた。

「あれが、ラスベガスだ」

暗がりの夜道に突如現れたネオンの光がまぶしかった。

〈これが、ラスベガスなんだ…〉

ネオンの光に彩られたラスベガスの街は、小沢に充分なインパクトを与えた。ラスベガスといえばカジノ、ギャンブルが代名詞なのだが、このときの小沢には、もちろん元手となる金がなかった。ショーなども観ることはできない。安いモーテルに泊まり、砂漠の中に作られた街をおどろきの目でながめ、楽しむだけだった。

旅の途中、小沢はサンフランシスコの商社に勤めているという日本人の男性と仲良くなった。四十歳前後の男性だったが、彼と日本へいっしょに帰国することにした。

ハワイ経由の飛行機の中で二人は、ある作戦を企てた。

トランジットのため、飛行機会社が用意したハワイのホテルに一泊し、日本へ帰国する日程だったが、もう一泊、ハワイを満喫しようとしたのである。

仲良くなった男性が、小沢に提案した。

「腹痛を起こしたといって、飛行機に乗れないことにしよう。そうすれば、もう一泊、ハワイに泊まれる」

小沢も、それに付き合うことにした。

案の定、腹痛を起こしたという連絡を入れると、ハワイにそのまま留まることができた。

小沢らはワイキキのビーチに向かった。

が、すでに旅も終わりに差し掛かり、海水パンツなど買える金もない。そこで、グレイハウンドで旅していたときに着ていたYMCAのトレーニングパンツをはいて、海で泳ぐことにした。

楽しむだけ楽しんだ小沢は、海から上がり歩こうとしたところ、あることに気付いた。

〈白いトレーニングパンツが透けている…。困ったな…。これじゃあ、歩けないよ…〉

悩んだ挙句、ビーチの端の方に移動し、透けてしまったトレーニングパンツに砂をかけてそれが乾くまで待った。

これも、いい経験だった。三ヶ月のアメリカ旅行は、小沢にとってかけがえのない多くのことを経験させてくれた。

〈勉強をはじめる前に、社会に出る前に、異なる文化の世界を垣間見ることができたのは、よかったな〉

ただ、中途半端な訪米だったとも反省した。

〈学校に入って勉強するくらいのしっかりとした意気込みを持って行けばよかったのかもしれない〉

「政治家への強い思い」

小沢は、昭和四十八年四月に東大に入学したが、五月祭以降は甲府に帰り、旅行資金を貯め、アメリカへ旅立った。そのため、その年は休学となってしまい、本格的な大学生活は、翌年の四十九年から始まった。

おかげで、昭和四十八年入学組と四十九年組の二学年の同窓会から声がかかることになった。これは、思いがけない幸運となった。

昭和四十八年に入学した同級生たちは、個性的なキャラクターを持つ面々が多かった。

当時は、前年の昭和四十七年九月二十九日に成立した日中国交正常化の影響を受けて、中国語を第二外国語として選択する学生が多かった。現在、中国語は一クラスだけだが、小沢が入学した当時の法学部の中国語クラスは二クラスだった。

小沢も、入試前に提出する第二外国語の選択に悩み、相談する先輩もいないため、単純に日中国交正常化を理由に中国語を選んだ一人である。小沢と同じように考えた連中が大勢いたのだ。

この中国語クラスの同級生には、元財務省事務次官の真砂靖、トヨタ自動車専務の早川茂、外務省出身で株式会社外交政策研究所社長の宮家邦彦、湾岸戦争時のイラク大使だった外務省の鈴木敏郎などがいる。

アメリカから帰国した小沢は、小田実の『何でも見てやろう』と北杜夫の『どくとるマンボウ』シリーズに感化され、『シュトゥルム・ウント・ドラング（疾風怒濤）』に憧れる日々を過ごした。そのため、勉強に熱中することはなかった。

ただ、アメリカを旅しているうちに、小沢の心の中に熱い思いが芽生え始めたことだけは確かだった。

〈政治家になりたい…〉

その思いは、強くなるいっぽうだった。

昭和四十八年十月六日、第四次中東戦争が勃発し、第一次オイルショックが発生する。

このとき、小沢はアメリカに滞在中だった。日本の混乱ぶりをアメリカ大陸から眺めることになった。

日本がドタバタするなかで、アメリカで出会う人たちはいたって冷静であり、その態度が小沢を刺激した。

ベイルのスキー場で出会い、二人で食事をしたものの恐れをなして最後には逃げ出してしまった男性も、小沢に話していた。

「世界中、石油がなくて大変な事態になっているけど、アメリカは石油を採掘できる国なんだ。自国のことだけを考えていればいいのかもしれないけど、しかし、アメリカは世界のリーダーの国でもあるんだ。だから、自国の石油を輸出しているんだね。交易をしなければいけないんだよ」

多くのアメリカ人と会話すればするほど、小沢は思った。

〈アメリカ国民の多くは、米国は世界のリーダーだという意識を持っているんだな〉

アメリカの人々の政治へのリーダーシップ感覚に触発され、小沢は決心した。

〈政治家になろう〉

そう決めて、日本へ帰ってきた。

日本の外側から日本を眺めていると、オイルショックで揺れる日本の姿がそこにあった。

日本では、トイレットペーパーや洗剤など、物資の買占め騒動が起きたという。だが、アメリカは微動だにしない。むしろ、世界のリーダーとしての自覚を持ち、毅然とした姿を見せていた。

小沢は、奮い立った。

〈日本をアメリカのような国にするために、がんばらなきゃいけない〉

こうして、小沢は政治家を志し、その道に向かいひたむきに走ることになる。


小沢の高校の同級生の中に、当時、自民党学生部に所属し、活動しているものがいた。横浜国立大学に進学した青柳だった。

その青柳に紹介されて、小沢は、自民党に出入りするようになった。

学生たちは、東京で行う党の活動や、東京都連所属の国会議員や地方議会議員の活動を手伝うことが多かった。

そのほかにも各種のパーティ、街頭活動、国政・地方選挙でのインターン、政府のイベント、政党活動などに携わっていた。

小沢も、自民党本部で学生部の先輩たちと封筒貼りなどを手伝っていた。このとき、議員の秘書らに連れられて、党本部にある食堂でカレーをご馳走してもらうことがあり、このときのうれしさを小沢は忘れることができずにいる。

現在、政治に関心を抱く学生が、インターンで小沢の事務所にやってくることがある。学生の働きに対しての対価など一切支払うことは必要なしとされているが、小沢は、交通費と昼食だけは最低でも面倒をみている。

そして、秘書らにもこう教えている。

「学生たちに、立派なご馳走なんかしなくてもいいけど、カレー一つでも食べさせてあげて、ありがとうとねぎらう。それくらいのことはしないとダメだぞ」

小沢自身の体験談から来る教えであった。

「榊原英資との出会い」

自民党本部で活動していた小沢は、あるとき、本部の食堂で先輩らとカレーを食べていた。そこに、浜田幸一がやってきた。以前、浜田は党の青年局長をやっていたこともあり、先輩たちと顔見知りだった。

浜田は、小沢たちが食べているテーブルの中に入り、話をし始めた。

会話のやり取りの中で、浜田の言葉に小沢の耳が反応した。

「ソ連は、仮想敵国だ」

生意気盛りだった小沢は、この浜田の一言に食ってかかっていた。

「ソ連は仮想敵国だとおっしゃいますが、それはおかしいんじゃないですか？　そういう仮想敵国という捕らえ方が、お互いの国の関係をエスカレートさせていくことにつながり、うまくいかない原因になっているんじゃないですか？」

　これに、浜田も返した。

「おまえは、なんなんだ！」

　浜田は、怒鳴り口調で迫ってきた。

「おまえは、アメリカの防衛白書を読んだことがあるのか！」

「すみません。読んだことがありません」

「アメリカの防衛白書には、仮想敵国ソ連とちゃんと書いてあるじゃないか！」

　このとき、浜田にコテンパンにやられたことが、いまだに記憶に強く残っている。

　当時の青年局長は、昭和四十七年の衆議院選挙で初当選したばかりの深谷隆司だった。　そこで、小沢は、深谷の二回目の選挙を手伝うことになった。

　昭和五十一年の衆議院選挙である。

　深谷の選挙区である東京八区からは、鳩山邦夫が新自由クラブの推薦で初出馬していた。

　深谷は再選を目指したが、結局、鳩山邦夫が初当選を果たし、深谷は落選してしまった。

　小沢は、はじめて選挙に敗れた議員の辛さを目の当たりにした。選挙に負けた議員は、すぐさま議員会館から退去しなければならない。敗戦の傷もいえぬまま、会館から荷物を運び出す。その作業を手伝いながら、小沢は政治家の悲哀を感じていた。

　選挙が終わった後も、深谷との交流は途切れなかった。深谷に気に入られた小沢は、娘の家庭教師を頼まれ、引き受けた。

だが、自民党本部に出入りを続けていくうちに、小沢の中に疑問が沸いてきた。

〈ぼくは、思想信条は保守的だ。だけども、自民党の体質とは、なんか違うみたいだな〉

自民党よりも、結成されたばかりの新自由クラブに惹かれ始めていた。

小沢は、悩みに悩んだが、自分の気持ちを偽ってまでも自民党、そして深谷のところにこれ以上お世話になることはできないと判断した。かといって、深谷にそれを直接言い出すこともできなかった。

そこで、小沢は、自分の気持ちを長い手紙にしたためることにした。

その手紙を読んだ深谷も、小沢の気持ちを理解してくれた。

深谷の理解を得た小沢は、さっそく自民党本部の隣のビルにある新自由クラブの本部に向かった。

「手伝わせてください」

小沢の申し出を、新自由クラブは、暖かく迎え入れてくれた。

こうして、小沢は、昭和五十二年の参議院議員選挙に新自由クラブ公認で東京選挙区から出馬する柿澤弘治の遊説隊長を命ぜられることになった。

柿澤の選挙は、深谷の選挙とまったく違った。

深谷の選挙は、カチッとした形ができており、なおかつ個人演説会などを開催する後援会重視の地元密着型選挙だった。

演説会の場で、大臣をはじめ応援者の垂れ幕を貼り出し、会場をセットすることが学生の仕事だった。昼から作業をはじめ、会場の準備が整えば、今度は、受付や会場整理に借り出される。

また、深谷は、石原軍団とも懇意にしていた。そのため、石原裕次郎が応援会場に駆けつけてくれたこともあった。

〈カッコイイな〉

石原裕次郎を見たことが、深谷の選挙で一番印象に残った出来事だった。

なおかつ、深谷の選挙区は下町が中心だ。活気があった。

いっぽう、柿澤の選挙は、深谷のときとはまったく違った。あくまで、スマートな選挙だった。

この二人の選挙をたとえるとするならば、和食と洋食の違いである。深谷が和食で、柿澤が洋食だ。どちらの選挙も、それぞれの魅力があった。

小沢が遊説隊長としてつとめた柿澤の選挙は、みごと当選で終わった。

その後、小沢は柿澤から言われた。

「よかったら、おれのところの秘書になるか？」

柿澤にも可愛がられた小沢だったが、そこで経済学者の榊原英資と出会っていた。

榊原は大蔵省の官僚だったが、次期衆議院選挙を目指すことを大蔵省に告げて、出馬準備のために昭和五十二年八月、埼玉大学の教養学部助教授に出向し、新自由クラブで活動しはじめようとしていたときだった。

その榊原が、小沢に言った。

「おまえ、選挙やるのもいいけど、もっと勉強しないと駄目だぞ」

小沢は、大学四年生になっていた。

柿澤から秘書へ誘われるいっぽう、榊原からも誘われた。

「おれのところで、勉強しろ」

小沢に、もっと勉強しろと指摘したのは、榊原がはじめてだった。小沢の目には、その榊原の発言が新鮮に映った。

榊原に誘われた小沢は、就職もせず、大学四年の夏から「研究室21」に出入りするようになっていた。「研究室21」は、この榊原と、大蔵省から出向し埼玉大学教養学部助教授になっていた野口悠紀雄、同じく埼玉大学助教授の薬師寺泰蔵の三人で作った研究室であり、そこに小沢が見習いとして入ったのである。オフィスは、虎ノ門に構えていた。

「ひたすら研究の日々」

昭和五十三年、東京大学法学部を卒業した小沢は、それから三年間、この研究室で政策科学や経済学を学ぶことになった。野口は、この年から一橋大学経済学部助教授に代わっていた。

小沢にとって、この三年間は勉強に集中できた時期ではあったが、反面、社会的な評価の面では、とても辛い時期でもあった。

東大法学部を卒業した同期の仲間たちは、大蔵省や外務省、商社や銀行などと名だたる官庁・企業へ就職していた。

しかし、小沢には社会での地位もなにもなかった。

そんな辛い思いを抱えながら、小沢は徹底的に勉強した。

「研究室21」に一年半ほど通ったあと、小沢は榊原が所属する埼玉大学大学院政策科学研究科（現・政策研究大学院大学）の試験を受けて入学し、そこでみっちり鍛えてもらうことにした。

政策科学研究科を支える榊原は三十七歳。薬師寺も三十四歳と若く、アメリカで博士号を取得し、帰国したばかりでもあり、とにかくよく勉強する人たちに囲まれるという環境であった。

埼玉大学大学院政策科学研究科は、学部に基礎を置いていない初の独立大学院であり、東大文学部の最優秀卒業生といわれている吉村融が設置した研究科だった。この研究科だけは埼玉大学の構内において独立棟になっていた。埼玉大学側は、研究科の存在をあまり評価しておらず、これに対して吉村は、出入り口に鍵をかけて、出入りできる人間を規制するような態度を示していた。

研究科の別棟だけは、いつまでたっても明かりが消えず、毎夜十二時過ぎにならなければ教授陣は帰ろうとしないほど研究熱心であった。

小沢は、榊原のもとで政策科学や経済学の勉強に熱中した。

が、東大でまともに勉強していなかった小沢には、苦痛が待っていた。

「榊原さん、まるでヘレンケラーの心境ですよ。まずは英語がわからない。経済学も数学がわからなければわからない。その数学がわからないんです。だから、経済学もわからない。三重苦ですよ。それなのに、ずっと勉強させられるなんて…」

そう愚痴っては、榊原に笑われたものだった。

深夜まで勉強するため通学も大変だった。小沢は大学院生ということで、学生寮に部屋を借りていた。寮にはクーラーがないため、真夏は暑い。そこで、寮へは風呂に入るためだけに帰った。あとは研究棟にポンポンベッドを持ち込み、タオルケットを買い込んで、そこで寝泊りをし、徹底的に勉強することにした。

そんな大学院生活を送っていた小沢は、歯科医になっていた寿子と学生結婚をした。中学二年からの愛を貫いたのである。

小沢は、三年間の勉強の末、政治学修士を取得した。

このときの勉強漬けの日々が、小沢の一つの足場となった。議論の場での中核ともなっている。

榊原のもとで一から勉強した小沢からすれば、一部の議員の中には土台となる部分が欠けていると感じる人もいたのだ。榊原は、ミシガン大学大学院博士課程修了、学位は経済学博士である。

三年間、研究科で榊原の様子を見ていくうちに、小沢はわかった。

〈榊原さんって、天才的な人だ〉

一般的な大学教授の研究室には、壁一面の本棚があり、そこにぎっしりと本が詰まれ、本に囲まれた部屋になっている。

ところが、榊原の研究室には、他の教授とは比較にならないほどの少量の本しか置かれていないのだ。それでも、榊原は数多くの論文を発表している。その論文の参考論文として添付されるのは、研究室に置いてあるすべての本である。読んだものはすべて使う。それが榊原であった。

そのため、本を読むスピードは、尋常ではない速さである。

たとえば、榊原と薬師寺が難解な経済学の本を同時に読み始めるとする。もちろん、英語で書かれた本である。その本を榊原は三日で読んでしまう。

「わかった。薬師寺さん。こういうことだよ」

そういう榊原に驚いて、薬師寺は言う。

「ちょっと待って。おれ、まだ一章だよ」

それくらい驚異的な速さで読み込んでしまうのが榊原だった。

そんな榊原から小沢は、最初にドーンブッシュ＆フィッシャーのマクロ経済学を叩き込まれた。小沢は、この二人の共著を原書で三ヶ月かけて読破、基礎をつくった。その後、最先端の経済学の世界を徹底的に学ばされた。

総合雑誌や新聞紙上で、いろんな経済学論が披露されているが、小沢からすれば、それはあくまでも披露している側の意見でしかない。

しかし、小沢は榊原からもっと経済学の根本となる土台の理論を教わった。その土台があるため、いろんな意見に目を通したとしても、それを自分の中で整理ができる。他の議員との差は大きい。

〈榊原さんのもとでベーシックな理論を勉強した。原点にあたる経済学を叩き込まれた。これがやっぱり一番の血となり肉となっている〉

小沢は、そう振り返るのであった。

埼玉大学大学院政策科学研究科で学んだのちの昭和五十六年四月、小沢は東京銀行に入行した。同級生たちから、四年遅れての就職だった。東大入学直後の一年留年、大学卒業後の一年を「研究室21」、そして、大学院に二年間通った。普通ならば、一般の企業への就職は無理だった。

しかし、東京銀行だけは日本で唯一の外国為替銀行ということもあり、大学院卒業の扱いとしてギリギリ就職することができたのである。

「東京銀行へ入行」

東京銀行に入行した小沢は、三つあった夢のうちの一つである小説を書き始めた。ラブストーリーだった。出来上がった原稿を、小沢は新潮社に持ち込んだ。女性編集長として名を馳せていた河野女史を小沢に紹介してくれる人物がいたからだった。

河野は、小沢の原稿を読み、質問してきた。

「あなた、銀行員ですよね？　小説っていうのは、ある意味では、私生活も投影されるものですから、仕事柄、まずいんじゃないんですか？　そういうものをさらけ出しちゃうし…。本当にやるの？」

小沢の本気度を確かめてきた。

「やりたいんです」

それが、小沢の答えだった。

その答えを聞いた河野は、小沢に指示を出してくれた。

「ココとココを直しなさい」

こうして小説家という夢へ一歩近づいたと思った矢先、榊原が自民党衆議院議員の浜田卓二郎を小沢に会わせた。

昭和五十八年のことだった。

ハーバード大学客員準教授を一年間勤め、その後、大蔵省に戻った榊原は、小沢に言った。

「衆議院議員の浜田卓二郎先生を紹介するよ。三人で昼ごはんを食べよう。きみも、話を聞きなさい」

榊原と浜田は、昭和四十年大蔵省入省の同期である。同じ政治家への夢を見ていた二人でもあった。

浜田は、三十五歳のとき主計局主査（公共事業担当）を最後に退官し、政治家への道を歩み始めた。昭和五十四年の第三十五回衆議院議員総選挙では、地縁・血縁のまったくない旧埼玉一区から衆院選に自民党公認で出馬。この時は次点で落選するものの、翌五十五年第三十六回衆議院議員総選挙で初当選し、自民党の名門派閥、宏池会に所属していた。

いっぽうの榊原は、昭和五十二年、三十六歳のときに埼玉大学大学院へ出向し、新自由クラブから衆議院選挙に出馬しようと準備にあたっていた。が、それからすぐ政治家への転身は諦めていた。

榊原は、東京から出馬しようと動いていたものの、政治家には向いていないことに気付き、断念したという。

「人に酒をついで歩くなんて、とてもじゃないができない。おれには向いていない」

榊原は、すぐに方針を変更し、本来なら、再び大蔵省に戻ることはできないところを、昭和五十五年、ハーバード大学の客員準教授を経ることで大蔵省に戻ってくることができたのであった。

国会議員一年生の浜田は、独自の勉強会設立を考えていた。そこで、榊原が小沢を誘ったのである。

「きみも、手伝いなさい」

当初、三人で会食するはずだったが、急遽、榊原の都合が悪くなってしまったため、浜田と小沢の二人だけで会うことになった。場所は、ホテルオークラ東京の本館五階にある和食・天ぷらの山里だった。小沢は、ここで浜田から昼食をご馳走になった。

初対面の二人だったが、会話に不自由することはなかった。

浜田は、今後の勉強会の構想の話を聞かせてくれた。

それを聞いていた小沢も、同意した。

「わたしも、非常に政治が好きでした」

二人は、あっという間に意気投合していた。

天才肌の榊原とは違って、浜田には別の魅力があった。

〈浜田先生は、大人《たいじん》だな。すごくスケールが大きく、人としての器も大きい。本当の政治家らしい政治家だな〉

これまで学生時代に深谷隆司や柿澤弘治の選挙を手伝ったことはあったものの、この二人と浜田は、また違ったタイプの政治家だった。

〈この人を総理大臣にしたい〉

小沢はそう思った。そして、可能性も十分あると確信していた。

浜田は、小沢に協力を求めた。

「政治が嫌いじゃないいんだろう。勉強会を開くから、手伝ってくれ」

一瞬で浜田に魅了されてしまった小沢は、簡単に首を縦に振っていた。

「はい。わかりました」

こうして、昼間は銀行に勤め、夜は浜田の勉強会を手伝う日々がはじまった。

設立メンバーは、白川勝彦、船田元、太田誠一、浜田卓二郎の四人。名称は決まっていなかったが、いつしか「自由主義経済推進機構」という名前が付けられた。

コーディネーターは、大蔵省の榊原が引き受け、東京大学教養学部助教授（政治学）の舛添要一、一橋大学経済学部助教授の野口悠紀雄、外務省を退官し青山学院大学国際政治経済学部教授となった伊藤憲一をはじめとした有識者、また、官庁の課長クラスが勉強会に顔を出しては、さまざまなテーマに沿った議論を交わすようになっていた。

夜の勉強会を重ねていくにつれ、浜田は自由主義経済推進機構を政策集団の正式な組織として事務所を構えたいと考えるようになり、その準備を着々と進めていた。

そこで、小沢に白羽の矢が立つことになる。

「正式な組織とし、事務所を構えるから、是非、小沢君に来てもらいたい。事務局長をやってくれないだろうか？」

　この要請を、小沢は断った。

「いや、まだ、もうちょっと銀行でやってみたいんです。一度、海外へ赴任したいんです。その後でしたら、ぼくも政治に興味があるので、やらせていただきたい。ただ、それまでのしばらくは、東京銀行でやらせてください」

　一度断った小沢に、浜田は再度、事務局長として来て欲しいと依頼した。

「勉強会を恒常的な組織にするから、小沢君の力が必要なんだ。もう一度、考え直してくれないだろうか？」

　だが、それも小沢は丁寧に断った。

「自由主義経済推進機構事務局へと転身」

　それから数日が経ち、ある日、昼食を済ませ、自分のデスクに戻った小沢に、女性の係長からメッセージが告げられた。

「浜田さんという方から、電話があったわよ」

　小沢には、すぐにピンと来た。浜田といえば、浜田卓二郎以外にいない。

　急いで、廊下に設置されてある公衆電話に走った。その頃はまだ携帯電話など全くなかった。そこから、浜田の電話番号のダイヤルを回した。

電話のコール音が聞こえたか、聞こえないかというほどの素早さで、浜田が電話に出た。

「小沢ですが…」

開口一番、浜田が言った。

「きみ、銀行まで電話して悪かった。諦めきれないんだよ」

浜田の言葉に、小沢の胸は打たれていた。

〈二度も断ったのに…、また、誘ってもらった。これは、男冥利だな…〉

諸葛亮を軍師とするために、劉備が三度も訪ねたという『三国志』にある三顧の礼を思い出していた。

「じゃあ、とにかく、もう一回考えてみます。家族と相談させてください」

そう言って、電話を切った。

その日の晩、小沢は考えた。

もちろん、家族にも親兄弟にも相談した。

二十七歳で東京銀行に入行し、それからまだ二年半しか経っていない。海外赴任の経験もまだない。

しかし、浜田の気持ちを思えば、断ることもできない自分がいた。

悩んだ挙句、海外赴任を諦め、東京銀行を辞めることをとうとう決断した。

この小沢の決断に、家族も親兄弟も賛成こそしてくれないものの反対もしなかった。浜田は、その時は、まだ国会議員一年生で、知名度も低い。それでも、強く反対しなかったのは、みんなが小沢を信頼してくれていたからである。

翌日、小沢は、東京銀行に退職の意思を伝えていた。

小沢は、こうして、海外赴任を諦め、小説家への道もひとまず休止することとした。

〈あのまま書いていたら、小説家になっていたかもしれない〉

後になって、そんなことを思うこともあった。

自由主義経済推進機構事務局は、東京・千代田区の九段南にあるビルの一室に構えられた。事務局には、二十九歳の事務局長・小沢のほかに、浜田の女性秘書と小沢の大学時代の同級生の田中雄二の三人が常駐し、定期的な勉強会の運営やミーティングなどの作業に向けて動いた。

勉強会では、次々と大きなテーマに取り組み、活発な知的サロンが展開されるようになっていった。

最初のテーマは、財政再建だった。二番目は年金問題、三番目がアジア政策、そして、四番目には日本の国家戦略を取り上げた。

特に、年金問題では、今でいう「基礎年金」という言葉を、この勉強会の場ではじめて使った。このとき、勉強会を支えたのは、妻とともに殺害された山口剛彦元厚生事務次官や横尾和子元社会保険庁長官だった。

昭和六十年には、年金制度大改革が実施され、全国民共通で支えあう基礎年金制度が創設されることになった。基礎年金制度をベースの一つとした構想は、勉強会側の提案が活かされたものでもあった。

また、小沢自身は地域開発に力を入れた。日本初の都市設計事務所（UG都市設計）設立者で元東京大学大学院工学系研究科教授の梅沢忠雄とともにコンベンション都市戦略やリゾート政策を立案すると同時に、具体的なプロジェクトにも着手していた。

そのほか、アジア政策では、アジアフォーラムという組織を立ち上げ、アジアのネットワーク作りも行なっていた。

最終的には、平成五年に外務大臣の認可を得て、社団法人アジアフォーラム・ジャパンとして独立系シンクタンクへ発展していく。

小沢が事務局長としてスタートしてから一年後、浜田は言った。

「きみのおかげで、ぼくの活動量は三倍に広がったぞ」

この言葉を聞いた小沢は、心からうれしかった。

だが、小沢は政策づくりだけに走っていたわけではない。事務局長として、政策をつくることが半分、そして、資金を集めてまわることが半分だった。浜田の名前で資金を集めるのだが、実際にその資金づくりに動くのは、小沢の仕事だった。

そんな小沢の姿に、浜田も言った。

「きみは、お金を集める係り。ぼくは、お金を使う係り」

それを聞いた小沢は、思った。

〈まったく、浜田先生らしいな〉

小沢には、三つの夢があり、そのうちの一つは、「政治家になること」だったが、正直、ものすごくハードルは高いものだと諦めていた。身内に政治家もいなければ、知り合いにもいなかったからである。

そこで、埼玉大学大学院政策科学研究科に進学した小沢は、勉強を積み重ねるうちに、政策スタッフとして新しい道を切り開きたいという気持ちを抱くようになっていた。

浜田も榊原も、長年言い続けていた。

「しっかりとした政策を作れるスタッフ、そういったものが日本の政治には必要だ」

小沢も、その通りだと思っていた。

〈将来、バッジをつけたい〉

その気持ちとは裏腹に、政策スタッフとしての新たな道を模索しはじめていた。

当時、自民党の政策づくりは、まだ官庁の役人たちの手により作成される時代だった。

昭和五十七年になり、ようやく、自由民主党総合政策研究所が設立された。

それにともなってのちに民主党の衆議院議員になる松崎哲久が主任研究員に就任したばかりのころで、日本にも、政党内に自前の政策スタッフを求めるような機運が高まり始めた時期でもあった。

松崎は、その後、昭和六十二年になると社会工学研究所政治分析センター主幹に就任。平成元年には、現代政治分析センターを創設し、同センター代表に就任。日米の比較政治論や自由民主党の研究、分析を著作、マスメディアを通じて精力的に行なうようになっていく。

いっぽうの小沢も、政治家を諦めきれない気持ちと、事務局長として仕事を任され、政策スタッフを務める充実感との狭間にあった。

また、小沢を頼って、新たなスタッフが加わってきたことも大きかった。小沢の右腕で活躍した吉原欽一、総務を担当した小松崎彰等であった。その中には、当時の早大の学生で、のちに民主党の衆議院議員になる手塚仁雄や、元自民党参議院議員の小林温がいた。

二人は早稲田大学に在学中、アルバイトとして働いていた。また、松下政経塾を卒塾した遠藤良一が入り、アジアフォーラム・ジャパンの主任研究員や総務部長、事務局次長などを務めたこともあった。

海外からの人材も豊富だった。アジアフォーラムには、日本人以外のスタッフが必要だということで、必ず一人日本人以外のスタッフを採用していた。父親がロシア系アメリカ人で風貌は外国人だが国籍は日本という日本語に精通している人材や、スタンフォード大学出身者、ハーバード大学出身者など海外からも優秀な人材を受け入れては、組織としての体制を強化していった。

同時に、事務局も拡大していた。

最初は九段南に構えていたが、最終的に永田町にあるＴＢＲビルに二部屋を借りるほどまでになった。

第二章「国会議員への道」

「宮澤喜一との縁」

政治団体は、いつしか国会議員でつくられたシンクタンクと位置づけられるようになり、名称も「自由主義経済推進機構」から「自由社会フォーラム」へと改名された。

名称変更には、小沢の要望が大きく反映していた。

「なんとか名前を変えてくれませんか。電話をしても、自由主義経済推進機構なんて名乗ると、変な団体と思われてしまって、どこもまともに取ってくれないんですよ」

それが、小沢の悩みであった。

会話の途中で、「はは？　なんでしょうか？」と疑いをはらんだ言葉が投げ掛けられる。そこで、小沢は、訴えていた。

「もうちょっと、軽やかな名前にしてください」

それだけでなく、会員数も激増していた。自民党衆議院議員の谷垣禎一、高村正彦、川崎二郎、大島理森、参議院からは石井一二、それ以外にも長崎県知事となる金子原二郎などがメンバーに加わるようになり、最終的に二十人規模に膨れ上がったことが契機ともなった。

確かに、自由社会フォーラムの方が、印象は良かった。

いっぽうで、小沢は浜田の個人的な仕事のつながりで、宮澤喜一の政策づくりに携わることになった。そこには、自由社会フォーラムに蓄積されている人材がおおいに活用され、舛添要一などが実質的な政策を練り上げることになったのである。

これは、のちに平成三年、七十三歳にして内閣総理大臣に就任する宮澤の政権戦略チームといえた。

小沢は、宮澤と浜田との関係がどういうものなのか詳しく知ることはなかった。が、夕飯を食べながら、一回ごとに決められたテーマについて議論することを、宮澤は楽しみにしているようであった。

そして、その場には、必ず書記役として小沢が出席することになり、小沢にとっては、貴重な勉強の場となった。

宮澤は、最高の知識人だった。話を聞いているだけで、素晴らしい時間を過ごすことができた。

宮澤の英語力は「政界随一」と謳われ、学生時代に辞書を丸暗記したとか、単語を覚えたページは破って食べたなど、さまざまな伝説があった。

しかし、小沢が宮澤のそばで見ていると、それ以上に、漢学や東洋思想に対する知識の豊富さと深さに感服するものがあった。

たとえば、飲食店などに入ると掛け軸が飾られていたりする。その掛け軸を見つけたとたん、宮澤は軽快に読み上げてしまうのだ。漢字で書かれてあっても、小沢は、まったく読むことができない。そんな宮澤の様子を見るたびに、思うのだった。

〈宮澤先生は、すごい人だな…〉

英語通とされながらも、宮澤自身は東洋的な思想を好み、しばしば、漢詩を引用することもあった。

「わたしは英語通となっていますが、実は小さいころ漢学を習いましてね、どちらかといえば東洋的な思想が好きなんです。その漢学に王道と覇道というのがあるんです。つまり総理大臣という一国の宰相になるには、自分でなろうとしてなるものでなく人から押し上げられて就く天命みたいなものだと思ってます。人を押しのけてまでというのは、わたしの性にあいませんね」

総理への就任前に、宮澤は、そんな風に言っていた。

宮澤政権末期の平成五年六月の衆院解散の際には、小沢は傍にいなかったため、宮澤の真意はわからなかった。

が、宮澤が、日本の最高の知性だという思いは変わらなかった。

それは、人柄としても同様だった。

小沢には、忘れられないことがある。

あるとき、日米安保や非武装に関連し、戦後の日本について話をしているときだった。

「日米安保をつくり、ある意味では、アメリカに防衛の安全保障の一部を担ってもらう、そういう仕組みをつくりました。それは、国として、きわめて危ういなと瞬間的に思いました。だけど、戦後、よくコマ回しのコマの糸が張られて、ぱーっとコマが走るでしょう。日本も危うい中を、ずっと今まで来たんですな…」

そんな話をした宮澤のことが、小沢には忘れられない。

宮澤は、官僚であった占領時代に通訳や渉外担当としてGHQなど米国の各機関との折衝に関わってきた。基地提供を提案したことで知られる昭和二十五年の池田勇人蔵相の訪米や、翌二十六年のサンフランシスコ講和会議、また、参議院議員となった後も、昭和二十八年の再軍備問題をめぐる池田・ロバートソン会談や、池田の総理大臣就任後の昭和三十六年の池田・ケネディ会談など、戦後日本の針路を決定付ける重要な局面にいずれも池田側近として立ち会ってきたのが宮澤であった。

そのため、宮澤が話す、いわゆる、戦争放棄や武力放棄のある意味での憲法の上の安全保障の危うさ、そして、危うさがありながらも、わたしの目の黒いうちは今の方針を変えさせるわけにはいかないという内容の話には、実感が込められていた。

宮澤の話を聞きながら、小沢は、思った。

〈危ういな…と思うんだろうな。ずっとコマ回しのコマのように走ってきた。そんな風に、宮澤先生は感じられていたんだな〉

「日本新党に参画」

総理大臣となった宮澤は、「生活大国の実現」を内閣の目標として掲げた。

じつは、この「生活大国」という言葉は浜田が作った政権戦略チームのスタッフだった小沢がつくった造語であり、政権構想となる生活大国論を書いたのも小沢だった。

生活大国論を宮澤に提案し、賛同した宮澤はそれを宏池会に持ち込んだ。このとき、他の宏池会のメンバーからは異論の声があがった。

「生活という言葉では、生活の影があるなどという暗いイメージを与えかねない」

ベテラン議員になればなるほど、生活という言葉に暗いイメージを持つのだった。

それに対して、小沢の世代になると、生活大国という言葉のイメージは「ビューティフル・ヒューマンライフ」である。

また、「大国だとおこがましい」というような意見も出され、議論は混乱していた。

が、最後に宮澤が言った。

「これで、いきましょう」

その一言は、小沢にとって何よりもうれしかった。

政権戦略チームが練り上げた「生活大国構想」は、パンフレットにもなった。昭和六十一年、第三次中曽根内閣で大蔵大臣に宮澤が就任した際に、小沢は大臣室をたずね、「生活大国へ」という一言を色紙に書いてもらい、パンフレットの表紙に使った。そのときの色紙は、今でも大事に小沢の国会事務所に掛けられている。

宮澤にとって、小沢らの政権戦略チームという装置は、非常に楽に政権を運営できる装置になったはずである。

国会議員になってからの小沢も思う。

〈ああいう装置が、ぼくも欲しいな〉

二十九歳で事務局長になった小沢は、それから十年間を政策シンクタンクで過ごした。

これは、楽しい日々だったが、そのいっぽうで、虚しさも感じていた。

〈社会的な認知がない〉

漂流感を小沢は感じていた。

〈自分自身は、いい仕事をしている。そう思っている。だけど、社会から、きちんと認知されない〉

漂っている感覚の十年間でもあった。

平成四年、小沢は細川護熙の日本新党結党に参加した。

榊原という天才的な人物との出会い、そして、その後、浜田という政治家に出会ったことが大きなターニングポイントとなったと感じている。

〈あの二人よりも、頭がいいと思う人はいない〉

だれと話しても、小沢は、必ずそう思うのだった。

一時は、榊原の後を追ってハーバード大学へ入学しようとしていた。

大学院二年目の小沢は、ロータリーのスカラシップを受けて、合格したのだ。が、体調の悪化があり、結局、東京銀行への入行を選んだ。しかし、いまだにスカラシップの名簿には、小沢の名前が残っているという。

日本新党に参加した小沢は、宮澤が内閣を解散し、総選挙へ突入した平成五年、山梨全県区から出馬し、七月十八日の投開票で見事当選を果たす。

「細川護熙との対面」

小沢鋭仁と元熊本県知事の細川護熙を結びつけたのは、政治学者で元学習院大学法学部教授の香山健一だった。

香山は、小沢が浜田卓二郎の政策集団「自由社会フォーラム」の事務局長として活動していくうちに知り合うことになった多くの学識者・知識人の中の一人で、中曽根康弘元総理大臣のブレーンを務めていた。

その香山が、小沢に細川について相談していたのである。

「細川さんを立てて、新しい政党をつくりたいのだが…」

政策集団「自由社会フォーラム」は国会議員によってつくられたシンクタンクとして知られ、小沢ら数人のスタッフが政策を研究する日本初の政策団体という位置づけであった。そのため、香山も「自由社会フォーラム」を貴重な存在として見て、何度となく講演してくれていた。

香山は、自民党の国会議員である浜田卓二郎を説得していた。

「自民党をこれから良くしていくためにも、もう一つ、保守政党があった方がいいんだ。細川さんの新党づくりに協力してくれないだろうか。自民党のためにもなるんだ」

香山の要請を受け、浜田は小沢に言った。

「きみ、香山先生からの要請に協力してやりなさい」

浜田が香山の新党づくりにどこまで同調していたのかは、わからない。新しい保守政党の結党にどのような心境を抱いていたのか、小沢には知ることができなかった。

それでも、浜田が指示した以上、小沢はその指示どおりに行動することにした。

こうして、香山の紹介で、小沢は細川と対面することになった。

小沢が細川とはじめて会う直前の平成四年五月、細川は雑誌『文藝春秋』六月号に「『自由社会連合』結党宣言」を発表していた。が、その結党宣言を書き上げた人こそ香山だとされている。また、表向きは細川が新党結党の舵取りをしたことにはなっているが、実質的な創設者は香山だった。香山こそ、のちの「日本新党」の仕掛け人であり、立役者だったのである。

平成四年五月のある日、香山は、細川が宿泊していた東京プリンスホテルに小沢を連れて、会いに行った。

初対面の細川と小沢があいさつを交わした後、細川は二人に断りを入れた。

「食事がまだなので、食事をとらせていただきながら、お話させていただいてもよろしいでしょうか?」

細川の話しぶりや挙措は、小沢にそれまでの人とは違った印象を残した。

〈高貴な方なんだな…〉

それまで、細川のことを小沢はまったく知らなかった。新聞などを通じて熊本県の元知事だったというくらいの情報はあった。が、どんな人物なのか、想像がつくわけはなかった。

細川の言葉に、香山は答えた。

「もちろんです。どうぞ食事をとってください」

二人から了解を得た細川は、受話器を持ち上げ、ルームサービスのコールをした。

「〇〇号室の細川です。ルームサービスをお願いします。ハンバーグとそれに温野菜をつけていただけませんか？」

細川は、戦国武将細川忠興の子で、熊本藩主の細川忠利から数えて十七代目の細川護貞と、近衛文麿元内閣総理大臣の娘である温子との間の長男として東京府東京市（現在の東京都千代田区）に生まれた。近衛など政治家を輩出した有名な華族の出身でもあった細川は、朝日新聞の記者を経て自民党の参院議員になり、昭和五十八年から徳川時代に先祖が大名だった熊本で県知事を務め、人気を博した。選挙基盤は農村地帯だったが、ハンサムで垢抜けていたことから都市部でも人気があった。

そんな細川は、常に丁寧語で話をしていた。その非常に丁寧な言葉遣いと物腰から、育ちの良さをうかがわせた。

ただ、このときの初対面の場では、本題であるべきはずの新党結成に向けた話などせず、世間話程度で時間は過ぎていった。

『文藝春秋』に論文を発表した細川は、新党の党名を公募し、「自由社会連合」から「日本新党」に改めるとともに、十年以内に政権獲得を実現するという目標を掲げた。

こうして新党結党への動きが着実に進められる中、小沢もその動きに参加するようになっていた。日本新党の戦略について独自の考えを取りまとめ、細川に提出した。B４判の用紙十枚ほどに及んだ小沢の提案には、政策に関する組織的な対応と全国的な選挙戦を展開していくための体制づくりなどについて書かれていた。

このレポートを読んだ細川は、小沢のことを高く評価してくれた。浜田卓二郎のもと「自由社会フォーラム」を十年間支えてきた成果が、そこにはあったのだ。

平成四年五月二十二日、日本新党が結成された。代表は、もちろん細川護熙である。

六月には、東京都高輪に党本部を設置し、五月から七月にかけて、参議院選挙比例区に公認候補十七人を擁立した。

七月二十六日投開票の第十六回参議院議員通常選挙では、全国比例区で四議席を獲得した。当選したのは、代表の細川と副代表の武田邦太郎、ニュースキャスターから転身した小池百合子、そして、米国野村證券社長、野村證券副社長を歴任した経歴を持つ実業家の寺沢芳男だった。

日本新党は、三六一万七二四六票、八・〇五%を獲得し、ミニ政党としては過去最多の四議席を獲得した。政治改革の流れの中で無党派層の支持を獲得し、五十五年体制崩壊をもたらした「新党ブーム」のいわば火付け役となる勢いがあった。

このときの選挙には、小沢が声をかけて、細川に紹介し、日本新党に参加した松崎哲久（元民主党衆議院議員）も比例代表選挙に立候補した。しかし、名簿順位五位だったため次点で敗れていた。

小沢には、三つの夢があった。その一つが「政治家」だったが、政治とは何の縁もゆかりもない家に育ち、選挙に必要とされる資金もなかったことから、政治家という道ではなく、政治家のための政策を陰で立案する「政策スタッフ」としての道を新たに見出し、その仕事に満足していた。

いつしか、「政策スタッフ」には、「ポリシーエンジニア」という新しい呼び名が付けられていた。命名したのは、舛添要一だった。

小沢は、思った。

〈こういう道でやっていくことも、一つの新しいスタイルだろう。大きく言えば、歴史的役割もあるはずだ〉

そんなことを自分に言い聞かせながら、日々を過ごしてきた。

ただ、そのいっぽうで、政治家に対する憧れも捨てきれずにいた。

〈自分も政治家をやってみたい…。しかし…〉

踏ん切りをつけることもできず、もどかしい気持ちで十年という月日を過ごした。

しかし、細川と出会い、新党結党の動きに触れていくにしたがって、小沢の心に微妙な変化が起きていた。

〈もしかしたら、ぼくにとって一つの大きなきっかけになるかもしれないな……〉

それでも、小沢は悩んだ。

〈浜田先生のもとを離れてしまって、本当にいいのだろうか？〉

小沢を日本初の政策集団「自由社会フォーラム」の事務局長に抜擢し、小沢の活動を認めてくれた浜田に背を向けることはできなかった。

また、「自由社会フォーラム」のスタッフを見放すことも考えられなかった。十人ほどいたスタッフは、浜田を慕って来てくれた人もいれば、小沢を慕って来てくれた人もいた。そのことを思えば、簡単に責任逃れをするわけにもいかなかった。

小沢は、半年間ほど、悩みに悩んだ。

そんなとき、小沢の悩みを解決できる糸口が見えてきた。

「自由社会フォーラム」の業務の一つであるアジア・フォーラムの社団法人化が決まったのである。政治集団に永続性を持たせることは難しい。しかし、社団法人化されれば先の見通しも違ってくる。

小沢は、思った。

〈社団法人になれば、スタッフも心配なくやっていけるだろう〉

こうして平成五年四月、外務大臣の許可を得て、「社団法人アジア・フォーラム・ジャパン」が誕生した。残されたスタッフたちの未来が保障され、小沢の懸案事項も一つなくなった。

また、小沢自身の年齢も決断を促す要因になった。

〈浜田先生のもとで、ちょうど十年になった。ぼくも、もうじき四十歳を迎える。ここは、ひとつ、はっきりさせなければならない〉

平成四年九月、小沢はついに決断し、浜田に打ち明けた。

「ぼくも選挙にでたい。日本新党でやってみたいんです」

しかし、浜田は引き止めた。

「待て」

浜田は、引き止める理由については語らなかった。また、小沢からもたずねなかった。が、小沢には、浜田の気持ちがわかるような気がした。

〈きっと、浜田先生は、ご自身の政策集団をしっかりと支えて欲しいのだろう〉

浜田は、小沢を説得した。

「きみは、たしかに選挙には出ていない。けれども、実質的には政治をやっているじゃないか。それが、一番いいんだよ。きみの立場が、一番いいんだよ」

このときの浜田の言葉の意味を、小沢はのちに政治家になってから気づいた。

〈浜田先生のおっしゃっていたことは、本当にそのとおりだったな…。選挙もやらずに政治活動ができるなんて、一番いいことだった〉

それでも、政策スタッフの一員には、直接的な権限が与えられることはない。

そのうえ、「政治家」と「政策スタッフ」では、世間の目からは雲泥の差がある。

「きみのやっていることは、大変有意義なことです」

そんな風に理解し、高く評価してくれるのは、香山のような一部の人たちだけだった。世間一般の人たちにはほとんど認知されていない。親や親戚から疑問にあふれる視線を向けられることも多々あった。

〈鋭仁は、何をやっているんだ?〉

小沢の生活ぶりを見ても、特に食べることに困っている様子はない。むしろ、面白いと思えることを仕事に持ち、日々生き生きと暮らしていることはうかがえる。

かといって、「鋭仁の仕事は何なんだ?」と聞かれ、具体的に説明することは難しい。

「政策集団の事務局長です」

そう言っても、ほとんどの人には伝わりにくかった。

その辺のもどかしさは、ずっと小沢の悩みでもあった。もっと世間にも認められる存在になりたかった。

「自由社会フォーラムの事務局長を辞めさせてください」

小沢からの申し出を、浜田は簡単に認めてくれなかった。小沢は、何度となく許しを請うために、浜田を説得した。

小沢がはじめて辞めると口にした日から三ヶ月後の十二月、とうとう浜田も小沢の決意を認めてくれた。

小沢の政治家への道の中で、一番の難関だったのが浜田の説得だったといえる。

小沢の妻の寿子が、反対することはなかった。

それは、大学卒業以来、自分の仕事を持ち、大学の講師という立場にあったことも大きく影響していたようだった。

こうして、平成四年十二月、小沢は、「自由社会フォーラム」を辞めて、日本新党に所属を移した。

日本新党では、七月の参院選を終え、次期衆院選に向けた政策づくりの作業が急ピッチで進められていた。

小沢には細川代表付という役職が与えられた。文部省を退官し、次期衆院選を目指していた政策委員会責任者の中島章夫とともに政策担当として力をふるうことになった。

そして、これまで宮澤政権の政権構想をはじめ数々の政策づくりに携わってきた小沢は、わずかひと月あまりで政策をつくりあげることになる。

そんな小沢の仕事ぶりを見て、参議院議員の小池百合子が言った。

「あなたが来てから、政策が一気にできちゃったわね」

小沢の仕事の早さに小池も驚いた。

が、小沢の心はすっきりしなかった。政策の責任者としての任務を果たしたものの、選挙に出馬するという本来の目的を達成できるかどうか、不安な日々を過ごしていたからであった。出馬する選挙区すら決まっていなかった。

が、小沢は思っていた。

〈自分のふるさと、山梨で選挙に出馬する〉

自分が生まれ育った土地から選挙に出ることが、きわめて当然なことだと信じていた。

ところが、あるとき、松崎哲久に言われた。

「小沢さんの地元、山梨は全県区ですよね。山梨には自民党の金丸信や田邊圀男、中尾栄一がいますし、落選中の堀内光雄も出てくるでしょう。また、次の選挙には山梨県の前知事が出馬するという話もあります。大変厳しい選挙になることは間違いないです。神奈川には、勝つ可能性が高い選挙区があります。山梨からではなく、神奈川から出馬しませんか?」

松崎が、神奈川からの出馬を小沢に要請してきた理由は、選挙区の問題だけではなかった。

「小沢さんは、細川代表付ですよね。神奈川県内だったら細川代表のサポートをしながら選挙活動もできます。神奈川なら東京に近いし、活動しやすいじゃないですか?」

そんな理由から、一時は、神奈川の選挙区からの出馬が検討されていた。

ただし、小沢自身の気持ちは穏やかではなかった。神奈川を地元とし、そこから出馬したいという候補者もいた。また、神奈川県独自の事情もあった。そのため、小沢の神奈川からの出馬はストップして欲しいという要請の声も寄せられていた。これには、小沢に信頼を寄せる細川も躊躇していた。

結局、小沢の神奈川からの出馬の話はなくなった。

〈山梨から出馬しよう〉

小沢は、自ら決断した。細川もようやくゴーサインを出してくれた。

それが、平成五年三月三日だった。山梨からの出馬を許可してもらった小沢は翌四日には、荷物をまとめて、五日には山梨へ飛んで帰った。

実は、小沢は、日本新党に移った時点の平成四年十二月、地元の親友で現後援会長の高原に自分の思いをすべて打ち明けていた。

「選挙に出たいんだ。山梨から出たいんだよな…」

だが、思いを打ち明けたものの選挙区もはっきりしなかったため、山梨で会合を開いたり、選挙活動をすることはなかった。

それでも、小沢の出馬の噂は地元でもささやかれていた。

「小沢が、日本新党に入ったらしいよ」

山梨の地元マスコミでも、小沢の動きは話題になっていた。

「どうも、次の衆院選に日本新党から小沢っていう奴が出そうだ」

噂ばかりが先行していたが、とうとう小沢の出馬が本決まりになった。

こうして、小沢の地元での選挙活動がスタートしようとしていた平成五年三月六日、事件は起きる。東京地検が、自民党の金丸信本人と秘書を任意に呼び出して聴取を行い、その日、脱税の容疑で逮捕したのだ。

前年の平成四年八月、東京佐川急便から五億円のヤミ献金を受けていたことが発覚して以来、金丸は東京地検やマスコミから追い回されていたが、東京国税局が金丸の妻が死亡した際に受け取った遺産に着目し、日本債券信用銀行の割引金融債「ワリシン」の一部が申告されていないという事実をついに突き止めた。この事実の発覚をきっかけに脱税での逮捕に繋がったのだ。

逮捕された金丸の次期衆院選出馬はなくなり、また、有力な候補者とされていた前県知事も金丸と近い関係だったことから出馬を辞退した。

そのうえ、社会党の現職国会議員の上田利正もスキャンダルを理由に、立候補を取りやめた。

こうして、激戦区に思われていた山梨全県区から、現職の国会議員二人と有力候補者一人の計三人が消え、小沢の選挙は俄然有利な情勢になった。

「五十嵐文彦の参加」

この時の総選挙でやはり日本新党から出馬することになった元民主党衆議院議員の五十嵐文彦は、昭和二十三年十一月二日、警察官の父親の長男として東京都世田谷区に生まれた。

昭和四十八年、東京大学文学部西洋古典学科を卒業、時事通信社に入社して政治部記者となった。

五十嵐が担当したのは、昭和五十四年に福田赳夫前首相が立ち上げた清和会であったが、他の派閥議員とのつながりも深めていった。また国土省、厚生省、農水省など役所関係にも強かったことから、政界では守備範囲の広い記者としてその名を知られるようになった。

五十嵐が特に頻繁に出入りするようになったのは、自民党の浜田卓二郎衆議院議員の政策集団「自由社会フォーラム」であった。二十数人で構成される浜田グループには清和会のメンバーも多く、谷垣禎一、大島理森、高村正彦など、後に自民党の中心的存在となる議員たちも参加していた。

五十嵐は浜田グループの政策面の相談相手を務め、またグループで発行する新聞の記事も担当するようになった。

五十嵐は、浜田卓二郎の実父の葬儀で鈴木善幸首相の読んだ弔辞の原稿を任されたり、第二次中曽根内閣時に建設大臣を務めた水野清とともに、下水道整備に関する政策をいっしょに作ったりした。こうして五十嵐は、一介の若手政治記者でありながら、さまざまな形で政治家に重用されるようになっていった。

この浜田グループの事務局長を務めていたのが、小沢鋭仁である。

五十嵐は、小沢鋭仁と接していて思った。

〈有能な男だな〉

小沢鋭仁は有能なだけでなく、人から好かれる明るい性格をしていた。おそらく、生まれた時から順調に育ってきたのだろう。

五十嵐は、幼少時、母の病気のため足立区長門町在住の親族の元に里子に出され、足立区立大谷田小学校に入学した。小学校二年生の時に養父が他界したため、小学校三年生から実父母の元に戻ったという経験をしている。

五十嵐文彦と小沢鋭仁は、二人で協力して浜田グループの政策を担当するようになった。

五十嵐文彦は、昭和六十三年、時事通信社を退社してフリージャーナリストとなり、五十嵐ふみひこ政経研究所を設立し代表となった。

平成二年二月十八日、第三十九回衆議院議員総選挙に旧東京七区から無所属で立候補して落選した。

平成三年十一月、小沢鋭仁とともに内閣総理大臣となった宮澤喜一の政権公約を作成した。これは、浜田卓二郎が宏池会所属だったことから、浜田経由で依頼を受けたものだった。

その後、四十歳を過ぎた五十嵐は、今後の身の振り方について考えあぐねていた。

〈この先どうしようか…〉

そんな五十嵐に声をかけたのが小沢鋭仁だった。

「五十嵐さん、よかったら日本新党に来ませんか」

この時、小沢鋭仁は、細川護煕を中心とした日本新党の結党に参加していた。

五十嵐は、小沢の誘いを受けることにした。

「初陣。いざ、衆院選！」

平成五年七月四日、第四十回衆議院議員総選挙が公示された。

日本新党は、追加公認を含めて五十七人を擁立し、細川護熙、小池百合子は参議院から衆議院に転出し、出馬した。

定員五名の山梨全県区には、自民党から四人、日本社会党、日本共産党、無所属の候補者が一名ずつ、そして、日本新党から小沢の八人の候補者が立った。

公示日当日、細川護熙が第一声の場所に選んだのは、小沢の出馬する山梨全県区の県庁所在地、甲府市だった。

政治不信の発火点となった金丸信自民党前副総裁の地元である甲府市で第一声を上げ、政治改革を訴える細川の姿は、この衆院選の象徴的な光景として内外の多くのメディアにとりあげられた。

細川は、集まった二千五百人あまりの聴衆に語りかけた。

「山梨から政財官の癒着の構造を断ち、政治改革の火の手を上げたい」

となりで熱弁を奮う細川の姿と集まった聴衆の姿を見ながら、小沢は、思っていた。

〈この選挙、絶対に勝たなくてはいけない〉

前年の第十六回参議院議員通常選挙で議席を獲得した日本新党と、選挙前に自民党から離党した議員らが中心となって結成された新生党、新党さきがけといった「新党ブーム」のおかげで、小沢の初の選挙戦は追い風ムードだった。

小沢は、選挙戦がスタートしたときから確信していた。

〈この選挙、勝てる。絶対、勝つ〉

それほど、日本新党、そして、小沢は勢いに乗っていた。

もともと、山梨県は「甲州選挙」と呼ばれる激しい選挙戦が繰り広げられる土地柄であった。内向的社会と形容され、町内会や無尽会などの内向的なコミュニケーションが活発で、地縁血縁や近所の結び付きも強い。そんな特質の精神的風土を利用し、県内各所にある町内会や無尽会、地縁血縁をとりまとめて選挙戦を行なうのが甲州選挙の特徴であった。

そのため、事前にある程度の票がまとまりさえすれば選挙運動をしなくても当選することも多く、そのために贈賄罪や公職選挙法に抵触すると承知しながらも組織ぐるみで平然と選挙違反を行うケースも後を絶たず、選挙終了後に、運動人や支持者が逮捕・立件されることが〝風物詩〟と化してしまっていた。

小沢は考えた。

〈山梨は、金も動けば、中傷するビラも飛び交う土地柄だ。ここは、注意深くいかないと危険かもしれない〉

そこで、選挙戦のはじめに応援してくれる仲間に、しっかりと伝えた。

「危ないことだけは絶対にやめてくれ。とにかく、問題さえ起こさなければ当選するから…。絶対に大丈夫だから…」

そんな小沢の話を聞いた仲間たちは、半信半疑だった。

「選挙って、そんなもんか?」

選挙を手伝ってくれる仲間は、みんな選挙の素人ばかりだ。だが、山梨特有の甲州選挙のスタイルは、みな知っている。小沢は、みんなに注意を促した。

小沢は、衆議院選挙の候補者であり、小沢選挙事務所の実質的な事務局長だった。選挙戦の戦い方は、小沢自身が一番知っていた。事務局長として長年鍛え、蓄積したデータが小沢の強い味方でもあった。そのため、自分自身が、選挙の核となり、選挙戦を戦った。

その小沢の手腕にプラスとなり、力となってくれたのが小沢の母校、甲府南高校の同級生をはじめとする応援団だった。

小沢は、自民党で選挙戦を体験していたことから、玄人的な視点で選挙戦を考えていたところがあった。いわゆる、小沢一郎的発想で、各種の団体票をきっちり取り込むことである。そのため、高校時代の仲間たちの票は、最初はあてにしていなかった。

ところが、選挙戦に入っていくと、その思いは変わっていった。

〈本気で、熱意を持ってぼくの選挙のために動いてくれているのは、同級生や仲間たちなんだ……〉

小沢を当選させようと、力の限り頑張ってくれる姿には、感謝の言葉しかなかった。

平成五年七月十八日、とうとう投開票日の日がやってきた。

新党ブームが湧き上がっていることや仲間の応援ぶりを体感していた小沢の心中は穏やかだった。

投票の終了とともに、開票作業がはじまった。

小沢は、妻の寿子と二人、選挙事務所近くにあるビジネスホテルの部屋でテレビを観ていた。

山梨全県区では、自民党の元議員・堀内光雄や社会党の輿石東、自民党の中尾栄一、そして、自民党の新人候補・横内正明の当選確実の報が次々と発表されていた。

小沢の当選確実も、テレビ山梨だけが早い時間帯に流した。

それを知って、待機していたビジネスホテルから選挙事務所に向かう準備をした。

が、小沢選挙事務所の事務局長で中学時代の先輩大久保が、小沢を止めた。

「選挙は間違いもあるから、とにかく、全部、当確が出てから万歳をするから、まだ待っていろ」

最初の段取りでは、当確が一つでも出たら事務所に姿を現すことになっていた。そういう段取りで、マスコミともやり取りがされていた。

ところが、「事務所の近くの車で待て」との指示である。

車に乗って妻と二人、選挙事務所に向かった。車内の小沢は、嬉しい気持ちで一杯だった。

表通りに面した地元の有名店・竹原時計店の前で待機した。

一つ目の当確が出たのだから、他のテレビ局でも当確がすぐに出るものとばかり思っていた。

しかし、なかなか次の当確が出ない。

いっぽうで、次々と他の候補者の当確ばかりが発表されていく。

しだいに、小沢は喜びから一転して、脂汗をかくようになっていた。

〈もしかしたら、本当に駄目なんじゃないか…〉

しばらくして、山梨放送も小沢に当確をつけた。

少しは、ほっとした。

残りは、ＮＨＫだけだった。

小沢と最後の五つ目の椅子を争うことになったのは、山梨県知事、鈴木善幸改造内閣の沖縄開発庁長官、総理府総務長官を歴任した田邊圀男だった。新人の小沢対ベテランの田邊という戦いに、マスコミも慎重になっていた。

車内で待つ二人には、辛い時間が流れていった。

そして、やっとＮＨＫも小沢に待ちに待った当確をつけてくれた。

小沢は、当選を確信した。

本当に嬉しかった。

開票日のその日のうちの当確で真夜中にはならなかったが、それでも、待っている本人には長くて辛い時間だった。

結局、小沢は、七万一〇三八票を獲得し、三位で当選した。一位は、堀内光雄の九万九七〇八票で約三万票近くの差をつけられたが、二位の輿石東の七万二五六一票とは約一五〇〇票差という僅差での初当選だった。

ただ、全国の日本新党の候補者と比べてみれば悔しさもあった。神奈川や東京などの都市部では軒並みトップ当選を果たしているなかでの三位当選だったからである。

当確を得た小沢は、選挙事務所に向かった。

選挙事務所で待ってくれていた仲間たちは、大喜びで小沢を迎えてくれた。

小沢は、思った。

〈ぼくにとっての最大の支持母体だ。仲間たちが力となってくれた。小中高の仲間たちが本当に応援してくれた。みんな手弁当で…、仕事を休んでまで応援してくれた。本当にありがたい……〉

喜ぶ仲間たちと笑顔をかわしながら、小沢は当選できたことを実感していた。

応援してくれた仲間へのあいさつも終わり、事務所には静けさが戻っていた。

自分の選挙戦の結果がわかり、仲間と喜びを分かち合い、やっと一息をついたとき、小沢は気付いた。

〈ほかの人たちはどうだったのだろう?〉

そんな気持ちで開票結果を伝えるテレビを眺めていた。そのとき、浜田卓二郎の落選が伝えられた。宮澤喜一首相の側近の一人と目され、折からの新党ブームのあおりを受けた浜田は、次点で落選したのだった。

その結果を知った小沢は、驚くしかなかった。

浜田は自民党のスポークスマンとしてテレビ番組に出演し、新税制を説明して以来、朝まで生テレビやニュース・討論番組などにたびたび出演するようになり全国的な知名度も高まっていた。

〈浜田先生のところで十年務め、自分としてはやれることはやった。浜田先生も、ぼくがいなくても問題なくやっていける〉

そう思えたからこそ「自由社会フォーラム」事務局長を辞める覚悟ができた小沢にとって、浜田の落選はショックだった。

自分の初当選は嬉しかったが、いっぽうで、心中では浜田の落選を悲しんでいた。

小沢は、心から思っていた。

〈浜田先生を総理にさせたかった…〉

小沢は、政治家が選挙に落ちてしまえば、もう政治家ではないという事実を強く思い知らされていた。

選挙に出馬することは、ある程度の資金が必要になる。

小沢がはじめて衆議院選挙に出馬を決心した平成五年春、日本新党から小沢には公認料として二百万円が渡された。

それ以外は、日本新党から細川代表付という役職に対して支払われていた毎月の給料を選挙資金として使うことになった。

が、それだけでは足りない。そこで、以前、小沢が所属していた政策集団の仲間や当時の知り合いたちにカンパしてもらうこともあった。

小沢は、もともと政治団体の事務局長という役職にあったため、資金集めに苦労することはなかった。他の日本新党から出馬する新人候補者らと比べれば、相当うまく資金集めができたほうだった。

ただし、選挙後に交わした会話から、地域性の違いなどに気づかされることもあった。

小沢と同じ、第四十回衆議院選挙で初当選した中島章夫は神奈川三区から出馬していた。

その中島と話したときである。

「中島さん、選挙にはお金がかかったでしょう」

「いやー、かかりましたね」

「どれくらい、かかりました?」

「七百万円です。七百万円もかかったんですよ」

この中島の発言に、小沢は驚いた。

あまりにも額が少なかったからである。

小沢は、もっと多くかかっていた。七百万円で済んだという中島を、つくづく羨ましくも思った。

〈神奈川って、いい選挙区だな…〉

それでも、小沢は恵まれていた。

〈ぼくは三月に選挙区が決まって、それから五ヵ月後が選挙。半年も経たずに当選させてもらった。浜田先生なんて一度目は落選して次の選挙で初当選だ。みんな、一回落ちることが当然なのに、ぼくは一回目で当選できた。本当にありがたかったな〉

なお、小沢が誘った五十嵐文彦も初当選を飾った。

「日本新党躍進」

衆議院議員に初当選した翌日の平成五年七月十九日、小沢鋭仁は急いで東京に向かった。高輪にある日本新党本部には、細川護熙代表付としての仕事が待っていた。

日本新党は、この選挙で五〇五万三九八一票を獲得。五十七人を擁立したうち三十五人が当選を果たした。

この結果を見た小沢は、正直思った。

〈もっと候補者を出していたら、もっと議席を獲得していただろう〉

選挙前、小沢は細川に提案書を出していた。

「とにかく、徹底的に候補者を立てるべきである」

小沢は、日本新党の勢いをかつての新自由クラブと重ねていた。

新自由クラブは、結党直後の昭和五十一年十二月五日に投開票が行われた第三十四回衆議院選挙において、二十五人を擁立したうち、十七人が一挙に当選（さらに追加公認一人）。そのうえ十二人の新人議員も誕生、一気に党勢を拡大させたことがあった。

小沢は、このときの新自由クラブと同じムードを、選挙前から日本新党に感じていた。だからこそ、細川に提言していたのであった。

事実、当選者は三十五人と大躍進したが、候補者をもっと擁立していれば当選者の数が増えていたはずであり、一部、小沢には残念な気持ちが残っていた。

東京に帰った小沢は、高輪の日本新党本部にいた。

そこに、自民党の森喜朗幹事長がやってきたのである。

今後の連立に関する文書を持ってきた森に応対したのは、新人議員の小沢だった。少し前までには想像できないような光景が繰り広げられていた。

今回の選挙で自民党は、獲得議席数を選挙前の勢力は維持したものの、単独過半数を獲得することはできなかった。そのため、衆議院の最大勢力であるにもかかわらず、細川政権の成立を許し、結党以来、初めて野党に転落することとなった。

野党側は、自民党を離党した羽田派が結成した新生党、同じく武村正義らのグループが結成した新党さきがけ、前熊本県知事の細川護熙が前年に結成した日本新党の三新党は計一〇〇議席あまりを獲得。

そのうち、新生党は、社会党、公明党、民社党、社会民主連合と選挙の前から連立協議を始めていたが、合計一九五議席で過半数には届かず、自民党も二二三議席で過半数に届かなかったことから、日本新党と新党さきがけが結果的にキャスティング・ボートを握ることとなった。

七月十九日、日本新党は、新党さきがけと衆院統一会派「さきがけ日本新党」を組み、五十二人の第五勢力となった。そのころ、新党さきがけと日本新党は、合併を模索していた。

ともに知事出身である新党さきがけの武村正義と細川は、共通の勉強会を開く仲だった。小沢も当選する前から勉強会には出席するなど、両党間の交流は以前からあった。衆院選では、三十五議席の日本新党に対して新党さきがけは十三議席。日本新党のほうが、はるかに多く国会議員を抱えていたことから、さきがけの議員の目に、合併を主張する小沢の姿が偉そうに映ることもあったという。

本人にはそんなつもりはなかったが、後日、新党さきがけで議員のキャリアでは先輩にあたる渡海紀三朗から言われたことがあった。

「とにかく、おまえは鼻っ柱が強くて、生意気だったな」

小沢は「そうですか…」と恐縮するのみであった。

国会議員の人数では日本新党がまさっていたが、国会議員の経験者は新党さきがけの方が断然多かった。日本新党は一年生の素人ばかり。いっぽうの新党さきがけは、ほとんどが自民党から離党してきた議員である。経験値は、新党さきがけの方がはるかに上だった。

その後も、自民・非自民陣営の双方とさきがけ・日本新党陣営では、政治改革の実現を条件とする連立交渉が続けられた。双方とも条件の受け入れを表明したが、「細川首相」を提示した非自民側が、結局取り込みに成功し、細川を首班とする新政権の発足が決まる。このとき、細川が新生党の小沢一郎とどのような話をしたのか、小沢は一切聞かされていなかった。

八月九日、日本新党代表の細川護熙は七党八会派連立内閣首班となり、内閣総理大臣に就任した。

小沢は、細川が首班に選ばれたことを喜んでいた。

〈細川さんは、チャンスがあれば内閣総理大臣になるべきだ〉とかねがね思っていたからだ。

そして、その思いは細川にもはっきりと伝えていた。

「内閣総理大臣になれるなら、なるべきです」

小沢は、宮澤喜一が総理大臣になる際の政権構想の立案に携わってきたことから、総理大臣になる前の宮澤の姿とその苦労の過程を長年見続けてきた。小沢は、総理の道を究めることがどんなに大変かということを誰よりも知っているつもりだった。だからこそ、細川にはチャンスさえあれば、そのチャンスをつかんで欲しいと願っていたのだった。

理念や政策が異なる連立与党各党は、自民党政権が成し遂げられなかった政治改革の実現という日本新党・さきがけの条件を受け入れ、これを一致点として政権を発足させた。

そのため、細川内閣は、これを唯一最大のテーマに掲げ、年内の法案成立を目指していく。

細川内閣成立後、小沢は「日本新党政策委員長」に就任した。新党さきがけと提携し、将来は合同を予定していたことから、衆議院でも院内統一会派「さきがけ日本新党」を結成し、役員としてさきがけ側と関係を構築していった。

新党さきがけとの交流が深まるごとに、小沢は武村正義代表の魅力に惹かれた。

細川の女房役として、連立政権のキーパーソンに一躍浮上した武村は、対国民的には「ムーミンパパ」の愛称を認知させることでソフトなイメージを出すことに成功していた。

しかし、政治改革やコメ自由化などで細川政権を閣内から支えるいっぽうで、閣外の意思決定機関「与党代表者会議」を主宰する小沢一郎との対立で自分を際だたせることに成功するなど、したたかな政略を見せたため、欧州の火薬庫と呼ばれたバルカン半島になぞらえ、三木武夫以来の「バルカン政治家」とも称された。

が、小沢は、「バルカン政治家」と呼ばれるような手練手管に長《た》けた政治家として武村を見ることはなかった。

確かに、新党さきがけという小さな政党がかなりの影響力を持つことになったという意味からすれば、そのような見方をされることはあったとしても、武村本人に対して、まったく違ったイメージしかなかった。とにかく、武村はいつでも会合の場にいた。いつでも会合の場の真ん中に必ず座っている。それが武村だった。

政治家は、とかく忙しさにかまけて、出たり入ったりを繰り返したりするものである。

新党さきがけの党代表代行・田中秀征は、内閣総理大臣特別補佐に就任し、細川首相を支えていたこともあってか、会合の場に姿を現しても自分の意見を述べた後にはすぐに姿を消してしまっていた。

その田中とは対照的に、武村は常にその場に留まり、会合の一部始終の面倒をみようとしてくれた。

小沢は思った。

〈ものすごく誠実な人だな…〉

そのうえ、武村の朴訥とした話し方にも誠意を感じた。

〈武村代表のもごもごした話し方というか、自問自答しながら話す姿はいいなあ〉

また、新党さきがけには、武村のほかにも小沢を魅了する国会議員がいた。武村、田中とともに結党に参加した井出正一である。井出は、「さきがけ日本新党」で政策幹事を務めていたこともあり、小沢と接する機会も多かった。

細川政権は、選挙制度改革について、小選挙区・比例代表（全国単一）各二五〇・二票制（小選挙区・比例各一票）の小選挙区比例代表並立制を主張した。

しかし、井出自身にとっては、中選挙区制から小選挙区制に変わってしまえば、同じ選挙区に羽田孜という強力なライバルがいるため、非常に厳しい状況に追いやられる。それでも、井出は、自分が苦境に立たされることを知りつつも、細川政権の方針に従い、小選挙区制を進めようと動いていた。

ある日、小沢は井出と酒を酌み交わしていた。

そのとき、井出がぼそっと口にした。

「小選挙区、これをやったら、おれは駄目なんだよなー」

後日、井出は小選挙区制のもとで初めて行われた第四十一回衆議院選挙で羽田に敗れてしまう。

武村や井出のように、新党さきがけには、小沢の心をつかむいぶし銀の政治家たちがいた。

細川内閣が至上命令に掲げる政治改革の実現は難航した。

そのため、例年であれば十二月に終わる予算編成を年明けまで続けるという異例の方針が取られることになった。

予算委員会が止まってしまったことで予算が成立できない状況を、小沢は不思議に思っていた。

〈強行採決すればいいんだ。なぜ、強行採決をしないのか？〉

小沢は、つくづくそう思った。

細川内閣の命運を賭けた政治改革法案は、会期末まで残すところ一週間というぎりぎりの局面となり、極限まで緊迫していた。

平成六年一月二十七日、法案の成立に向け「政治改革の実現を誓いあう集い」という緊急集会が開かれた。

あいさつに立った細川首相は、言った。

「政治改革の実現なしには、これ以上の景気対策も行財政改革も不可能です。実現できなければ、首相の地位にいささかもこだわるものではありません」

細川は、自民党の河野洋平総裁に、トップ会談による決着を呼びかけた。

翌一月二十八日夜、細川首相と河野総裁は、土井たか子衆議院議長の斡旋を受け入れ、トップ会談を行った。

河野総裁の相談相手は、小沢と同じ山梨全県区を選挙区とする堀内光雄だった。

小沢は、堀内とは、当選後に式典で顔を合わせることが何度かあった。また、不思議なことに、選挙が終わってしばらくたってから、日本新党の新人議員という立場の小沢を食事に誘い、ご馳走してくれたことがあった。国会議事堂近く、山王日枝神社の敷地の一角にある「山の茶屋」で、二人は鰻を食べた。

このとき、堀内は小沢に打ち明けた。

「あなた、わたしは浜田君のところに行って、こう言ってきたんだ。『浜田君も、わざわざ、わたしの選挙区に小沢鋭仁君のような立派な人を立てるなんて。余計なことはするな!』ってね。実は、わたしは腹を立てていたんだよ」

堀内は、浜田卓二郎と同じ宏池会だった。同じ宏池会の仲間を苦しめるようなことをした浜田に堀内は苦言をしたという。

堀内の話は続いた。

「だけど、こうやってあなたを見てみると、なかなかの好青年だ。がんばってくれ」

そう言って、小沢にエールを送ってくれたのである。

それ以降、小選挙区制に変わったことから選挙区は別々になったが、小沢は堀内と今でもいろんな繋がりがあるという。

その堀内が、小沢に電話をかけてきた。

「とにかく、河野は真剣に政治改革をやろうと思っている。だから、是非、河野のいうことを信頼してやって欲しい。そう細川君にきみから伝えて欲しい」

この話を聞いた小沢は、即座に、国会内にある総理の部屋へ駆け込んだ。

そして、堀内が話したことを細川にしっかりと伝えた。

事態は急展開した。

会談した細川と河野は、小選挙区三〇〇、比例二〇〇、比例代表の単位はブロック制とするなどの細目において修正内容に合意し、その足で衆議院議長公邸に向かい、土井衆議院議長、原参議院議長を訪ねて合意内容を報告する。

そして、一月二十九日の午前一時、首相官邸で共同記者会見を開いた。ペンを交換し、合意書に署名して握手を交わした。

永田町には、雪が舞っていた。一面の銀世界であった。

会期末最終日。ギリギリの局面での劇的な出来事は、小沢にとって日本新党最大の思い出となった。

この交渉に、小沢は一切関わってこなかった。様々な政策課題には、日本新党の政策委員長として取り組んできたが、政治改革の部分にはほとんどタッチすることはなかった。

ただし、実は小沢が立案した日本新党の選挙公約には、中選挙区制の問題点をいくつか列記していた。小沢が一番やりたかったことは、都道府県単位の非拘束名簿式だった。非拘束方式は、平成十三年の参院選から比例区で採用されているものだ。小沢は、比例代表制に関しては肯定派だった。

〈価値観が多様化していく時代には、比例制のほうがいい。そこで、事前に政党同士の方向性が示されるのならばそのほうがいいはずだ。二大政党には、かなり無理があるから…〉

こうして、政治改革関連法案はまがりなりにも成立する。細川内閣への高い支持率もそのまま維持され、成立直後の世論調査では、過去最高の八十三％という数値となっていた。

二月に入り、政治改革関連法案の成立に意を強くした細川は、新生党の小沢一郎と大蔵省事務次官の斎藤次郎のラインに乗っていくことになる。

いっぽうで、細川・武村の二人の間には暗雲が漂いはじめていた。

「近い将来、消費税を上げなければならないが、今回の予算編成では無理だ」

それが、平成六年二月二日午前における、細川と武村、両者の考えだった。

そして、その日の夕方である。

細川は、総理執務室で武村と雑談していた。

そこに、突然、小沢一郎、市川雄一ら五人の与党代表者会議のメンバーが入り込んできて、細川を囲んで座った。

細川に向かって、声をあげた。

「消費税を上げましょう」

大蔵省が書き上げた「国民福祉税構想について」という一枚のペーパーを指し示し、細川総理への説得が続いた。

細川も武村も、とまどっていた。

武村は、その日の午前中に確認しあった「いまは無理」という判断を信じ、先に執務室を後にした。

が、二月二日深夜十二時過ぎ、細川がバタバタと記者会見に向かったのである。

それを知った武村は、官房長官室から飛び出し、止めるために総理の執務室へ走った。

しかし、それは細川が部屋を出た後のことだった。

〈しまった…〉

武村はそう思った。

「わたしはこの案には賛成じゃないから、記者会見には行かない！」

武村は、細川の心変わりに対して怒りに震えていた。

細川は、結局、記者会見をし、「国民福祉税」構想を発表した。

消費税を福祉目的税に改め、税率を三％から七％に引き上げると発表したのだ。

この細川の行動には、あまりの唐突さと連立与党内でも十分に議論されていないものだったため、反対の声があがった。もちろん世論も激しい反発をした。

記者発表をしたその日の朝、小沢鋭仁は官邸にいる細川をたずねて行った。

何も知らされていなかった小沢や代表幹事の荒井聡ら仲間数人で部屋に入り、はっきりと言った。

「国民福祉税、これには反対です！」

「あまりにも唐突で、これは通りません！」

細川は、何も言わなかった。

その後、官房長官室にいる武村もたずねた。

武村も知らされていなかったことを話して、小沢らにたずねた。

「きみらは、反対か？」

「反対です」

「おれも反対だ。たった数時間で決めて発表するなんてことは、これはあり得ない」

こうしたことが重なり、次第に小沢の気持ちも新党さきがけの方に変わっていくことになる。

結局、社会党や新党さきがけ、民社党など連立内部からの批判を受け、細川は、翌四日、「国民福祉税」構想を白紙撤回した。

武村も、公然と発言した。

「国民福祉税構想は、事前に聞いていない」

ここにきて、新生党代表幹事小沢一郎と公明党書記長市川雄一の「一・一ライン」と新党さきがけ代表の武村官房長官との対立は、政権運営の手法や政治改革の方法などに加え、税制改革をめぐってますます先鋭化してきていた。

もともと、小沢鋭仁は、小沢一郎に対して悪い印象を持っていなかった。

初当選後、あるパーティ会場で出会ったのが最初だった。

「日本新党で当選させていただいた小沢鋭仁です」

「ああ、きみも小沢か。山梨は小沢っていう名前が多いんだよな。おれなんかも、山梨からの流れ者なのかな」

そんな会話を交わしたことを小沢は、憶えている。

〈武村か…、小沢一郎か…〉

選択を迫られた細川は、最終的に小沢一郎に軍配を上げた。政権の主導権を奪われた武村や武村率いる新党さきがけは与党内で孤立し、武村と細川の仲も急速に冷えていった。

平成六年二月のある日、普段は国会内で会議を開いていた日本新党が、高輪の本部で議員総会を開くことになった。小沢も急な招集に、あわてて向かった。

議題は、新党さきがけとの統一会派解消と新会派結成についてだった。

急遽、集められた議員らを前に、細川は言った。

「新党さきがけとの統一会派を解消し、新生党の小沢一郎先生たちをはじめとするみなさんと新しい会派をつくりたいと思っております。現在、新しい会派の動きも進んでおります。その会派に賛同する署名を、今から順番に回します。みなさん、署名してください」

　会場では、署名が求められ、名簿が回されはじめ、とうとう小沢のところにまでやってきた。が、小沢は、名簿に署名せず、次の議員にまわした。

　そんなとき、茂木敏充が声をあげた。

「こんな馬鹿なこと、止めろ！」

　この発言に端を発し、署名集めは途中で中断された。

　小沢も、自分の思いを訴えた。

「政治の世界は、なにが起こるかわからない。昨日の友は今日の敵、その逆もある。だけど、さきがけと日本新党は、ある意味では兄弟党だ。最初からスタートをいっしょに切ったし、将来は合体するということを前提に、これまでやってきた党だ。それを、こちら側から一方的に統一会派を解消するということなど、人の道ではない」

　衆院選から半年間ほど、小沢は、武村をはじめ新党さきがけの議員らと政治行動をともにしてきた。その間、大変親しい関係も築いていた。その関係を解消するという細川の行動を理解することは、小沢にはできなかった。

　そして、この事件をきっかけに、小沢や日本新党の一部の議員たちの気持ちはますます日本新党から離れていった。

「細川内閣、瓦解」

いっぽう、細川政権の倒閣を目指す自民党は、平成五年十月以来、細川の佐川急便グループからの借入金処理問題を徹底的に追及し続けていた。

細川は、熊本の自宅の門・塀の修理のために刀の鍔を担保に借り入れた金で、すでに返済していると釈明していた。

細川の釈明を聞いた小沢は、思った。

〈刀の鍔を担保に、門や塀を直したのか…〉

が、返済の証拠を提出することが出来ず、国会は空転し、細川は与党内でも四面楚歌の苦境に陥ってしまった。

結局、細川は四月八日、突然辞意を表明する。

細川の辞任は、小沢たちにもまったく相談することなく突然の表明であった。

さすがに、おどろいた。

小沢には、細川がダーティーなことをする人物には見えなかった。そのうえ、佐川急便問題は、自民党の議員のシンクタンクに在籍していた小沢からすれば、驚くに値するほどの問題にも思えなかった。

四月十五日、細川は辞任した。総予算の審議に入る前に予算編成時の首相が辞任することは、極めて異例の事態だった。

細川の辞任に伴い、かねてから細川との関係が悪化していた武村が率いる新党さきがけは、将来的な合流を見据えて組んでいた日本新党との統一会派を解消し、連立内閣からも離脱して、次期政権では閣外協力に転じる意向を早々と表明した。

細川が佐川急便問題をはじめ、次々と難問にぶつかっていく様を眺めていた小沢は、思った。

〈やっぱり、トップというものは徹底的に攻撃されるんだな〉

小沢は、細川が一度退いたからといって、二度とチャンスがこないとは思わなかった。細川には、もう一度チャンスがめぐってくると信じていた。

小沢は、細川にも提案していた。

「総理は、まだ若いです。ここは、とにかく一旦引かれて、もう一回チャンスを待たれたらどうですか?」

この言葉に、細川も言葉を応じていた。

「あなたも、そう思われますか」

小沢と細川の考えはいっしょだった。

しかし、小沢の気持ちは、日本新党からはすでに離れていた。

当選後、一年生議員でありながら政策委員長として、与党の政策づくりに日々を忙しく過ごしてきた。いわば、政策論には参加してきた。が、政局論、政治論にはほとんど加わる機会がなかった。

小沢は、四月十八日、日本新党を離党した。そこには、同じ考えを持つ仲間がいた。五十嵐文彦と中島章夫だった。

三人は院内会派「グループ青雲」を結成した。が、実質的な政治活動は、新党さきがけとの統一会派という形での行動となった。

結局、細川の突然の辞任劇により、細川内閣は一年も満たずに短命政権で終わることになる。

四月二十五日の細川内閣総辞職後、新生党党首の羽田孜が国会で内閣総理大臣に指名された。

また、新生党、日本新党、民社党、自由党、改革の会の五会派は、衆議院で統一会派「改新」を結成。これによって七十四議席ある日本社会党の倍近い一三〇議席を持つ衆議院第二会派が誕生した。

これに対し、日本社会党と新党さきがけは反発した。翌二十六日未明、社会党は政権離脱を表明。さきがけは閣外協力に転じ、予算案に賛成する点を除いて事実上の野党となった。

少数与党となった羽田内閣も、そう長くは続かなかった。

六月二十三日、自民党は内閣不信任案を衆議院に提出。

内閣不信任案の成立が不可避と判断した羽田は、解散総選挙に打って出る構えも見せた。が、政治空白と従来の中選挙区制による総選挙実施を招くという懸念から、六月二十五日、内閣総辞職を選択する。

いっぽうで、念願の政権復帰を目指す自民党は、水面下で動き出していた。

新党さきがけの武村正義と竹下登、野中広務などが、いままでの与党のグループではない新しい選択肢を模索しにかかった。そこで考えられたのが、社会党を首班とし、自民党とさきがけが参加する大連立政権の構想だった。

以前からさきがけでは自民党の一部の議員と共同で「二十一世紀を考える会」をつくり、勉強会を開催していた。そこには、自民党の町村信孝、額賀福志郎らがいた。社会党を仲間に入れたい小沢鋭仁ら勉強会のメンバーは、連立政権を模索するなかで、六月のある晩、社会党の五島正規や岩田順介たちに声をかけた。

赤坂プリンスホテルの一室が集合場所となった。話し合いが進められていくうちに、社会党委員長の村山富市を首班に連立政権を実現させる案が持ち上がった。

五島が、村山の宿舎に電話を入れた。

「今、村山委員長を首班に指名することで連立政権をつくろうという話が進められています。村山委員長も赤坂プリンスホテルまで来ていただけませんか？　是非、来てください」

社会党議員らからの依頼の電話に、当初、村山は乗り気ではなかった。

「もう寝るところだから。今から、ホテルには行けないよ」

五島は、諦めることができない。強硬手段に出た。

「そんなこと、言わないでください。出てきてください。今、車をそちらまで差し向けますから」

そういって車を村山の宿舎まで出し、半ば強制的に村山をホテルまで連れ出した。

社会党委員長の村山が到着した。自民党、新党さきがけ、そして、小沢らが一堂に会しての真剣な話し合いがはじまった。

その場の気持ちは一つだった。

「とにかく、村山委員長に手を挙げてもらいたい。総理大臣になってください」

村山への打診は続く。

ところが、村山は簡単に首を縦に振らない。

「わたしのようなものに、とても総理はつとまらん」

どんなに、だれが説得しても、村山は拒絶するばかりだった。

「わたしには、外交経験がないんじゃ。そんなわたしが、総理など…、できるわけない」

受け入れようとしない村山に、なんとしてでも引き受けさせたい小沢鋭仁らも粘った。

村山は、外交経験への不安をたびたび口にしていた。

自民党側も、不安をなくそうと必死に口説いた。

「外交は、われわれが支えます。官僚組織もしっかりしていますから、そんなことを心配しなくても大丈夫です」

村山の首班指名に関しては、村山側近の野坂浩賢と親しい自民党の亀井静香が森喜朗とともに画策し、社会党へ働きかけたことや、竹下の意を汲んだ野中広務の動きもあったが、若手の議員たちも独自に動いていた。

このとき、町村信孝らは四期目でまだ大臣経験もなく、小沢鋭仁たちはまだ一年生議員だった。

結局、自民党側の熱烈な説得を受けて村山は、新党さきがけを含めた自社さ共同政権構想に合意した。

しかし、小沢一郎ら連立政権側は、この構想に反発。自民党総裁経験者である海部俊樹を担ぎ、村山に対抗することにした。

「社会党委員長が首班では支持できない」

中曽根康弘ら自民党の一部議員たちも村山擁立に非難の声をあげて、海部俊樹を支持した。

こうして、次期総理の座は、自社さが推す村山と自民党を離党し連立政権に担がれた海部の一騎打ちとなった。


六月二十九日、首班指名の日がやってきた。

その日、小沢鋭仁がエレベーターを待っていたところに、津島雄二が多くの記者団を引き連れ、やってきた。津島は、自社さ政権構想に反対し、海部俊樹を説得し、首班指名候補へと担ぎ上げた一人であった。津島も海部と同様に、自民党を離党していた。

小沢は、偶然、その津島といっしょにエレベーターに乗り込むことになった。

津島は記者団に向かって、得意満面だった。

「きみら、ぼくのことを、ただの政策通だと思っていただろうけど、じつは、こういう仕掛けも得意なんだよ」

そんな風に話す津島を見て、小沢は内心で思った。

〈やっぱり、勝てないのかな…〉

首班指名は、衆議院本会議で行われ、村山が二四一票、海部が二二〇票であった。どちらも過半数に達せず、決選投票に持ち込まれた。

その結果、村山が二六一票を獲得し、二一四票の海部を破り、内閣総理大臣に指名された。

自社さ連立内閣が発足したのである。昭和三十二年の片山内閣以来、四十七年ぶりの社会党首班の内閣だった。

この結果を受けて、小沢はついさっきまで自信に溢れていた津島のことを気の毒に思った。と、同時に自らも擁立に動いた村山政権の発足に安堵したのだった。

「新党さきがけに合流」

こうして、村山内閣が発足した。

村山は首相に就任した直後、イタリアのナポリで開かれる先進国首脳会議に参加することになった。外交経験がないと心配していた村山にとって、はじめての国際会議への出席である。

そんな村山を心配した宮澤喜一元首相は、出発前に村山にアドバイスした。

「通訳がいるので、言葉のことは心配いりませんよ」

平成六年七月八日、ナポリサミットが開幕した。

その日の夕食会中、村山は激しい下痢に襲われ、入院するという事態が起きる。

小沢は自宅でくつろぎ、テレビを観ていた。そこに突然、「村山総理が緊急入院」というニュースが飛び込んできた。

小沢は、びっくりした。

村山に総理を打診した際、村山は外交経験がないことを理由に断ったのである。それを、まわりの人たちが、「大丈夫だ、大丈夫だ」と言ってなんとか説得したのだ。

だが、村山は、総理大臣として外交に旅立った先で緊急入院する。やはり、慣れない外交において、緊張が相当あったのかもしれない。

小沢は、思った。

〈いやーァ、やっぱり、無理だったのかな…〉

院内会派「グループ青雲」を結成していた小沢鋭仁は、平成六年八月二十七日、新党さきがけに正式に合流した。

合流前、小沢は地元・山梨県まで新党さきがけの代表幹事を務める鳩山由紀夫に同行してもらい、離党していた五十嵐文彦と中島章夫にも声をかけ、小沢鋭仁後援会総会の場で、正式に新党さきがけへの合流を承認してもらっていた。

小沢鋭仁は、閣外での仕事に奮闘する日々を過ごしていた。一年生議員の小沢は、国会対策委員会の副院内幹事に就任するとともに、議院運営委員会筆頭理事として国会対策に携わることになった。また、渡海紀三朗政調会長のもとで、五十嵐文彦の後を引き継ぐ形で政調会長代理も経験することになる。

村山内閣が発足した当初の自民党側の幹事長は森喜朗、政務調査会長は加藤紘一だった。

自社さ連立政権では、各党の人数に関係なく、持ち回りで座長を務める方法が採られた。そのため、一年生議員の五十嵐文彦であろうとも連立与党の税調座長を任された。

ちなみに、この五十嵐は、最近まで小沢にこう話していた。

「おれが一番偉かったのは、自社さ連立政権の税調座長をやったあのときだよ。あのとき以来、それ以上の役についたことがないよ」

その五十嵐は、その後、菅直人改造内閣で財務副大臣に就任している。

世間からは、「水と油」「野合」などと、批判を受けることが多かった自社さ連立政権であるが、小沢鋭仁らにとっては大変居心地のいい政権であった。自民党も、十数人の小所帯の新党さきがけを大事に扱ってくれた。

それ以上に、新党さきがけの体質が、小沢鋭仁には喜ばしいことだった。部会など設置できる人数もそろっていないため、いつでも、全議員が集まった。常任委員会も政調も関係ない。常に全員で集まり、その際には、代表の武村は若手の意見を受け入れてくれた。そんな武村に向かって、小沢ら若手も遠慮なく意見を交わしていた。

村山が総理大臣在任中には、大きな出来事が多発した。平成七年一月、阪神・淡路大震災、三月にはオウム真理教幹部による地下鉄サリン事件、六月には全日空ハイジャック事件などが起きた。

平成七年七月の参議院選挙では、日本社会党が大きく議席数を減らしたため、村山は辞意を漏らした。が、与党側が慰留したことから首相を続投し、内閣改造が行われた。

平成八年、正月早々の一月五日のことである。その日、小沢鋭仁は、たまたま鳩山由紀夫に電話を入れた。そこで、鳩山から小沢は告げられた。

「じつは、村山さんが、今日、辞任するんです」

小沢鋭仁の仕事始めは、毎年恒例で山梨県議会の新年会であった。折りしも、ちょうどその日であった。多くの国会議員も呼ばれている中、小沢もあいさつに立った。

「みなさん、じつは、本日、大変なことが起きます」

そう言って、会場に集う人たちを驚かせていた。

村山の退陣を受けて、自社さ各党は、自民党総裁の橋本龍太郎を首班とする連立政権に合意した。一月十一日に内閣は総辞職し、橋本連立内閣が発足した。

新進党の結党以降、新しく実施される小選挙区制の影響もあり、自民・新進の二大政党化時代の到来になると世間では思われていた。いっぽうで、小政党は埋没の危機に瀕していた。

自社さ連立政権には難しい問題があった。「選挙」である。小選挙区制の下では、与党内で候補者が競合する選挙区の調整は非常に難しい問題であったのだ。

次期総選挙に向け、新党さきがけ代表幹事の鳩山由紀夫らは、危機感を強めていた。当初、鳩山は平成八年春ごろから、新進党の船田元との「鳩船新党」を検討していたが、船田が保守政党に固執したため、この構想を断念する。

いっぽうで、武村と村山も社会・さきがけ二党による新党「社さ新党」の結成を模索した。が、鳩山由紀夫らの反対により実現は難しかった。

次期衆院選を見据えて、新たな動きがはじまっていた。

しかし、小沢鋭仁自身は、まったく関与することはなかった。

〈さきがけは、居心地がいいな〉

そう思っていた小沢には、新党結成の動きなど眼中になかった。むしろ、その動きが、理解できなかった。

確かに、自社さ連立政権は批判の的にもなっていた。自民党を批判するべきだという意見も聞かれていた。

だが、小沢は考えていた。

〈政権の中枢にいるのだから、その中で堂々と仕事をすればいい〉

また、衆院選が中選挙区制から、小選挙区比例代表並立制に変わる問題についても、公認調整や選挙区調整はできないと思っていた。当時は、まだコスタリカ方式も浸透していなかった。

小沢の場合、新設される山梨一区には自民党から中尾栄一が、社会民主党からは輿石東が出馬する。自社さで選挙区調整をすることは不可能だ。

いっぽうでは、新党さきがけの議員の中でも、武村以外の旧自民党出身議員である園田博之、渡海紀三朗、三原朝彦らは、自民党から推薦をもらっていた。が、ベテラン議員以外の新党さきがけの多くの若手議員の選挙区調整は難しかった。

彼らから批判の声があがるのも当然だった。

「わざわざ日本新党を離党して、新党さきがけに参加しているにもかかわらず、先輩議員ばかりが推薦をもらうのは、おかしいじゃないか」

そんな声を、テレビ画面を通じて発したのが、五十嵐文彦だった。

新党さきがけに親しみを持っていた小沢鋭仁は、離党の意思を見せ始めた鳩山と代表の武村の二人の間を行ったり来たりした。小沢は、鳩山と武村の仲が割れることに賛成できなかったのである。

武村は、そのにこやかな表情から「ムーミンパパ」といわれている反面、したたかさを表す「バルカン政治家」とも言われていた。

小さい政党を率いながらも細川政権や村山政権で敏腕ぶりを示したことは事実だったが、小沢鋭仁ら新人議員に対する接し方は権威的なそぶりをなんら見せることなく、むしろ誠実そのものといえた。

そのため、小沢は慕っている武村と鳩山の関係が冷えていくことが我慢できなかった。

新党さきがけの中には、武村のことを厳しく批判する議員もいたが、小沢自身は、一年生議員でありながらもいろんな場面で起用してもらえるだけで十分に満足していた。

なんとしてでも分裂を避けたいと願い、同じ一年生議員の高見裕一とともに、港区赤坂にある新党さきがけ本部の武村代表の部屋と同じビルの中に置かれた鳩山の個人事務所の間を上に下にと駆け回っていた。

平成八年八月三十日、この日が一番、小沢鋭仁が鳩山と武村の部屋を行ったり来たりする日だった。

小沢は、一生懸命だった。が、そんな日に限って、どうしても地元に帰らなければならない案件があった。

後ろ髪を引かれる気持ちで、新宿駅から地元の甲府に向かう特急に乗った。

甲府駅に到着するや小沢は、改札口で記者団に囲まれた。

「鳩山さんが、正式に離党することになりました」

いきなりのことだった。

〈さっきまで、鳩山さんと武村さん、最後の交渉をしていたようだが…。やはり、そうなってしまったか…〉

なんとなく、こういう結論になるのはわかっていたような気もした。だが、それでも何とか二人の間を取り持ちたかった小沢にとっては、つくづく残念な結末だった。

鳩山と武村の話し合いを見ていれば、ある程度の結末は予測できた。

小沢は、先走ってしまうところがある。そのため、相手との話し合いの場では、腹を割って話し、結論を出そうと努力する。

だが、鳩山と武村のようなベテラン議員は、何度、話し合いの場を持ったとしても核心に触れる話をしようとしないものだ。ようやく二人が出会ったとしても、本心は隠し通し、腹を割って話すことはしない。よって、平行線のまま進み、結論も得られることはない。結局、どちらも譲らずに鳩山の離党という結果に繋がったのだろう。

当時の新党さきがけのナンバー2は田中秀征だった。が、田中は、閣僚だったこともあり一切党務には関わらなかった。そのため、党内では園田博之が年長者であり鳩山を引き止める役割をしなければならない立場にあった。が、その園田が、なぜかまったく鳩山を説得しようとしなかったことも大きかった。

こうして、鳩山は新党さきがけを離党し、菅直人や横路孝弘らとともに民主党を結成する。

武村は、離党の見解を聞かれ、こう答えた。

「別れても好きな人」

それが、答えだった。この言葉は、小沢にとって印象的な言葉として心に刻まれた。

〈こういうところが、武村さんのいいところだな…〉

結局、平成八年九月二十九日の民主党結成大会の一員に小沢鋭仁も名を連ねることになった。じつは、本心では、思っていた。

〈選挙事情だけで民主党が結成されたことは、みっともない〉

が、背に腹は替えられなかった。

平成八年十月の第四十一回衆議院選挙は、小選挙区制導入後、はじめての選挙である。

山梨県全県区は三区に分割されることになり、小沢の地元の甲府市は山梨一区へ振り分けられた。民主党内には、小沢のほかにも山梨一区からの出馬を希望する現職衆院議員がいた。社会民主党を離党し、民主党の結党に参加していた輿石東である。

民主党内では、次の衆議院選挙に向け、候補者の調整作業が進められていた。小沢自身、輿石と直接話をすることもあったものの、山梨一区の調整は難航していた。

ある日の夜中、赤坂東急ホテル（現・赤坂エクセルホテル東急）に小沢は呼び出された。呼び出したのは、鳩山由紀夫とともに共同代表の座にある菅直人だった。菅は、党務を担当していた。

ホテルへ行ってみると、そこには輿石も呼び出されていた。どうやら、最後の調整作業の場のようだった。

菅は、小沢と輿石を前に話し始めた。

「今回の衆議院選挙は、輿石さんが先輩ということもあるから、輿石さんが小選挙区。小沢君、きみは比例で出馬してくれ。次の選挙は、その逆だ」

菅の裁定に対して、輿石は条件をつけた。

「わたしの支持基盤の山梨県の日教組は、選挙をやらなければ、まとまっていけない。組合には、そういう宿命のところがあるんです。ですから、今回、小沢さんに比例にまわってもらって、わたしが小選挙区から出馬させてもらうことはありがたいが、外部には、次回の選挙で、わたしが比例区にまわるということを、はっきり明言しないでいただきたい」

そして、小沢にもこう話した。

「何年かやっていく間に、小沢さんもわれわれの組合と親しくなっていくだろう。親しくなっていけば、小沢さんを候補者として立て、選挙で戦っていくことも納得してくれるだろう」

輿石の話を真に受けた小沢は、この取り決めを一切言わずにいた。この小沢の態度を見ていた地元の支援者たちは、小沢を批判した。

選挙後のある日、小沢は、輿石の支持母体である日教組の関係者と昼食をいっしょにとることになった。小沢の秘書と日教組の関係者が親しいことが、きっかけだった。

何気ない話で食事をともにし、そして、別れた。

が、小沢が日教組関係者と食事をしたということがきっかけになり、ある記事が山梨県の地元新聞の紙面に掲載された。

「小沢鋭仁は、輿石東に代わって、『日教組の候補者として支持してほしい』と訴えてきた。しかし、日教組は、そんなことはとんでもないことであり、けしからんとつき返した。小沢は、山梨県日教組を乗っ取ろうとしている」

記事は、そうした話を小沢と食事をした関係者から山梨県日教組の人間が聞いたという内容だった。

まったく出鱈目の話だった。

が、最後には、この食事相手も、小沢が記事のとおりの発言をしたと言い出した。

嘘ばかりの新聞記事を目にした小沢は、激怒した。

〈こっちは、比例で我慢したのに…、冗談じゃない!〉

まだ血の気が多かった小沢は、そのまま山梨県日教組の事務所に乗り込んで行った。

「なんなんだ! この記事は!」

しかし、その行動が、今度は「小沢鋭仁が山梨県日教組に殴りこんできた」という内容に化けてしまった。

結果、小沢は、民主党南関東ブロックの比例単独候補として二期目の当選を果たした。

いっぽう、輿石は自民党の中尾栄一に敗れ、比例復活もならず、落選してしまった。

結局、民主党山梨県連合が結成されたのちも、二人の遺恨は続くことになる。

小沢鋭仁は、新聞記事の件もあり、輿石の関係者に対して腹を立てていた。そのため、民主党所属の県会議員に向かって、言い放っていた。

「輿石派が山梨県連合に入ってくれないというのなら、入ってくれなくて結構!」

しかし、山梨県議会の民主党議員は、輿石に近い旧社民党出身者しかいない。

「小沢の言うこともわかる」

とは言ってくれるものの、理屈より血の方が勝ってしまい、輿石びいきの行動をとってしまう。

こうして、衆院選後も、小沢対輿石という暗闘が一年ほど続くことになる。

ちなみに、それから大分時間が経ってから、小沢と輿石との仲を仲介する人物が出てくる。社会党から民主党に参加し、第二十四代参議院副議長を務めた日教組出身の本岡昭次と、全逓中央執行委員長などを経て参議院議員になった伊藤基隆である。

そのとき、この二人が、新聞記事にまつわる裏話を教えてくれた。

「仕掛けたのは、日教組委員長を経験した某氏だよ。あの人は、権謀術数にたけているんだ」

そのとき、小沢が食事をした相手というのが、この某氏の秘書的な存在だった。どうやら、輿石のために某氏が仕掛けたようであった。

輿石は、落選後に民主党を離党する。平成十年の第十八回参議院議員通常選挙では、参議院に移り、山梨県選挙区から無所属で出馬し、当選。のちに、民主党へ再び入党し、その後は幹事長も務めている。

「鳩山由紀夫を代表に」

小沢鋭仁は、民主党代表選挙の際、鳩山由紀夫の選対の事務局長を三度連続で任せられてきた。

平成十一年夏、小沢鋭仁は困っていた。幹事長代理の鳩山由紀夫は、その年の六月に発売された月刊誌『文藝春秋』七月号に、「民主党再生宣言」と題する論文を寄稿していた。

「民主党は菅代表の人気にオンブにダッコの政党であってはならない」

菅との対決姿勢を明確にしたのである。

いっぽう、菅も七月上旬に、新たな動きを見せていた。整理回収機構社長の中坊公平を民主党の首相候補に掲げ、次期衆院選を戦う構想を打ち出したのである。

この構想には、民主党内からの反発が強かった。

そんな菅に対抗すべく佐藤敬夫、熊谷弘、川端達夫、仙谷由人のいわゆる「四人組」が、鳩山に代表選出馬を促した。

小沢鋭仁自身に迷いはなかった。

〈鳩山さんが代表選に出馬するというなら、ぼくはバックアップする〉

鳩山周辺の人たちも、鳩山が代表選に出馬するとなれば小沢鋭仁が代表選に向け事務局長のポジションに座るものと確信していた。

しかし、小沢鋭仁はきわどい立場にあった。菅直人代表の室長的なポストで活躍していた時期だったからだ。

小沢は、菅から誘われる形で、衆議院議員の嶋聡らとともに数名でグループをつくり、週に一度、定例会を開いて菅代表を支える仕事に力を尽くしていた。

平成十一年には中国の西安へ民主党代表団として、砂漠化を防ぐための植林の寄付を記念して行われたトウヒとサルスベリの植樹にも同行していた。

そのため、小沢は、菅と鳩山が争うことは避けて欲しかった。おたがい腹を割って話をし、戦うことなく解決策を見出してもらいたかった。

が、政治家は、お互い腹を割って話すことをしない。やんわりと、直截な言い方を避けて空気感で物事を伝えるところがある。じつは、小沢には、それが許せないところがある。

〈どうやら、ぼくには、短兵急なところがあるのかもしれない〉

そう自己分析をしているが、この性格も、榊原英資から学んだ影響が大きい。

とにかく、榊原は合理的な人間である。無駄を極端に嫌う。

たとえば、ある人がお世話になった後、お礼のあいさつのために榊原を訪ねたいと電話で話してきたとする。

その際、榊原は決まってこういう。

「この電話で十分じゃないか」

むしろ、訪ねて来られて時間を割かれることが榊原にとって無駄になるのだ。

榊原のような非常に合理的な生き方もあるが、政治の世界は、一般社会以上に儀礼が重要視される。毎日、特段な用事があるわけでもないのに、顔を見せる。これが求められる世界だ。が、そんなことは馬鹿らしいことだと小沢は徹底的に榊原から学んでしまっていた。

そして、その榊原から受け継いだ気質が、のちに小沢が環境大臣になったときにも現れた。

小沢は、環境省の役人らに対して、最初に語った。

「ぼくには、余計な儀礼はいらない。合理的な人間だと思ってもらっていい」

海外出張の際、官房長は空港まで大臣を見送ることが慣わしとなっていた。が、小沢は、必要ないと断った。小沢からすれば、その時間に自分の仕事をしてもらっていた方が効率もいい。休日ならば休んでもらった方がいい。小沢は、そういうことを徹底させた。

そんな気質だからこそ、小沢は話を詰めるとなれば明瞭簡潔に進めていく。そうした気質の政治家は、多くはない。

結局、小沢の願いは叶わず、鳩山は代表選への出馬を決め、小沢はそのサポートをすることになった。

このときばかりは、菅にも申し訳なかったが、どうすることもできなかった。菅のがっかりした姿は小沢の目に焼きついた。

また、菅の妻・伸子にも、顔をあわせたときには心から詫びた。

「本当に申し訳ありません」

深々と頭を下げる小沢に対して、伸子はさばさばした態度を示した。

「いいの、いいの。そんなことは」

伸子は、ちっとも気にしていない素振りを見せてくれた。

だが、小沢は思った。

〈ああは言っているけど、「なによ、こんなに菅が大事にしたのに…」と本心は思っているよなァ…〉

伸子の表情が、そう訴えているように小沢には見えた。

小沢は、ジレンマに陥ったような感覚だった。

鳩山由紀夫は、千代田区平河町にある北野アームスに選対事務所を構えた。事務局長には小沢鋭仁が、選対委員長には前田武志が就いた。

いっぽう、鳩山を担いだ仙谷、熊谷、佐藤、川端の「四人組」との接触には、慎重を期して行動した。鳩山の選対本部からは、仙谷らの名前を一切出さなかった。

新聞記者をはじめとしたマスコミ関係者には、鳩山の選対本部は北野アームスに置かれ、若い議員たちが中心となって鳩山の選挙運動を応援すると公言した。

そして、その背後で、小沢鋭仁だけがホテルニューオータニ内にいる四人組との連絡を取ることにした。

毎晩、ホテルに出向いて報告し、相談していた。

このとき仙谷は、それ以前は菅を応援していながらも、鳩山を応援する立場にいた。

それが、のちに前原誠司の応援に変わり、菅政権を支えている。

こうして、平成十一年九月の代表選には、菅直人代表、鳩山由紀夫幹事長代理、横路孝弘総務会長の三名が立候補した。

そして、菅との決選投票の末、鳩山が初当選を果たした。

この年の代表選で鳩山は、公約として正面から憲法改正を掲げて話題となった。鳩山の突発的な発言癖は以前からあったものの、この憲法改正発言は一番典型的な例だった。

代表選最中の鳩山のこの発言には、事務局長の立場にある小沢鋭仁はビックリさせられた。

〈目立つことは目立つ。しかし、憲法改正には反対な人も慎重な人もいる。せっかく、いろんな人を束ねているのに、何もそんな公約を発表しなくてもいいのではないか…〉

そんな不満を持ったりもした。

鳩山は、平成十二年になると、「二年で改正試案を各党が出して、速やかに憲法改正の結論をつけよう」と呼びかけ、自らも憲法試案を作成するようになっていく。

なお、鳩山由紀夫は、その後の平成十七年二月にＰＨＰ研究所から『新憲法試案―尊厳ある日本を創る』を出版することになる。

この本は、小沢、五十嵐、嶋聡と鳩山がディスカッションしていくのを、当時五十嵐の秘書であった現衆議院議員の中島政希がまとめ、作っていったものだ。書籍の最後には四人に対して鳩山からの「感謝する」という一文が添えられている。

本の中で、鳩山は、天皇については「日本国は国民統合の象徴である天皇を元首とする民主主義国家である」と明記してある。

「しっかり、元首というものを決めなければ、国民としての形が鮮明にならない。各国にはあるじゃないか。日本では、首相が元首かといえば、今までの歴史、今のあり様からして、それはありえない」

それが、鳩山の主張だった。

小沢は、鳩山が宮家に対し親近感を持っていることを知った。親戚筋ではないものの、何らかの関係があるようなことを言っていたことも記憶している。

鳩山由紀夫と民主党は、右翼側から糾弾されることも多いが、じつは、鳩山の思想の根底には「天皇を元首とする」考えがあった。

だが、いっぽうで「友愛」を、声を大にして叫ぶのも鳩山でもある。「友愛」や元首についての考えなど鳩山の口にする言葉が、小沢にはどうしても結びつくように思えない。だが、いっぽうでは、その複雑さこそ鳩山由紀夫そのもののような気もするのであった。

小沢は、榊原英資のもとで学んだ経験から、明確な答えがなければ理解に苦しむところがある。その対極にあるのが、鳩山の特徴である曖昧な感覚だ。その曖昧の感覚は、小沢には到底理解できないものでもあった。

そのため、鳩山の憲法改正について記者たちから問いただされたとしても、鳩山の真意を伝えることは難しかった。

「いやァ…、それは由紀夫先生の元々のお爺ちゃんの時代からの話だから、それを思い切って言ってみたのではないでしょうか…」

曖昧な返答しかできない。

このように、小沢は鳩山の突発的発言に困惑する局面に何度となく直面した。鳩山が話したことを裏づける作業に幾度となく苦労するが、それでも小沢は鳩山を支えることに懸命であった。

「小選挙区での勝利」

平成十二年六月、小沢にとって三度目となる第四十二回衆議院選挙が行われた。

前回の衆議院選挙は初の小選挙区比例代表並立制導入ということで同じ選挙区となる輿石東との間で出馬調整が行われ、小沢は比例で当選した。

そのため、今回の山梨県一区の民主党候補は、現役の国会議員であり、前回選挙区からの出馬を輿石に譲った小沢になるのが規定の路線であった。

ところが、日教組という支持母体を持つ輿石の動きが、小沢にはずっと気がかりでもあった。

〈ぼくと輿石さんは、コスタリカ方式の関係だということを公言していなかったからな…〉

心配がついてまわったが、輿石が参議院にまわり当選したことで、小沢は山梨県一区から出馬できる見込みだと思っていた。

しかし、公認をめぐって、小沢は輿石とは違う相手と争うことになった。

当時、民主党山梨県連合副代表の赤池誠章である。

赤池は、松下政経塾出身で、同期には山井和則や神風英男らがいた。卒塾後は、小沢の初当選した衆院選に無所属で出馬し落選していた。

その後、平成七年の参院選では、山梨選挙区に新進党公認で出馬し落選していた。その後、赤池は、旧民主党に参加する。

このとき、赤池は民主党山梨県連合の副代表になるが、それも、赤池の面倒を見ていたとあるゼネコンの社長が「どうしても赤池を民主党に入れてくれ」と頼んできたからであった。

それまで、赤池も国政進出の機会を狙い、民主党公認での山梨県一区からの出馬を目指していた。が、当然、公認は現職二期の小沢が得ることになる。

これによって赤池は、平成十一年八月に民主党を離党し、無所属として出馬する。

山梨県一区からは、民主党の小沢鋭仁、自民党の中尾栄一、無所属の赤池誠章と日本共産党の遠藤昭子の合計四名が出馬し、定員一の議席を争うことになった。小沢には厳しい選挙戦だった。

自民党の中尾は閣僚を歴任し、手ごわい相手だった。が、それ以上に、同じ民主党に所属する輿石東の後援会「東明会」が赤池を推薦したことが脅威となった。

小沢が比例にまわった前回の衆院選の際、赤池は輿石の支援にまわった。その後、参議院に移った輿石の選挙のときには、赤池が遊説隊長を務めた。そのときに、赤池に世話になったということが、輿石側の赤池支援の理由だった。

民主党関係者の無所属出馬というやっかいな事情もありながら、小沢は選挙戦を戦い抜かなければならなかった。

結局、五万八七八一票を獲得した小沢は、五万二六九四票であった中尾を破り、見事に小選挙区での当選を果たした。

赤池の得票数は、一万五八〇三票。大差で敗れることになった。

小沢には運がいい一面があった。小沢が、厳しい戦いに勝てた理由の一つには世代交代の波もあったが、それ以上の最大の理由は、中尾の体調が思わしくなかったことにあった。そのため、中尾は十分な選挙運動ができなかったのである。

〈中尾先生は、ご高齢で病気もされている。いっぽうで、民主党の小沢は、まだ若いし、これからの人間だな〉

有権者の目に、そう映っていたのである。

小沢が周囲の人たちから「小沢は本当に運がいいや」と言われるきっかけになった出来事の一つでもあった。

なお、中尾は比例での当選も叶わず、落選した直後の六月三十日、若築建設事件において収賄罪で逮捕された。

小沢は、この選挙戦を終えて思った。

〈すさまじい選挙だった。この選挙で、ぼくは生き残れた〉

あまりにも、生々しい選挙戦だった。

衆議院議員として三期目を迎え、平成十二年九月から国会対策委員長代理および議運筆頭理事に就任する。

衆院選を終えた平成十二年九月に、代表選の実施をめぐって党内では、議論が二分されていた。

「代表選は昨年やったばかりだから、今年はパスしようか」

そんなムードで固まりかける様子を見て、小沢は断固、反対した。

「代表選をやるべきです。今年、代表選をパスしてしまえば、鳩山代表の任期は残り一年だけになります。しかし、今、代表選をやったらならば、鳩山代表は絶対に負けません。そうなれば、今から二年、鳩山代表の地位は揺らぎません。その二年を獲得するためにも、代表選はしなければなりません！」

こうして、小沢の意見が取り入れられ、代表選挙が行われることになった。

小沢には確信があった。

〈無投票でいける〉

小沢が目論んだとおり、河村たかしと小宮山洋子が出馬する意向を示したものの、結局、推薦人二十人が集まらず、出馬を見送った。

鳩山は無投票で代表に再選された。

料金受取人払郵便

小石川局承認

5483

差出有効期間
平成30年4月
30日まで

(期間後は切手をおはりください)

郵便はがき

112-8790

105

東京都文京区関口1-23-6
東洋出版 編集部 行

本のご注文はこのはがきをご利用ください

●ご注文の本は、小社が委託する本の宅配会社ブックサービス㈱より、1週間前後で
お届けいたします。代金は、お届けの際、下記金額をお支払いください。

お支払い金額=税込価格+手数料305円

●電話やFAXでもご注文を承ります。
電話 03-5261-1004 FAX 03-5261-1002

ご注文の書名	税込価格	冊 数

● 本のお届け先 ※下記のご連絡先と異なる場合にご記入ください。

お名前《ふりがな》 お電話番号

ご住所 〒 –

e-mail @

ご記入いただいた個人情報は、お問い合わせへのお返事、ご注文の商品発送、新刊・企画などのご案内以外の目的には使用いたしません

東洋出版の書籍をご購入いただき、誠にありがとうございます。

今後の出版活動の参考とさせていただきますので、アンケートにご協力いただきますよう、お願い申し上げます。

● この本の書名

● この本は、何でお知りになりましたか？（複数回答可）
1. 書店　2. 新聞広告（　　　　　新聞）　3. 書評・記事　4. 人の紹介
5. 図書室・図書館　6. ウェブ・SNS　7. その他（　　　　　）

● この本をご購入いただいた理由は何ですか？（複数回答可）
1. テーマ・タイトル　2. 著者　3. 装丁　4. 広告・書評
5. その他（　　　　　）

● 本書をお読みになったご感想をお書きください

● 今後読んでみたい書籍のテーマ・分野などありましたらお書きください

ご感想を匿名で書籍のPR等に使用させていただくことがございます。
ご了承いただけない場合は、右の□内に✓をご記入ください。　□許可しない

メッセージは、著者にお届けいたします。差し支えない範囲で下欄もご記入ください。

●ご職業　1.会社員　2.経営者　3.公務員　4.教育関係者　5.自営業　6.主婦
7.学生　8.アルバイト　9.その他（　　　　　）

●お住まいの地域
都道府県　　　市町村区　男・女　年齢　　歳

ご協力ありがとうございました。

「民由合併に向けて動く」

平成十三年九月から、小沢鋭仁は民主党代表室長に就任した。代表である鳩山由紀夫を支える立場である。

それから八ヵ月後の平成十四年五月三日、長野県軽井沢にある鳩山由紀夫の別荘に、自由党党首の小沢一郎が招待された。

セッティングをしたのは、小沢鋭仁だった。

「由紀夫先生。この機会に、自由党の小沢党首と会われたらいかがでしょう」

「それはいいね」

小沢鋭仁の提案に鳩山も乗り気だった。

テロ特別措置法など様々な外交案件が持ち上がるたびに、左派から右派までさまざまな思想的背景を持つ議員が在籍する民主党内では、意見が対立する場面が多かった。

その様子を見るたび、小沢鋭仁には考えるところがあった。

〈このような状態が続くなら、分裂したほうがすっきりしていいのではないだろうか〉

鳩山にも、提案することがあった。

「もう、分裂やむなしでいいじゃないですか」

小沢鋭仁は、自由党との接触が何らかの活路を見出すきっかけになるのではないかと模索しはじめていた。

〈民主党の保守派ならば、自由党との連携は可能だろう〉

五月三日夜、鳩山は、軽井沢駅まで小沢一郎を迎えに行くために、自分で運転するといった。

「大丈夫ですか?」

そういう小沢鋭仁に鳩山は答えた。

「これが重要なんだ。大事なことなんだよ」

小雨が降る中、鳩山はワゴン車を運転し、小沢一郎を別荘まで案内した。

鳩山と小沢一郎は、しばし別荘の庭を散策したあと、別荘二階にある部屋に移った。

最初の三十分間は、鳩山と小沢の二人だけの話し合いとなった。

その後、鳩山の妻・幸の手料理を食べながら、二時間ほどかけて食事した。

民主党からは鳩山、小沢鋭仁、嶋聡の三人が、自由党からは小沢一郎、山岡賢次国対委員長の二人がテーブルについた。

「ワインでもてなしたい」

そういって、鳩山はガレージの中に無造作に置かれていたフランス・ボルドーの高級五大ワインのうちの一本「シャトー・ラ・トゥール」を手にぶら下げてきた。

鳩山は、小沢鋭仁に言った。

「小沢君、これ開けてくれ」

小沢鋭仁は、慎重にワインのコルクを抜いた。

グラスに注がれたワインで五人は乾杯し、幸夫人のサービスによる食事会がスタートした。

小沢一郎は、一貫して語り続けた。

「わたしは、党を分裂させてきた。自分は純化路線として、党をどんどん小さくしていった。そのわたしが言うのも変だが、党を小さくしていくのは、絶対にダメだ。鳩山さん、民主党は絶対に割ってはいけない」

いっしょのテーブルを囲んでいた小沢鋭仁は、不思議な気持ちを覚えた。

〈民主党を分裂させてもいいくらいの気持ちで、この場を設けた。そのことを小沢一郎党首に伝えてはいないのに…。なぜ、そんなことばかり、小沢党首は言うのだろうか…〉

食事の間は、たわいない世間話中心で、政治的な話をしたのは、そのくらいだった。

「せっかく、小沢党首が来られたのに、なにもなしじゃ、寂しいな」

鳩山のこの一言をきっかけに、文書がつくられることになった。

小沢鋭仁と山岡が文案を練り、それを鳩山と小沢党首が手直しし、署名した。それが、『小泉内閣打倒への呼びかけ』という合意ペーパーだった。

食事会が終わった後、小沢鋭仁は来客用の別棟で待機している記者らのために小沢党首にも会見してもらうことにした。

「記者が待っていますので、ちょっと会見といいますか、ブリーフィングといいますか、やっていただけませんか?」

小沢鋭仁の申し出を、小沢党首はものすごく嫌がった。

仕方なしに会見の場に姿を現した小沢党首は、終始、ぶっきらぼうに対応した。小沢党首は、ずっとだんまりのポーズを決めている。

記者からの質問には渋々答えるものの、見るからに「なんだ、そんなこともわからないのか」という態度が見て取れる。

その姿は、鳩山の代表室長として、いつも鳩山の記者会見の場を見ている小沢鋭仁には衝撃的だった。サービス精神旺盛な鳩山は記者に対して、常に冗談をいいながら優しく接する。いっぽうの小沢党首は、さっきまでいっしょに食事をし、その場ではにこやかに普通に話をしていたが、今はまったく違う態度を見せている。

〈こんな対応で、大丈夫か…〉

傍で見ている小沢がやきもきしてしまうほどであった。

まずは、無事に小沢党首との会談が終わった。

一息ついたとき、鳩山が小沢鋭仁に言った。

「次の選挙まで、今の体制でやってみようよ」

一時は、民主党の分裂も辞さずと思っていた鳩山も小沢党首の話を聞き、なんとか頑張ってみようという気になっていたようであった。

いっぽうで、小沢鋭仁は思っていた。

〈もし、民主党が分裂し、その後、将来的に小沢一郎党首の自由党と連携することはありえる話だな〉

それでも、自由党との連携はまだまだ遠い先の話だった。党内には、小沢一郎にアレルギーを持つ議員も多い。小沢鋭仁は、今すぐにでも合併を…という思いは抱かず、慎重に進めていく必要を痛感していた。

だが、小沢鋭仁のセッティングしたこの軽井沢での会談が、大きな転機となっていく。

小沢鋭仁は、のちにこのときのことを思い出して、考える。

〈あの会談は、まさに民主党にとって、ものすごく重要なポイントだったな。あの会談がなければ、民主党は割れていたかもしれない。本当に不思議な話だ。あのタイミングは、神の采配としかいえない〉

「民主党代表選をめぐる混乱」

平成十四年六月ごろになり、鳩山が民主党代表となってから三年近くの月日が経とうとしていた。

民主党は、結党以来、菅直人と鳩山由紀夫の二人だけが代表の座に就いていた。小泉純一郎首相が人気を集めることもあり、党内ではマンネリ化を懸念する声がささやかれていた。

平成十四年九月の代表選まで三ヶ月もありながらも、春先から代表選に向けた水面下での動きが始まっていた。

「『鳩・菅』の賞味期限は、切れた」

代表交代を示唆するこの言葉が、少しずつ党内では言われ始めていた。

が、小沢鋭仁は新聞紙上で反論してみせた。

「そのものの言い方は人として非礼だ。まして、賞味期限だなんて…。中身が良い、悪いというのならともかく、賞味期限などという評価の仕方自体、政治家を評価する言葉ではないだろう」

それでも、党内では、脱『鳩・菅』の動きが具体化していく。

菅、鳩山の二枚看板に危機感を覚えた野田佳彦、前原誠司、松沢成文ら若手・中堅議員たちは、世代交代を目指して「第二期民主党をつくる有志の会」を結成し、九月の代表選に備えていた。

小沢鋭仁は、鳩山と代表選について話していた。

「どうするんですか？　今度の代表選」

「今、考えているんだ」

そんな会話が何度となく交わされていた。

脱『鳩・菅』という声もあがるなかで、菅は『文藝春秋』七月号で「政権構想」を発表し、事実上の代表選出馬の意思を示した。

いっぽうで、若手の候補者擁立を目指す議員たちは、前原誠司と野田佳彦との間で調整に難航するも、最終的に野田が立候補することが決まった。

このころ、国会の代表室で二人きりになったとき、鳩山は小沢鋭仁に打ち明けた。

「じつは、代表選をもう一回やろうと思う。そのときは、また頼む」

こうして、小沢鋭仁は三度目の選対事務局長を任されることになった。

平成十四年九月九日、民主党代表選の公示日が迫っていた。

鳩山由紀夫代表、菅直人幹事長、中野寛成副代表、横路孝弘前副代表、若手を代表して出馬する野田佳彦を加えた五人が立候補を予定していた。

しかし、中野は公示直前に立候補を撤回。中野を中心とする旧民社党グループ（民社協会）は、鳩山支持にまわった。

結局、民主党代表選には、中野を除く四名が立候補した。

鳩菅体制に危機感を持つ若手・中堅議員の中心的立場にある前原誠司が小沢鋭仁に言った。

「われわれががんばらなければいけない時代が、来る」

前原の発言に、小沢鋭仁も言い返した。

「それには、まだ早い。今回も鳩山さんが勝つよ。」

前原も反発した。

「絶対、そんなことはない。われわれが勝ちます。とにかく、若手が立ち上がれば、民主党に化学反応が起こりますよ」

前原が言うように、小沢鋭仁自身も野田の立候補により、党内に少しは化学反応が起きるかもしれないとも思っていた。

〈野田さんが出馬してある程度健闘したら、少しは世代交代の歯車が進むかもしれないな〉

だが、いっぽうで鳩山選対の事務局長である小沢鋭仁には、勝つ自信があった。

〈代表選の読みは、ぼくの方が正しいな〉

何しろ、小沢鋭仁は選挙に負けたことがない。小学校時代から今まで、選挙で戦うとなれば、絶対に負けなかった。

今回の代表選も、どう戦えば勝てるのか、党内事情などを徹底的に分析した。

小沢鋭仁の分析の結論は、出馬を辞退した中野寛成ら旧民社系の票がカギになるということであった。

小沢鋭仁は、思った。

〈横路さんが出馬する旧社民系の動きは、大体見える。しかし、旧民社系の動きは、今回は最後までわからないな。そのうえ、想像以上に結束が強く、幅も広い。選挙では、旧民社系の動きが最大のポイントになってくるはずだ〉

民主党内において、労働組合の支持を受けている旧民社系のネットワークは、かなり影響力を持っていた。

小沢鋭仁も「あの議員が民社協会と繋がっていたのか」と驚くこともよくあった。

事実、中野寛成が出馬を取りやめ、旧民社系が鳩山支持にまわったことで、鳩山は三選を果たすことになる。

小沢鋭仁は、旧民社系の支援を得るために、中野に接触し、好感触を得た。

〈絶対に中野さんは、鳩山をやってくれる〉

また、旧民社系が対立候補である菅の支持にまわりそうにないことも把握していた。

小沢がこうして鳩山の代表選のために駆けずり回っている最中の平成十四年九月三日、「鳩山政権を実現する会」が旗揚げされた。鳩山が中心となって、保守系議員の結集を図ることが目的だった。

平成十四年九月二十三日の代表選挙には、鳩山のほかに、菅、横路、野田佳彦の四人が出馬し、鳩山と菅による決選投票の結果、鳩山が三選を果たした。

出馬を辞退した中野は、鳩山を支持した。代表選後、鳩山は、中野を幹事長のポストに迎えた。が、この人事が論功行賞として党内外から強い批判を浴びることになり、鳩山執行部はわずか三ヶ月足らずで辞任に追い込まれる。

小沢鋭仁には、中野の幹事長就任が論功行賞として非難される理由がわからなかった。

〈あそこまで激しく、若手議員たちが中野先生を攻撃するなんて…。異常だ…〉

そもそも、人事はすべて任命権者である鳩山が決めることだ。それを論功行賞と非難しても、それだけ激しい戦いがあったのだから当然だろう。

小沢鋭仁には、このときの異常とまでに思える若手議員たちの反応が理解できなかった。

〈なぜ、中野先生があんなにも批判の的になるのか…〉

しかし、それには理由があった。中野が、若手の議員らと事前に何らかの話をしていたのだ。何らかのやり取りがありながらも、中野は、最終的に別の行動をとった。若手議員たちは、だからこそ、中野を幹事長ポストから引きずり降ろそうと躍起になったようなのだ。

鳩山の三選を快く思わない人たちにとって、中野の幹事長起用は格好の鳩山潰しの材料となり、鳩山執行部は、どんどんと追い詰められていく。

この人事の失敗にはじまった鳩山への不信感は、統一補欠選挙の敗北によりますます高まっていった。

そのうえ、急浮上した自由党との合併に関しても党内への事前説明がまったくなく、求心力の低下につながった。まだ、民主党内には小沢一郎にアレルギーを感じる議員が多かった。

鳩山執行部が追いつめられるなかで、小沢鋭仁は、衆議院の環境委員長のポストにあり、騒ぎから距離を置かざるをえなかった。委員会の委員長は、対外的に公平・公正を旨としなければならず、党務に直接関わることをしない。

そのため、鳩山選対の事務局長としてバックアップしていた小沢鋭仁は、委員長就任以降、鳩山をサポートすることがかなり難しい状況にあった。

平成十四年十一月末、相次ぐ混乱で民主党の支持率も低迷し、鳩山はいまにも代表辞任に追い込まれようとしていた。

鳩山の危機を察知した小沢鋭仁は、代表室長の大畠章宏に電話を入れた。

「大畠室長、鳩山さんが代表を辞めるという話が伝わってきているけど、どうなんですか？」

大畠は、鳩山のそばにいなかった。地元・茨城県の県議選に出向いていた。

小沢は、あっけにとられた。

「なんで、代表室長が鳩山さんのところにいないんですか」

小沢の心配も空しく、結局、鳩山は、十二月三日、党代表の辞任を表明した。

小沢鋭仁は、残念な気持ちでいっぱいだった。

〈由紀夫さんは、引き摺り下ろされてしまった。無念だ〉

鳩山の後任は、菅直人と岡田克也が争い、菅直人が勝利し代表に就任、敗れた岡田は幹事長に就任した。

小沢鋭仁は、思った。

〈由紀夫さんを、もう一回、励まさなければいけない〉

鳩山の周囲の人間は、完全に鳩山由紀夫の時代は終わったと捉えていた。しかし、小沢鋭仁は違った。

〈ここは踏ん張りどころだな。なんとか、由紀夫さんを、復権させていつか、絶対に総理にしたい…〉

鳩山の周辺では、それまでも勉強会を開いたり、軽井沢で合宿するなど独自の活動は重ねていた。

そのいっぽうで、グループとして積極的に活動することに対しては鳩山は慎重だった。

鳩山は、よく口にしていた。

「鳩山グループだとか、ぼくは呼ばれたくないんだ。派閥的な動きはしたくない。来るもの拒まず。去るものは追わず。これで、いいんだ」

長年、友愛を大切にする鳩山イズムでやってきた。

が、その考えこそが鳩山の間違いだと小沢鋭仁は思った。

そこで、鳩山に提案した。

「由紀夫さん、そんなことを言っていたら戦いにはなりません。由紀夫さんは親分です。親分を盛り立てていくためにも、もっと積極的にグループとして活動していきましょう。これからは、わたしが中心になって運営していきますから」

小沢の提案を、鳩山は拒否しなかった。

「じゃあ、よろしく」

そういって、小沢の動きを了承してくれた。

小沢は、鳩山グループを表側の役員構成と裏側の実質的なコアメンバーとの二つに分けた。そして、コアメンバー同士がいろいろな政治行動を決定することにした。その他は、毎週一回、定例会を開き、週ごとに講師を呼んで勉強会を行う。また、講師がいない会合では、情報交換や政調および幹事長室からの報告をするなどシステマチックに対応できるようにした。

今まで、派閥というほどの機能はなく、緩やかに運営してきた鳩山グループをどうシステマチックに変身させるかが、小沢の次なる仕事だった。

こうして、翌年の平成十五年一月二十一日、「民主党政権を実現する同志の会」として鳩山グループは、再スタートを切った。

東京・永田町の議員会館裏にある十全ビル内に鳩山の個人事務所を構え、毎週木曜日の会合を定例とし、飲食代などもすべて自己負担にするなど透明性を高めた運営を目指すことになった。

新たにスタートを切った会では、小沢と松野頼久の二人が中心となって盛り立てた。

また、松野の父親で元衆議院議員の松野頼三が、鳩山のことを気にかけてくれた。

松野頼三は、政界引退後も「政界のご意見番」として活躍し、小泉純一郎内閣発足後は「小泉首相の師」として積極的にマスコミに登場していた。

ときには、松野頼三が、軽井沢の合宿に講師としてやってきてくれることもあった。

軽井沢の合宿に向かっていた小沢は、松野頼三と同じ電車に乗り合わせたことがある。松野頼三は、鳩山がプレゼントしたという山高帽を愛用し、それを身につけていた。

ちょうど、小泉純一郎が推し進める郵政民営化が話題となっていた時期のことだ。

小沢と息子の松野頼久は、郵政民営化に断固反対の姿勢をみせていた。

そんな小沢に、松野頼三は話してくれた。

「小泉というものが表だとしたら、裏には郵政民営化っていうことが書いてあるんだ。そんなもの、切っても離せないんだ」

この話が、小沢の印象に残った。

また、松野頼三は、小沢に向かって教えてくれた。

「政治家は、歴史を意識した話し方を身につけた方がいい。たとえば、きみなら山梨の出身だから、甲州の武田信玄がいい見本でいるじゃないか。武田信玄の言葉を参考にして話しをすれば、深みが出てよくなるぞ」

松野のアドバイスを聞き、小沢は、さっそく武田信玄が書いたとされる戦略・戦術を記した軍学書『甲陽軍艦』を読んで学んだ。

小沢と松野が再スタートさせた会は、その年の五月に「政権交代を実現する会」に改称した。

発足以来、旧新進党出身の議員や同じ保守系である政権戦略研究会所属の議員を取り込み、民社協会のバックアップなどもあり、結成当初から党内最大勢力として活動することになる。

小沢鋭仁は、グループの活動が広がっていく実感を持ち、思った。

〈由紀夫さんの復活に繋がっていくな〉

「政権交代への布石、民由合併！」

民主党代表の菅直人は、自由党との合併協議を引き継いでいたものの進展は見られず、平成十五年五月、いったん、白紙になる。

しかし、その菅が、七月中旬になり、一転して再び自由党との合併話を蒸し返した。

小沢は、菅の行動を見て思った。

〈もう、そろそろ、選挙も近くなるし、合併に向けて動く時期が来ているのかもしれない〉

合併に積極的な鳩山グループは、菅執行部を激しく突き上げていた。

「九月には民主党を離党して、自由党と合流したい」

そういう動きが始まっていた。

結局、民主党代表の菅と自由党党首の小沢一郎による極秘会談が続けられ、七月二十三日深夜、民主党の条件を丸呑みした形で協議は成立することになる。

最終的に、合併後も民主党の党役員や政策を継承することで菅と小沢一郎は合意し、合意文書へ署名して幕が引かれた。

小沢鋭仁は、つくづく感じていた。

〈菅さんらしいな…〉

菅が自由党を引っ張りに引っ張った結果、小沢党首が妥協して民主党に合流した形だった。いわば、菅の粘り勝ちだと小沢は判断していた。

〈菅さんは、そういうところがしぶといな。人のよい由紀夫さんだったら、もうちょっと気前良くやろうとするだろうな〉

自由党との合併は小沢鋭仁たちにとっても良い話だった。

平成十六年四月、小泉内閣の閣僚たちに年金未納期間があることが判明した。

民主党代表の菅は、街頭演説で批判した。

「ふざけてますよね。〝未納三兄弟〟っていうんですよ」

七月に参院選を控えるなかで、菅は年金未納問題を舌鋒鋭く批判した。

ところが、菅自身が厚生大臣時代に年金の未納期間があったことが明らかになる。

菅は、行政側のミスであると何度も主張した。実際、菅の辞任後、行政側はミスを認め謝罪するが、当初は否定したこともあり、マスコミをはじめ、世論の風当たりは菅に対して強くなっていく。

菅は、五月十日、とうとう党代表の辞任に追い込まれる。

そんな時期に、小沢鋭仁は鳩山に誘われ、小沢一郎と三人で食事をすることになった。三人は、六本木にある日本料理店「篁」で、囲炉裏を囲んだ。

鳩山は、小沢一郎に語った。

「菅さんのあとは、小沢さんにやってもらうしかない。小沢さんしかいない。代表選に出馬してください」

本来なら、菅の辞任後、有力な代表候補は、幹事長の岡田克也だ。だが、今回、鳩山グループは岡田を支持する動きはなかった。

鳩山辞任後の平成十四年十二月に行われた代表選は、岡田と菅が争い、結局、岡田は菅に敗れ、幹事長に就任する。

この代表選で、鳩山グループは岡田を支持し、応援していた。だが、岡田は、幹事長就任後、鳩山グループをあまり優遇することはなかった。

岡田の公正な性格からすれば、それは当然のことかもしれない。そんな岡田に対して、鳩山グループ内からは落胆する声が出ていた。

そのため、菅の辞任前後も、岡田に期待する声は鳩山グループ内ではあがらなかった。

岡田との関係が冷めた鳩山グループからは、むしろ小沢一郎待望論がじょじょに出てきていた。

それからも、小沢鋭仁は、鳩山といっしょに小沢一郎の事務所をたずねて、代表に手を挙げてくれるように頼んでいた。

こうした説得が功を奏して、とうとう小沢一郎も重い腰を上げた。

幹事長の岡田克也も、小沢一郎の代表就任に向けて、党内調整を進めた。

岡田の調整も済み、代表に小沢一郎が就任することが確定した。

ところが、代表選の公示前日の五月十七日、事態は一変する。

その日夕方、小沢一郎の代表就任もほぼ確定し、安心していた小沢鋭仁は、議員会館をあとにし、次の会合の場所に向かうため車の中にいた。

突然、電話が鳴った。

「小沢一郎先生の代表就任が、駄目になりました」

「なにッ！　何だって！」

事務所からの報告に、あわてて車を事務所に引き返させた。

説明によると、代表就任にあたって、小沢一郎が自分の年金記録を調べたところ、国民年金の未加入期間が発覚し、「今回は辞退したい」とのことだった。

〈さあ、どうしたものか…〉

急なニュースに小沢鋭仁の頭の中は混乱していた。

小沢一郎の代表就任が白紙になったことにより、鳩山グループの中では、さっそく代表選へ向けて候補者選びが検討されることになった。

五十嵐文彦が言った。

「鳩山グループでやるとしたら、サキちゃんか、海江田（万里）さんじゃないか」

五十嵐は、小沢鋭仁の名前を挙げた。

「そうか。そう言ってくれるのは、ありがたい」

さっそく、出馬に向け、小沢鋭仁は事務所に自分の年金記録を調べさせた。調べてみると一ヶ月だけ、未納期間があることがわかった。

一時は、意欲的になりかけていた気持ちに、ブレーキがかかった。

「ぼくも、出馬はできない。ダメだ」

未納期間の一ヶ月。それは、小沢鋭仁が東京銀行を退職し、浜田卓二郎の政策集団「自由社会フォーラム」事務局長に移る期間の中で起きたいわば空白の一ヶ月だった。

わずか一ヶ月だが、それでもこの問題に関してはナーバスになる時期であった。

結局、五月十八日、幹事長の岡田が火中の栗を拾うかたちで、代表に就任した。

「郵政民営化をめぐる闘い」

平成十六年九月六日、小沢鋭仁は「郵政公社を発展させる民主党議員の会」を立ち上げた。

小沢鋭仁は、小泉純一郎内閣が進める拙速な改革に反対し、国民の立場に立った議論を進めようとしていた。

小沢には考えがあった。

〈いわゆる資本主義といっても、絵に描いたようなアメリカ型の資本主義は日本にはなじまない。日本はヨー

ロッパ型の資本主義を目指したほうがよい〉

アメリカ型の資本主義は、いわば、短期の利益、株主の利益を追求するものである。それも、一つの自由主義経済であり資本主義経済の形ではある。が、社会のインフラサービスの一つともいえる日本の郵政事業に当てはめるべきではないと小沢鋭仁は、思っていた。

短期の利益を追求するだけではなく、社会や地域への還元も志向するヨーロッパ型の自由主義的経済の方が、日本社会にフィットすると小沢鋭仁はかねてより考えていた。

また、小泉純一郎が自らのテーマとして掲げた郵政民営化問題の重要なポイントは、金融であった。

郵政事業には、郵便、郵便貯金、簡易保険という三つの事業がある。

そもそも郵便事業は公的なものであり、利益を求めるものではない。その郵便事業を支えるのが郵便貯金であり簡易保険であった。三事業が連動することによって、利益をあげ事業が成り立っていた。その代わり、郵便貯金も簡易保険も民間企業の事業内容と比較すれば、規模は小さく抑えられている。だが、その小さい寄せ集めが総額として二〇〇兆、三〇〇兆という規模にまで膨れ上がり、その集まったお金は、かつては、財政投融資にあてられていた。

しかし、財政投融資に対する批判の高まりを受けて、平成十三年四月、すでに郵便貯金で集めた国民からのお金が財政投融資に向かわないように法律が改正されていた。

アメリカは郵政民営化を進めるように日本政府に対して強く要求をしていた。

平成十六年十月十四日に公表された「日米規制改革および競争政策イニシアティブに基づく日本国政府へ

の米国政府要望書」（略称＝年次改革要望書）には、日本郵政公社の民営化の要求が明文で記載されていた。米国の保険業界にとって、一二〇兆円を超える簡易保険の「かんぽ」資金は非常に魅力的な市場であり、アメリカ政府は、要望書で自国保険業界の意向に沿う形で「簡保を郵便事業から切り離して完全民営化し、全株を市場に売却せよ」と日本政府に要求した。

民主党内にも、民営化路線に賛成する議員は多かった。鳩山由紀夫、岡田克也をはじめとした賛成論者は、マニフェストに「抜本的な見直し」を盛り込もうとしていた。

その動きを阻止しようと、小沢鋭仁は月に一度のペースで「郵政公社を発展させる民主党議員の会」を開き、勉強会を重ね、平成十六年十二月、民主党幹部に民主党マニフェストの変更を要望していた。

平成十七年に入り、小沢鋭仁は「郵政民営化に関する特別委員会」のメンバーとして、二度ほど質問にも立った。

六月三日の質疑では、ＮＨＫの中継も入り、小沢鋭仁は、野党側のトップバッターとして登場し、力強く訴えた。

「民営化は机上の空論であり、郵政公社の下での改革こそが最も正しい選択である」

海外の事例や最新の世論調査のデータを踏まえて、小泉総理や竹中郵政民営化担当大臣に鋭く迫る小沢鋭仁の姿は、テレビ画面を通じて全国に流された。

最後に、小沢鋭仁は厳しい口調で問題提起した。

「一銭の税金も使っていない郵政事業に、税金を入れてまで改革をするのは愚の骨頂だ」

質疑を終えた小沢鋭仁は、落胆していた。

〈小泉総理は、原則的なことしか言わない。「民間ができることを、なぜ、国がやらなきゃいけないんだ」それぱかりしか言わない。正しいあり方を模索すらしようとしない〉

金融問題についても、小沢鋭仁は訴えた。

「メガバンクのようなグローバルな金融の世界と、地域金融の世界は違うんだ。郵政は、地域金融の要素が強いんです」

郵政民営化関連法案は、第百六十二回通常国会で一部修正の上、平成十七年七月五日、衆議院本会議においてわずか五票差でかろうじて可決された。ところが、八月八日、参議院本会議においては否決され、郵政解散選挙に向かっていく。

衆院で可決後、多数の自民党所属の国会議員らが反対に回ったことから、参院で否決された場合、「小泉総理は解散するのでは？」との憶測が政界には流れた。

小沢鋭仁も、事前に解散するという情報はキャッチしていた。自民党の菅義偉と小沢鋭仁は、お互いの息子同士が同じ学校に通っていたことが縁で、親しくしていた。

その菅義偉と小沢鋭仁は、その頃、ある会合でいっしょになった。

菅が、小沢鋭仁にこっそりと教えてくれた。

「小泉さん、本当は否決された方が喜ぶんだよ。その方が、解散できるって言ってるんだ」

菅の打ち明け話を小沢鋭仁は、容易には信じられなかった。

「まさか…、そんな話、ありえないでしょう。自民党が二つに割れる選挙になるんですよ。二つに割れる選挙なんて、勝てるわけないじゃないですか」

小沢鋭仁は、解散説を完全に疑っていた。

ところが、菅がほのめかしたとおり、小泉総理は民営化の賛否を国民に問うとして、平成十七年八月八日、衆議院を解散する。

あまりの突然の出来事であった。小沢鋭仁の地元、山梨一区では自民党の対立候補もまだ決まっていなかった。

そのため、これまでの選挙に比べたら小沢鋭仁にも心理的な余裕があった。いつもは、解散後すぐに地元に飛んで帰る小沢だが、このときばかりは東京に残してある用事を済ましてから地元に向かうことにした。

この時点で、今回の衆院選が民主党にとって不利な戦いになるとは、想像できなかったのだ。小沢鋭仁は、解散の翌日になって準備をし、地元へ帰った。

さっそく、独自に依頼している世論調査の結果を取り寄せた。

その結果を見て驚いた。

〈まだ、相手候補が決まっていないというのに…。差が詰まっている。えらいことだ…〉

世論調査の結果では、現職の小沢鋭仁と自民党候補の差は、わずかであった。小沢鋭仁は、おどろく反面、結果を疑ってすらいた。

〈こんな結果も出ることがあるんだな…〉

世論調査の結果は、選挙の傾向を知る一つの手段となる。結果によって、選挙運動の方針を決めることができる。

党が、個別に面倒を見てくれることはない。小沢鋭仁は、鳩山グループに所属しているため、周囲からは、鳩山由紀夫から何らかの援助を受けているように思われていた。だが、鳩山から援助を受けたのは、過去にたった一度、自民党のベテラン議員であり、閣僚を歴任した中尾栄一と戦った平成十二年の衆院選のときだけだった。

過去、二度小選挙区で連続当選を果たした小沢鋭仁には、選挙は強いということで選挙期間中、地元へ応援に入ってくれる議員もわずかばかりであった。

だが、今回の事前の調査結果は芳しくない。小沢鋭仁は、危機感をもって、すぐに選挙モードに突入した。

まずは、海外にいる妻の寿子に連絡した。

「選挙だ。悪いけどすぐに、日本に帰ってきてくれ」

「そんなァ。選挙っていったって、大丈夫でしょう?」

ちょうどこの時期、寿子はオーストラリアのメルボルンに仕事で長期滞在中であった。

東京で仕事をしていた寿子は、以前からキャリアアップを図るために海外での勤務を希望していた。

「そろそろ海外へ行ってきてもいいかしら?」

ちょうど子育ても一段落し、山梨の両親も元気でいる。

「いいよ」

小沢も、当分の間は選挙がないだろうとの判断でＯＫし、寿子はオーストラリアに半年ほど前から滞在していた。

突然の衆院解散による帰国の頼みに寿子は、戸惑った。

「急に帰って来いといわれても、仕事があるからすぐには帰れません」

そういっていた寿子に、小沢鋭仁は言った。

「だけど…、今回の選挙は、大変なんだ」

小沢の不安げな声を聞いた寿子も、さすがに非常事態に気づいてくれた。

急遽、仕事を終わらせ、八月三十日の公示日に日本へ帰国してくれることになった。

そうこうしているうちに、自民党の候補者が、前々回の衆議院選挙に無所属候補として出馬した赤池誠章に決まった。

赤池の出馬が決まり、再度、世論調査の結果を取り寄せたところ、赤池と小沢鋭仁が並んでいるではないか。

〈これは、かなり厳しい戦いになるな〉

ますます危機感を募らせた小沢は、それから一切、他の仲間の選挙応援に行くことを取り止めた。

そこからが、必死の選挙戦だった。

選挙戦が進む中で、自民党が掲げたスローガンがこたえた。

「改革を止めるな」

郵政民営化に焦点をあてた、力強く、明快なスローガンは、ストレートに国民の胸に響いた。

いっぽう、民主党のスローガンには力がなかった。

「日本を、あきらめない」

このスローガンは、後ろ向きなイメージもあり、定着せず効果的ではなかった。

郵政民営化に対して、賛成か、反対か、というワンイシューで攻めてきた小泉自民党を相手に、民主党は郵政民営化以外の争点に国民の注目を集めさせることができなかった。

小沢鋭仁は、郵政民営化を国民に問いかける小泉改革の問題点がわかっていた。その点を指摘し、国民に明確に伝えることができれば、民主党が有利になる可能性もあると思っていた。

小泉総理は、郵政民営化で公務員を減らし「小さな政府」をつくる、と公言していた。

「なぜ、四十万人もの公務員が必要なんだ！」

テレビや街頭でそう訴え、郵政民営化が公務員の削減に繋がることを印象付けようとしていた。

しかし、小泉総理の言うような四十万人もの公務員などは、実際には存在しない。実態は、半分の職員がアルバイトなどの有期雇用であり、形式上、公務員になっているだけなのである。

そもそも、郵便局は、公社になる前も後も、独立採算で運営され、人件費には一円の税金も使われていない。職員の給料なども事業収入から支出されるため、民営化したところで、税金の節約にも「小さな政府」にも繋がらない。

小泉総理の「郵政民営化すれば、税金が節約できる」との主張は、まったくのデタラメだった。

また、小泉総理は、郵政公社が民営化されれば、税金を納めるようになり、国や地方の財政に貢献するようになるとも主張していた。

たしかに、日本郵政公社は、これまで法人税も法人事業税も固定資産税も納める義務がなかった。だが、実際は、郵政公社は、利益の五〇％を国庫に納付することになっており、その比率は、国と地方分を合わせた法人税率よりも高い。むしろ民営化し税金を払う場合は、納付額も少なくなる。また、郵政事業そのものの利益も、公社のままでいる方が多い。

そのうえ、郵便貯金事業は、公社のままなら黒字が続き、民営化されれば赤字になるという政府の試算もあった。赤字になれば法人税は納められず、むしろ、税金を投入する可能性も生じ、民営化は、国の財政にも郵政事業の収支においてもプラスにはならない可能性を秘めていた。

話だけを聞くと、バラ色の未来が待っているかのような郵政民営化だが、実態はかなり違っていたのである。

小沢鋭仁は、この二つの問題点をペーパーにまとめ、民主党本部の平塚事務局長に渡し、言った。

「岡田さんに、この点を徹底的に突くよう言ってくれ」

そして、それだけでなく選挙戦の演説などで使えるような要点をまとめた短いフレーズもファックスで本部に送った。

「諸外国の郵政民営化、全部失敗したじゃないか」

多忙を極める選挙戦のさなかということもあり、岡田克也代表本人と直接話すことはできなかった。

が、平塚事務局長は、小沢に約束した。

「岡田代表に、伝えます」

しかし、結局、岡田は小沢鋭仁からのアドバイスに、耳を傾けてはくれなかった。岡田は、選挙期間中、この指摘に触れることはなかった。

そもそも、岡田は、もともと民営化に賛成だったため、批判的な発言は避けていたのかもしれない。

そのうえ、追い討ちをかけるように、鳩山由紀夫も途中から「基本的に民営化には賛成だ」と発言するようになっていく。

民主党の郵政民営化に対するスタンスが、問われはじめていく。

小沢鋭仁は、思った。

〈こっちは、郵政民営化反対で戦っているのに…。これじゃあ、足元をすくわれるだけじゃないか…〉

選挙戦は、ますます厳しくなるばかりだった。

これまで、小沢鋭仁は、地元山梨で選挙に強い自らの後援会組織を地道につくってきた。そして、地元で人気のある政治家だとの自負もあった。そんな小沢が今回の衆院選に本気で危機感を持ち、選挙戦を戦っているということを知っていたのは、小沢本人を除けば、数人ほどだった。

極秘で実施している選挙区の世論調査を公にすることもできないため、過去二回の勝利もあり、選挙地盤は磐石だと思っている地元の支持者たちは安心していた。

「今回は、小泉さんの勢いがすごくて、本当に大変な選挙なんだ」

いくら、小沢鋭仁が危機感を訴えても、だれも信じようとはしない。

「大丈夫だ。大丈夫」

「小沢さん、相手はあの赤池さんなんだから…」

対立候補が過去に落選している赤池誠章ということもあって、小沢の勝ちを確信している支持者たちも多かった。

こうして、小沢の心配をよそに、選挙戦は進んでいき、投開票日一週間前になった。

土日に実施された世論調査が発表された月曜日になり、接戦との結果にようやく小沢周辺も真剣になってきていた。

小沢とかねてから親交のある政治評論家の森田実は、選挙のたびに毎回、小沢の地元に駆けつけて、個人演説会で講演してくれていた。今回の選挙のときも、森田は小沢の応援演説を引き受けてくれた。

このとき、森田は講演のなかで、支持者たちに語った。

「自民党の調査によれば、自民が三〇〇議席を超えるという予想が出ている。そうなると、神奈川なんかは民主党は全滅だ。この山梨一区もかなり厳しくなる」

山梨一区での小沢の苦戦について、森田は言及したのだ。だが、話を聞いている人たちの顔に、危機感は感じられなかった。

森田が語るほど民主党が負けるとは信じられなかったのであろう。

小沢鋭仁自身も、森田が言うほど酷い結果になるとは、考えていなかった。

〈神奈川が全滅するなんて。いくらなんでもありえない〉

新聞社の調査結果によると、この時点で山梨一区で小沢の当落は、五分五分と出ていた。

「薄氷の勝利」

平成十七年九月十一日、第四十四回衆議院選挙投票日を迎えた。

当日の出口調査によると、小沢が「有利」とされたメディアは二ヶ所あったが、それ以外の四つのメディアでは、赤池の方が「有利」という結果になっていた。

〈今回ばかりは、負けるかもしれない…〉

そんな思いがよぎることもあった。

この日、夜、選挙投票日に必ずお世話になる旅館で、小沢と妻の寿子は結果の発表まで待機していた。

午後八時になり、開票作業がはじまった。

選挙事務所からの連絡を待ちながら、二人は、テレビをひたすら見つめ、戦況を見守った。

まずは、人口の少ない地域の投票所から結果が判明していく。

まだ、状況はわからない。

とうとう、大票田の甲府市の投票箱が開けられた。

一回目、二回目の開票結果では、小沢の票は赤池に負けていた。

〈完全に、負けた…〉

テレビ画面に映し出された票数をパッと見た瞬間、「うっ…」という声を漏らした。瞬間、背筋がぞっとする。気持ちよりも先に、身体にショックの電流が流れているようだった。

小沢は、選対の事務局長の山崎に電話を入れた。

「これじゃあ、駄目だね」

小沢のつぶやきに対して、山崎も元気なさそうに言った。

「いや…、代議士、申し訳ない…」

山崎の言葉を聞きながら、小沢は思った。

〈やっぱり、駄目だろうな。だけど、まあ、なんとか、比例では残れるだろう〉

小沢は、なんとか自分の気持ちを、落ち着いて整理しようとしていた。

そんなとき、山崎がふと、話し始めた。

「だけど、代議士、ちょっと別な情報があるんだ。もしかしたら、野中のところにまだ確定してない代議士の票がいっぱいあるかもしれないっていう話があるんだ」

「ああ、そう」

小沢は、負けた悔しさいっぱいであっさりした返事しかできなかった。

しかし、この山崎の情報は本当だった。

開票作業の立会いのために小沢陣営から向かった野中は、慎重に慎重を重ねる性格だった。相手候補者の票も真剣にチェックするが、それ以上に小沢の票を一生懸命にチェックしていた。そのため、数倍の時間がかかってしまう。その結果、小沢の票の確定が遅れてしまっていた。

その様子を会場で眺めていた小沢陣営の人間が、山崎のところに連絡してくれていたのである。

「どうも、野中さんのところに、票の束がいっぱいあるみたいだ」

結局、全ての票が確定すると、小沢が七万二八一票を獲得し、自民党の赤池を破った。赤池は六万五四二六票。約四八〇〇票の差だった。

小沢にとっては、かつてない厳しい選挙だった。

一度は、敗北を覚悟した小沢だった。それが、勝っていたのだ。笑い話として語れることは、小沢自身にとっても嬉しいことだった。

いっぽう、選挙全体の結果は、民主党にしてみれば散々であった。

小沢鋭仁がまさかと思った神奈川では、森田の語ったように全敗し、民主党は、結党以来最大の惨敗を喫した。従来、民主党が強かったはずの都市部では、ほぼ壊滅状態の負けっぷりであった。

小沢と親しい同僚議員も五十嵐文彦をはじめ、かなり落選していた。

小沢も、各選挙区の結果を見てつくづく思った。

〈楽勝だと思った選挙が、そのうち刺客だ、なんだの話になる。あの短期間で、自民党はよく候補者を集めたものだ。毎日毎日、刺客の話がテレビでは流れ、選挙区では、「改革をとめるな」のスローガンでやられる。これじゃあ、ボロ負けになるわけだ〉

小沢の過去の選挙の中で、中尾栄一と戦った選挙と同じくらいに厳しく、心に残る選挙だった。

ただ、この勝利も運が味方してくれた面があった。

自民党の候補者・赤池誠章は、過去に民主党からの出馬を模索し、最終的に無所属で出馬し、落選した経験もあったため、地元の有権者にあまり良い印象を持たれていないようであった。

〈もし、自民党の候補者が、まっさらな候補者だったならば、やられていたかもしれないな〉

小沢は、本気でそう思った。

赤池に対する印象と比べて、衆議院議員五期目を迎える小沢への地元有権者からの信頼度が強くなっていたことも大きな要素であった。

解散前は、自民党が分裂選挙になることもあり、民主党にとっては「政権獲得の千載一遇のチャンス」などといわれていた。が、小泉劇場の前に民主党は埋没し、公示前勢力を六四議席も下回る一一三議席に終わり大敗する。

岡田は九月十二日、代表を引責辞任した。　選挙後、民主党内では、衆院選を総括する反省会が開かれた。

小沢鋭仁は、その場で自分の思いを訴えた。

「岡田代表が真面目にやっていることはわかる。それは、平時の時にはいい。だが、今回の選挙のようなときには、それは通用しない。たとえるなら、岡田代表が言っていることは、この食べ物を食べると身体にいいですよ、ということばっかりだ。かたや、小泉さんは、これはうまいぞ、と言った。質が違うんです。言葉の質が…。人の気持ちをつかまなければならないようなときに、これは身体にいいですよ、こういう栄養素がありますよ、そんな話し方ばっかりでは通用しないんです。もっとストレートに伝わる言葉で語らないと。この違いを岡田代表がわからないんじゃ、駄目なんです」

それから五日後の九月十七日、岡田の後任を巡って代表選が行われた。

手をあげたのは、菅直人と前原誠司だった。

今回の代表選では、鳩山グループは一つにまとまってはいなかった。表向きは、菅を推していたが、投票は各議員に任せられていた。

下馬評では菅がやや有利と伝えられていたが、最後の演説で前原が逆転し、二票という僅差で新代表の座に前原が就いた。このとき、小沢鋭仁は、前原に投票した。

日本新党当時、同期当選の前原の代表就任を小沢も好意的に受け止めていた。

〈前原さん、颯爽と若々しくデビューしたな。よかった〉

読売新聞などのメディアも、前原を〝新代表はジャニーズ系〟、〝永田町の郷ひろみ〟などと報じ、朝日新聞が「目指せ、日本のブレア」と題した社説を載せるなど、その若々しさや清新さは、新しい民主党を印象づけるかのようであった。

しかし、前原新代表体制は、執行部の発足段階からつまずきつつあった。

執行部の人事は、最初に幹事長を決め、代表と幹事長によってその他の人事が決められていくことが望ましい。

だが、このときは違った。政策調査会長に松本剛明、国会対策委員長に野田佳彦が決まった。どちらも前原と近い議員であった。

だが、肝心要の幹事長人事だけが最後まで難航し、決まらなかった。

結局、幹事長には鳩山由紀夫が就任した。

鳩山に幹事長の打診があったことを知った小沢鋭仁は、疑問点をはっきりと伝えていた。

「ぼくは、はじめから由紀夫さんが幹事長で、前原さんと人事を決めていくという段取りだったら、受けてもいいと思いますよ。しかし、こういう形で要請されるのはおかしいですよ。なんだか、由紀夫さんだけ人身御供みたいになってしまいますよ」

が、小沢の心配をよそに、鳩山は幹事長を受ける。火中の栗を拾うようなかたちであった。

小沢鋭仁は、思った。

〈由紀夫さんは、本当に、断れない性格なんだな。人がいいな〉


「前原執行部の油断」


平成十八年一月二十日、第一六四回通常国会がはじまった。前原新執行部にとって、初の通常国会であった。

民主党は、冒頭から耐震偽装問題、米国産牛肉の輸入問題、ライブドア事件、防衛施設庁の官製談合事件などの「四点セット」で、与党を追い詰める立場であった。

しかし、二月十六日の衆議院予算委員会での永田寿康の質問に端を発した堀江偽メール問題が前原執行部を危機へと追い詰めていく。

前原は、当初強気の姿勢だった。

これで、与党に大打撃を与え、政権を追い込めると信じているかのようだった。

二月十八日、民主党はメールの写しを公表する。

しかし、公表したことにより疑問点が続出し、証拠の信頼性が疑問視され、偽造の可能性が指摘されるようになった。また、疑惑の対象となった武部勤からは、名誉毀損での告訴を検討すると反撃され、逆に民主党が窮地に陥る事態を招いていく。

それでも、前原には自信があったのか、二月二十一日の会見と翌二十二日の党首討論で、新たな証拠を提示すると語っていた。

「期待しておいてください」

疑惑解明に期待感を持たせる発言すら口にした。

その二月二十二日、党首討論で、前原は国政調査権の発動を担保に口座を明かすまで発言した。が、小泉総理は拒否。前原は、党首討論の前に、マスコミに疑惑追及に期待を持たせる発言をしていたが、新たな証拠を開示せず、逆にマスコミの批判の対象になってしまう。

執行部のずさんな対応も徐々に明らかになり、国民や有権者から反感を買い、一転前原執行部は窮地に追い込まれる。

民主党は、本来、自民党を追及する立場であったが、立場が入れ替わり、逆に自民党から追及されることになった。

民主党の支持率は低下した。

小沢鋭仁は、このときの執行部の動きに落胆していた。

〈国対委員長の野田さんが、もっと情報の精査をしなければならないのに…〉

赤松広隆が国対委員長時代、小沢は国対委員長代理を経験していた。

その経験からもどかしく思っていた。

〈国対をやっていれば、いろんな情報がやってくる。その膨大に集まってくる情報の中にはまゆつばな話が多い。千に三つくらい真実が混ざっているか、どうかというくらいだ。よほど注意して情報と対峙しなければならないのに、そのことも知らないのか…〉

国対の世界は、特に用心深さが求められる。政界には、憶測を含んださまざまな情報が飛び交う。それは、恣意的な思惑により、都合よく脚色されているケースがほとんどだ。情報操作が当たり前の世界のなかで、その真偽を見破ることができなかったことは、民主党にとって非常に大きなダメージを与えた。

危機管理もろくにできない政党だとの印象を国民に与えてしまった。しかも、代表の前原自身が、期待を持たせるような発言を再三繰り返し、撤退の時期を見誤ったこともダメージだった。

情報の精査ミスと前原の発言。この二つは信用失墜の決定的な失敗であった。また、党内に大きな支持基盤を持たない前原執行部は、少数の議員を中心とした運営がなされていた。このメール事件に関しても、幹事長の鳩山は何も知らされていなかったという。

民主党は、前年の郵政選挙で議員数を相当減らしていた。与党に対し、量的に脆弱になった挙句に、堀江偽メール問題により民主党の質も問われるような事態になってしまった。

小沢鋭仁は、何度となく幹事長の鳩山に掛け合った。

「前原さんには悪いが、代表を辞任してもらった方がいい。小沢一郎さんに代表になってもらって、民主党を建て直した方がいいですよ」

鳩山も小沢の言いたいことはわかってくれた。

「確かに君の言うとおりだ」

偽メールを見抜けなかった前原自身の進退問題が取り沙汰され始めていたが、それでも前原は二月二十八日に謝罪会見を行い、代表続投を宣言する。だが、世論の怒りはおさまらず、民主党に対する視線は厳しくなるいっぽうであった。

小沢鋭仁もさらに危機感を感じ、鳩山に説得にあたってくれるように頼んだ。

そして、鳩山も動いた。

「前原さん。わたしも幹事長を辞めるから、あなたも辞めてくれ。それしかもう手段がないですよ」

だが、鳩山の説得に対して、前原はいっこうに辞める気配を見せなかった。

「まだ、幹事長にもがんばってもらいたい。わたしもがんばりたい」

前原にそう言われて、鳩山は帰ってくる。

再度、小沢鋭仁は鳩山に前原を説得するように頼んだ。

だが、前原のもとへ行った鳩山は、またしても、逆に説得されて帰ってきてしまう。

これには、小沢鋭仁もあきれてしまった。

「わかりました。ぼくは、もう何も言いませんよ」

鳩山から代表という地位に固執する前原の様子を聞き、小沢は焦っていた。政治のスケジュールを視野に入れながら、前原辞任のタイミングを模索していたからだ。

ちょうど、年度が替わろうとしていた時期である。三月いっぱいで前原が辞任した場合は、新たな年度を新たな代表でスタートすることができる。四月には、千葉での補選があった。新代表でのぞみ、千葉の補選に勝てばいいスタートをきれる。

そんなシナリオが民主党にとってベストだと小沢鋭仁は考えていた。

この考えは、鳩山にもしっかり伝えていた。

「なんとか再スタートを切れるように、最低でも三月までに、前原さんには代表を辞任してもらいましょう」

そういって二回とも鳩山を送り出してきた。だが、前原は拒否していた。

説得を続けていた鳩山だったが、とうとう真剣になった。

「小沢君。前原さんに辞めるよう迫ってくるよ」

そんな矢先、事態は急展開する。

三月三十一日、前原が民主党代表を辞任すると表明したのだ。

前原の代表辞任を受けて、鳩山由紀夫も幹事長辞任を表明した。

落ち込むいっぽうの民主党を懸念した小沢鋭仁は、一つの策を講ずることを鳩山に提案した。

「由紀夫さん。音羽の鳩山邸で、桜を見る会を開催しましょう。暗い民主党を明るくしましょうよ」

こうして、小沢鋭仁が提案した「桜を見る会」の開催が、急遽決まった。

四月四日夕方、文京区にある音羽御殿と呼ばれる鳩山邸で鳩山主催による「桜を見る会」がにぎやかにはじまった。

桜は再スタートをきる民主党の前途を祝福するかのように満開に咲いていた。

この日は、代表選への出馬を固めた菅直人も姿を現した。

もちろん、小沢鋭仁や鳩山が支持し、代表選立候補を表明している小沢一郎も出席していた。

多くの記者団も集まった。上空にはヘリコプターも飛んでいる。鳩山邸をのぞくことができるビルからはカメラが狙っている。

そんな状況を見て、小沢鋭仁は驚いた。

〈いやー、すごい注目を集めるイベントになった。これは成功した〉

代表選を前に、出馬を予定している小沢一郎と菅直人が、同じ場所で顔をあわせることは、メディアにとって絵になるニュースだった。

小沢鋭仁は、さらに提案した。

「小沢さんと菅さん、そして、由紀夫さんがホストとして真ん中に立って、三人の絵をつくりましょう」

小沢鋭仁の提案に、三人ともすぐに同意して集まった。多くのカメラが三人の姿に集中する。三人は手を握ろうとしていた。

が、そこに、小沢鋭仁が予期していなかった人物が間を割って入り込んできた。渡部恒三国対委員長である。渡部は、野田佳彦が偽メール事件の責任をとって国対委員長を辞任したのち、前原に請われて就任していた。

この渡部が小沢一郎と菅の間にするすると入り、二人の手を握らせる。

いっぽうで、本来そこにいるはずの鳩山は、居場所を失い三人の後方に追いやられてしまった。

その様子を見た小沢鋭仁は、鳩山の元に近寄って、囁いた。

「前に出て。前へ！」

こうして、なんとか四人がカメラにおさまり、翌日の朝刊に載ることになった。

桜を見る会は、民主党にとって、久しぶりの明るい話題となった。

「小沢一郎代表の誕生」

それから三日後の四月七日、民主党代表選が行われた。小沢一郎と菅直人の一騎打ちであった。

代表選の直前、小沢鋭仁には心配事が一つあった。

〈小沢一郎先生、スピーチの方は大丈夫だろうか…〉

小沢一郎の政治家としての力量は知っている。しかし、小沢鋭仁は、一度も小沢一郎のスピーチは聞いたことがない。どんなスピーチをするのか、想像がつかなかった。

いっぽう、たびたび代表選に出馬する菅のスピーチは何度となく聞いている。その菅は、前回の代表選で、投票直前の演説によって前原に敗れた経験を持つ。そのため、菅は万全の体制でやってくるだろう。

とうとう、小沢一郎の演説が始まった。

それは、小沢鋭仁が予想していた以上に惹きこまれる演説だった。

「変らずに生きてゆくためには、自分が変らねばならない」

最後に、小沢一郎は、青年時代に見たイタリアの巨匠ルキノ・ビスコンティ監督の映画『山猫』のクライマックスの台詞を引用した。

「まず、わたし自身が変わらなければなりません。そして、みなさまに支えていただきながら、民主党を改革し、さらに日本を改革しようではありませんか」

小沢一郎の訴えは、剛腕・壊し屋という従来のイメージを一新するものだった。

小沢鋭仁には、新鮮に映った。

〈素晴らしいスピーチだ。普段しゃべらない小沢一郎先生は、こんな風にしゃべるのか…〉

いつもどおりの菅の演説と比べて、自分の心境の変化を強調した小沢の演説は、かなりインパクトを与えるものであった。

両候補の演説が終わり、所属国会議員による投票が始まった。

あいうえお順で座るため、小沢鋭仁の隣には、小沢一郎が座っていた。

小沢一郎は、小沢鋭仁がこの代表選で一所懸命応援してくれていることはわかっていた。選対本部を構えたホテルでも、小沢鋭仁は、小沢一郎から「頼む」といわれていた。

「絶対、勝ちますから」

小沢一郎にそう声を掛けながら、小沢鋭仁はボソッとつぶやいた。

「だけど、代表になったら、先生、本当に忙しくなりますね」

小沢鋭仁の言葉に小沢も反応した。

「ああ…。釣りもしばらくできねぇーなぁー」

代表選の結果は、一一九対七二で、小沢一郎の圧勝だった。

その後、小沢一郎が民主党代表となってから、はじめての選挙となった衆議院千葉七区補欠選挙は、民主党新人の太田和美が自民党新人で元埼玉県副知事の斎藤健を九五五票の小差で振り切って勝った。

こうして、小沢一郎新代表のもとで、民主党は、小沢鋭仁が願っていたスケジュールで好スタートをきった。

代表になった小沢一郎は、主な執行部の体制を前原時代のまま継承していた。

その後、その年の九月の代表選と、それから二年後の平成二十年九月の代表選は、無投票で小沢一郎が再選される。

鳩山が幹事長を続投することもあり、鳩山に近い小沢鋭仁も党務を主に担当するようになった。

平成十八年九月からは幹事長代理のポストに就き、平成十九年八月からは国民運動委員長に就任した。

小沢一郎は、役員会の中心メンバーを自分のグループと鳩山グループのメンバーで固めていた。

小沢一郎の執行部の運営の仕方を見て、小沢鋭仁は、感服していた。

〈小沢先生は、やはり、大したものだな〉

その中でも、二点ほど注目することがあった。

一点目は、小沢一郎が代表となってから二年後の平成十九年八月、参議院議員会長の輿石東を代表代行にしたことである。これで、代表代行は菅直人との二人体制になった。同時に、政調会長に参議院の直嶋正行を起用した。

この小沢一郎の人事を、メディアは「参議院重視」だと取りあげた。

が、小沢鋭仁は、まったく別の考えだと思った。

〈実態はそうではない〉

それまで、参議院の位置づけは、はっきりしないものであった。参議院議員会長という役職は曖昧なものだったが、小沢一郎は、代表代行として位置づけた。そのほかにも、参議院幹事長の平田健二を幹事長代理に、参議院国対委員長の簗瀬進を国対委員長代理にするなど党内の序列を明確にしたのだ。

小沢鋭仁は、自社さ政権のもとで政権運営の仕方を目にしてきた。

そのとき、学んだことは、参議院をどう扱うかが重要だということだった。独自の動きをする参議院が、政権運営において要となりかねないことを小沢鋭仁は学んでいた。

〈小沢代表は、参議院議員の位置づけを明確なものにしたんだな〉

小沢は、そう見ていた。

二点目は、小沢一郎の党運営の舵取りの仕方である。

小沢一郎は、代表選に勝った直後、政権政策チームを発足させた。副代表の赤松広隆をヘッドに、政調会長の松本剛明を事務局長にすえ、小沢鋭仁もメンバーの一人に入った。

このチームの中では、様々な政策を検討した。また、その過程の中では、代表の小沢一郎が特に口出しすることはなく、メンバーたちに任せてくれた。

個別に具体的な指示を出すわけではなく、自由な議論を尊重しているようであった。

ただ、小沢鋭仁は、ポイントとなる肝心な部分においては小沢一郎がこだわりを見せているように思えた。

特に、農業の個別所得保障政策や年金政策など、選挙の争点になりうる政策を決める場面においては、小沢一郎の強いこだわりが感じられた。

だが、独断専行するわけではなく、きわめて民主的な手法で政策決定をしていた。

両院議員総会の場でも、矢面に立つのは赤松広隆副代表（政権戦略委員長）であった。赤松は熱くなりやすい人間で、そのため、議論が相当紛糾する場面も多かった。が、そこに小沢代表が出て行くことはなかった。

小沢一郎の動きに、小沢鋭仁も他の議員たちもある意味では、翻弄されていた。

「政権交代への気運、高まる」

小沢一郎の代表就任以降、民主党は、徐々に変わっていった。

小沢一郎が政策をつくり、党の人事をつくる。なおかつ、政権交代を実現すべく、選挙に向け全国行脚をする。小沢一郎は、平成十九年の参議院選挙の一人区での勝利に執念を燃やしていた。

そして、小沢一郎が公言したとおり、平成十九年七月二十九日投開票の第二十一回参議院選挙で、民主党は六〇議席を獲得。自民党結党以来、非自民の政党として初めて参議院での第一党に躍り出た。こうして、参議院の主導権は民主党を中心とした野党が握ることになり、「ねじれ国会」となった。

一時は大連立の動きもあったが、大連立騒動後、小沢一郎は、ねじれ国会を利用して徹底的に与党に反対する対決路線を選択し、主導していく。そのため、内閣も「ねじれ国会」の運営に苦労し、安倍、福田、麻生と短命で変わり続けることになった。

民主党が対決路線を続ける国会の様子を見て小沢鋭仁は、あまりいい気分はしなかった。小沢は、すべてが駄目だと反発することを好まない性分だ。ときには、協力できるところでは日本のために建設的な議論もするべきだと思っていた。

また、いずれ民主党が政権を獲ったときに、しっぺ返しを食らうことにもなる。

しかし、小沢一郎は徹底した。民主党が政権を取るまでは、ねじれを最大限に利用することを貫く方針だった。

参議院選挙の次は、いよいよ衆議院選挙である。

小沢一郎は政権交代を実現するために、参議院選挙は地方の一人区を重視し、衆議院選挙は大都市での勝負を重視し、党内の指導にあたってきた。

〈小沢代表のメリハリのつけ方、ポイントのつかみ方。これは、すごい〉

そばで見ていた小沢鋭仁も、小沢代表の選挙に対する着眼点の鋭さには驚かされるばかりだった。

総理の辞任が続き低迷する自民党と対照的に民主党の支持率も上がり、小沢一郎代表による政権交代の日が、少しずつ現実味を持って近づいてきていた。

が、平成二十一年三月、小沢一郎代表の公設秘書である大久保隆規と西松建設社長の國澤幹雄、西松建設の幹部一人が政治資金規正法違反で逮捕される事件が起きた。

この事件に端を発して、小沢代表自身の関与も疑われはじめ、メディアは小沢の進退をめぐって騒ぎはじめた。民主党の支持率も低下し、衆議院の任期満了を九月に控えることもあり、党内は動揺していた。

世論から糾弾され、メディアからも厳しく追及され続ける小沢代表は、窮地に立たされていた。

ちょうど、そのころ鳩山グループの「政権交代を実現する会」では、春期合宿の日程を決める時期になっていた。

「小沢代表が厳しいときだが、われわれの合宿はどうしようか」

鳩山からの相談に、小沢鋭仁は答えた。

「粛々とやったらいいのではないですか」

この意見に同意した鳩山は、軽井沢合宿を開催することにした。

「懇親会には、小沢代表にも来ていただきましょう」

小沢鋭仁の提案に、鳩山も快く頷いた。

「そうだね」

こうして、小沢一郎代表に参加を要請することも決まった。

開催は、五月の連休中を予定していた。日程は、小沢鋭仁がすでにセッティング済みだったが、小沢一郎代表にも出席を頼むため、確認したところ、その日は無理という返事だった。そのため、出席可能な別の日に再度スケジュールを変え、準備に取り掛かることにした。

平成二十一年五月六日、この日は鳩山グループの合宿日であった。

軽井沢のホテルで開かれた研修会は無事に終わり、鳩山由紀夫の別荘に移動して、バーベキューがはじまった。

しかし、そこに小沢一郎代表が姿を現すことはなかった。

じつは、この日、鳩山由紀夫が軽井沢から東京へ上京するような動きを見せていた。

〈由紀夫さんは、小沢代表と密かに会って、話をするのでは?〉

小沢鋭仁は、そう思っていた。

結局、鳩山は上京することなく、合宿のスケジュールは進められていったが、なにやら動きがあることだけは小沢鋭仁も察知していた。

それでも、一旦決まっていた日程を小沢一郎代表の都合のいい日に変更してまで準備していたにもかかわらず、本人が欠席することには腹が立っていた。

〈「来れない」だなんて…。鳩山グループのわれわれに対して、失礼な話だ。小沢代表は、わがままだな〉

正直、そう思っていた。

いっぽう、鳩山は、小沢鋭仁らの気持ちも知らず、小沢一郎をかばうような発言をした。

「理由はよく分からないが、こういう状況になり、遠慮したのだと思う。小沢代表からも、くれぐれも宜しくとのことです」

事務方として合宿の裏方作業に尽力していた小沢鋭仁は、この発言を聞き、ますます頭にきた。

だが、後になって考えてみれば、このとき、すでに小沢一郎代表は鳩山に辞任することを伝えていたはずである。しかし、そのことを知らされていない人たちが気分を悪くしたのも、無理はないことだろう。

「鳩山、民主党代表に復帰」

それから五日後の五月十一日、小沢一郎代表は辞任した。

鳩山グループでは、代表選に向けて一気に騒がしくなった。鳩山が出馬するからであった。

「さあ、鳩山由紀夫だ！」

鳩山の出馬を受けて、グループの議員たちは活発になった。

小沢鋭仁は政策関係の責任者に、中山義活は票のとりまとめの責任者にそれぞれ役割を分担し、急遽、グランドプリンスホテル赤坂に選挙対策本部を構えた。

五月十二日午前、党役員会が開かれ、代表選の日程が決められた。

代表選のあり方をめぐって、役員会の席で、長妻昭政調会長代理ら四人が主張した。

「執行部案の国会議員だけではなく、さらに広げるべきだ」

代表選の投票権者の範囲の拡大を求めたのである。

そこに、小沢一郎代表のドスのきいた声が響いた。

「反対は、長妻君、福山君、安住君、野田君の四人だな！」

執行部案に反対の意を唱えていたのは長妻のほか、党広報委員長の野田佳彦、党国対委員長代理の安住淳、党政調会長代理の福山哲郎の四人だった。その一人ひとりの名前を小沢一郎は読み上げた。

「長妻君、きみの言っていることは違う。選挙の直前に有権者を広げるなんてことは、民主主義としてはいけない」

小沢一郎は、はっきり否定した。

メンバーとして出席していた小沢鋭仁が、はじめて目にする光景だった。

いつもの役員会では、小沢一郎は、目を瞑って黙り、ただ話の様子を聞いている。発言をすることもほとんどない。たまに発言するときは、テレビ画面で見るような、いつもの優しい話し方をする。

「小沢一郎は、時としてすごくドスの利いた話し方をすることがある」

そんな噂ももちろん聞いてはいた。が、実際、目にしたのはこのときだけだった。

〈ああ…、これが、小沢代表の、ドスの利いた迫力ある話し方なんだな…〉

迫力はあったが、言葉遣いは丁寧だった。決して、「おれの話を聞け!」などと威圧的な話し方ではなかった。

ただし、一人ひとりの名前をあげたことだけは印象に残った。

いずれにしても、鳩山を担ぐ小沢鋭仁としては、代表選が短期決戦になってくれた方がありがたいことには変わりなかった
結果、代表選は、両院議員総会の場での投開票で決着がつけられることになった。

代表選の構図は、鳩山由紀夫幹事長と岡田克也元代表の一騎打ちになった。

このときの代表選では、はじめて推薦演説が行われることになった。

それを知った小沢鋭仁は考えた。

〈由紀夫さんのスピーチは、きわめて重要だな。なにしろ、前原さんと菅さんのときの代表選のことがある。それと同時に、この代表選、推薦演説が大事になってくる〉

小沢鋭仁は、選対本部の事務総長であった。通常なら、推薦演説はだれかに頼むべきなのだが、このときばかりはかなり重要な役目を負う。

「これは、おれがやる」

小沢鋭仁は、鳩山の勝利のために自らが推薦演説に立つことを決めた。

しかし、松野頼久や羽田雄一郎が反対した。

「あんまり、鳩山さんに近すぎない人の方がいい。変えよう」

二人の忠告に、小沢鋭仁も渋々頷いた。

「それなら、変わってもいいけど…」

その後、適任者を探した。が、人選がうまくいかない。

結局、小沢鋭仁が推薦演説をすることで決着がついた。

相手の岡田側の推薦演説は、落選中の手塚仁雄と参議院議員の郡司彰だった。鳩山側は、小沢のほかに女性陣から参議院議員の舟山康江が立つことになった。

五月十六日、両院議員総会がはじまった。

小沢鋭仁が推薦演説に立った。

「鳩山由紀夫は、幹事長として様々な苦労を重ねるなかで、温かく優しいだけでなく強さが出てきた。総選挙に向け全員野球で戦うときの代表にふさわしい」

そう話しながら、小沢鋭仁は、岡田の優勢を示す世論調査の結果についても言及した。

「世論というものを、われわれは重視していかなければいけない。けれども、世論とは移ろいやすいものでもあります。その世論だけで、すべてを決めていいのでしょうか。前回の参議院選挙のときの世論調査を思い出してください。次のトップにふさわしいとして、安倍晋三氏と小沢一郎氏の名前が上位にあげられました。人気からいえば、安倍氏の方が圧倒的に高かったのです。それにもかかわらず、選挙ではわれわれ民主党が勝ちました。その民主党を勝利に導いたのが、小沢氏なんです。この結果から見てもわかるとおり、人気ばかりではなく、党をまとめていくだけの力というものが必要なんです。移ろいやすい世論ではなく、本当の力で判断してください。それが、鳩山なんです」

そして、最大のポイントになる一言を放った。

「わたしは、鳩山由紀夫のそばにいて、いつの日か、鳩山総理を…という思いで今まで政治行動をともにしてきました。鳩山にとって、これが最後のチャンスなんです。最後のチャンスだからこそ、鳩山を…」

議員による投票がはじまり、すぐに集計作業に入った。

結果、鳩山由紀夫幹事長が一二四票を獲得し、九五票の岡田克也副代表を二九票差で破った。

小沢鋭仁の推薦演説も鳩山勝利の一躍を担ったようであった。

新聞記者から、声をかけられた。

「小沢さん、あそこがききましたね。いつの日か総理を…。最後のチャンス…。この二つがききましたね」

その後、元長野県知事で新党日本代表の田中康夫にもほめられた。

「あの推薦演説。あれは、すごくよかった」

聴衆の気持ちをくすぐるような演説だった。

もちろん、鳩山由紀夫自身も、大変喜んでくれた。

〈総理大臣に繋がる代表選になるだろう〉

そういう思いは、小沢鋭仁にもあった。

しかし、ここで代表になったならば、絶対、鳩山が迫る衆院選で勝利し、総理大臣になるとまでの確信はなかった。

〈民主党への期待感はかなり高まっている。だけど、最近の選挙は、本当に直前で国民の意識が変わってしまう。これればかりは、わからない〉

民主党が政権交代を成し遂げられるのか…。

この時点では、一〇〇％確信することが小沢鋭仁にはできなかった。

「鳩山由紀夫総理誕生への胎動」

小沢鋭仁は、鳩山総理を一番近くで見守ってきた人物でもある。

政治家は、付く人や、その人の身近にいる人から学ぶと言うが、鳩山は本当に多くを小沢一郎から学んだという。

たとえば、鳩山が幹事長になった前原代表時代。メール問題における鳩山の貢献を、小沢鋭仁はこう評した。

「党内がどうしようもなくなっていた時、鳩山さんの温かさが党内を救ったと僕は思っている」

しかし、前原に辞任を促すべきかどうか、鳩山はかなり迷っていたという。「申し訳ないが区切りを付けてもらいたい」と考えていたが、なかなかそれを言い出せない。しびれを切らした小沢鋭仁から、「いい加滅にしてください」と言われるほどの迷いようだった。

しかし、小沢一郎のもとで引き続き幹事長となり、小沢代表を支えるようになってからは、鳩山は、西松問題にしても、その後の対応について一切ぶれることはなかった。

〈これまでとは決定的に違う！　由紀夫さん、たくましくなったな〉

小沢鋭仁と二人でいると冗談ばかりいう鳩山だが、小沢一郎と仕事をしていくなかで、顔つきも変わってきたと感じている。小沢一郎の力強さ、考えや行動の無駄のなさを学んだのではないかと、小沢鋭仁は分析する。一番近くで鳩山を見ている人間として、小沢一郎の影響は計り知れないものだと実感している。

人の良さで知られる鳩山は、自分の中に秘密を持っていられない人物だった。しかし最近、内密にすべきことは小沢鋭仁らにも話さず我慢しているのを感じることもある。

「由紀夫さんは、私よりもずっと人が悪くなりましたね」

小沢鋭仁がそうからかうと、鳩山は笑ったという。

そして、小沢一郎の代表辞任。小沢鋭仁らは「由紀夫さんでやるしかない」と応援演説などサポートに徹した。

「いつの日か鳩山総理を」という思いでやってきた小沢鋭仁だが、「もうだめかな」と考えたこともある。それは小沢一郎が代表だった時期だ。

〈小沢代表のまま何年か経てば、次の代表は、もう少し若手になるだろう〉

マスコミも、盛んにそう書き立てていた。しかし、不思議なことに今度こそ「鳩山代表」となる。五月十六日の土曜日に行われた代表選の翌日、鳩山といっしょにそばを食べながら二人きりで話した。途中から松野頼久も参加した。

「あなたは総理になるために生まれてきたような、そういう天命、宿命を持っているんですね」

そう言う小沢鋭仁の言葉に、鳩山は何も言わずに笑っていたという。

党について言えば、かつて小沢一郎が代表になった後、民主党はたくましくなったと小沢鋭仁は言う。

「それまでは、生徒会なんですよ。生徒会から本物の政党になった。そんな感じだったと思いますね」

かつての自民党以上に、選挙ひとつ取っても民主党は変わった。小選挙区で上がってきた議員には一年生でも役職を付ける。そうでなくても、「次の選挙で勝つのが仕事だ」という話をする。小沢鋭仁は、それでいいと思っている。二重構造と揶揄するマスコミもいるが、代表と幹事長がいれば、ふたつの大きな山があるのは当たり前だ。

「『党の小沢一郎支配』なんて言われてますけど、ぼくにしてみれば「何で?」と思いますね」

代表選が終わった後は、すぐさま、執行部人事を決定しなければならない。

小沢鋭仁ら鳩山周辺は、幹事長人事のことで頭がいっぱいだった。

小沢鋭仁は、思っていた。

〈鳩山新代表体制をどう世間に印象づけるか。まず、執行部人事が重要だな〉

鳩山は、平成十四年秋の代表選後、代表選に出馬せず鳩山支持にまわった中野寛成を幹事長に据え、「論功行賞人事だ」と党内外から攻撃され、辞任に追い込まれた経験があった。

今回の人事の焦点は、対立候補の岡田克也と代表を辞任した小沢一郎をどう処遇するかであった。

もちろん、小沢鋭仁ら鳩山グループの議員たちには、代表選で鳩山勝利の大きな原動力となった小沢一郎やそのグループへの感謝の気持ちがあった。

また小沢一郎が直前まで代表として、迫る衆院選の総指揮を執っていたこともあり、鳩山グループ内の一部からは小沢一郎の幹事長就任を希望する声もあがっていた。

「小沢一郎先生に、幹事長をお願いしたらいいんじゃないか」

が、小沢一郎は西松事件の責任をとって、代表を辞任した直後である。その小沢の幹事長起用を懸念する声も党内からはあがっていた。

「選挙の指揮を小沢さんにやってもらうことは、いい。ただ、幹事長は難しいだろう」

また、衆院選に向けて党内融和を重視する点から、岡田の幹事長起用を訴える議員たちも多かった。

執行部人事について小沢鋭仁が懸念するなか、当事者の鳩山自身は、各テレビ局をはしごし、さまざまな番組に出演し続けていた。

小沢鋭仁は、内心思っていた。

〈テレビに出ることも、まだ慎重になってもよいのになあ…。でも、由紀夫さんは、メディア出演が好きだからな。頼まれると断れないだろうし〉

人事をめぐる様々な情報がかけめぐるなか、鳩山の気を引き締めるべく、小沢鋭仁は翌日の五月十七日、党本部に出向き、鳩山と二人きりで話し合った。

小沢鋭仁は、強く迫った。

「幹事長ですが、ここは、岡田さんでなければ、党内はおさまりませんよ」

それでも、鳩山の意思はなかなか固まらない。

途中から、松野頼久にも来てもらい、小沢鋭仁らは二時間もかけて鳩山を説得した。

「いよいよ政権交代というときになって、小沢一郎さんは代表を退いてくれたんです。なおかつ、今は、党内を結束させなければいけないときです。結束させるには、当然、幹事長は岡田さんでしょう」

小沢は、二時間近くかけて説得した。

最終的には、鳩山もようやく納得し、小沢鋭仁らは、なんとか、参議院の幹部の輿石東たちに会いにいく鳩山を送り出すところまでこぎつけた。

その輿石らは、幹事長に小沢一郎を推していたようだった。だが、最終的に鳩山の意向を尊重した。

「鳩山さんが決めたのなら、仕方ない」

こうして、岡田の幹事長就任が決まり、小沢一郎は、選挙担当の代表代行に就任し、新たな民主党執行部がスタートをきった。

第三章 「民主党政権の葛藤」

「ついに実現した政権交代」

平成二十一年七月二十一日、麻生総理によって衆議院が解散された。

いよいよ、政権交代が現実のものとなってきた。

民主党のキャッチコピーも決まった。

「政権交代。国民の生活が第一」

最初、これを目にしたとき、小沢鋭仁は思った。

〈ちょっと、つまらないかな。当たり前すぎないだろうか〉

四年前の郵政選挙で自民党が使った「改革を止めるな」と比較しても、「国民の生活が第一」というキャッチコピーは、なかなか好きになれなかった。

だが、選挙戦を日々重ねていくうちに、小沢鋭仁の心のなかには、このフレーズがジワーッと沁みこんできた。

〈最初はイマイチかなと思ったけどこのキャッチコピー、演説などでけっこう使えるなあ。有権者も耳を傾けてくれるような気がする〉

平易な言葉だが、心に沁み伝わり、だれも拒否反応を示さないフレーズであった。

あらためて、小沢鋭仁は思った。

〈「改革を止めるな」は、最初からキザな言葉だった。キザだけど沁みこんでいった。「国民の生活が第一」

は平易なフレーズだ。小沢一郎流は、平易だけど少しずつ浸透していく。そういう感じがするな〉

小沢鋭仁にとって、今回で六回目となる選挙は楽になった。

自民党の対立候補は、前回、比例で復活当選した赤池誠章である。

接戦どころか、大差での勝利をほぼ確信していた。小沢鋭仁もそうだったが、民主党の候補者は、相手候補者に比例での復活当選を許すかどうかが、ポイントになる選挙戦であった。

平成二十一年八月三十日、第四十五回衆議院選挙、投票日を迎えた。

予想通り、小沢鋭仁は赤池を大差で破った。九万一四二二票対四万六八八一票。赤池は比例での復活当選もできなかった。

山梨一区は、小沢鋭仁が中尾栄一を破って以来、四回連続当選となり民主党の鉄板選挙区の一つとされるまでになった。

小沢鋭仁は、生まれ故郷の山梨県甲府市を含む山梨県第一区を選挙区としていることから、地盤には強かった。

また、自民党の浜田卓二郎衆議院議員のグループの事務局長であったことから、グループと付き合いのあった経済界とのつながりを、浜田からそっくりそのまま受け継いでいた。さらに、もともと保守系であった小沢鋭仁は同時に、日本労働組合総連合会（連合）の組織内議員でもあり、保守・革新の両方の支援があり、選挙は安定していた。

もともと山梨県第一区は、通産大臣、建設大臣などを歴任した自民党の中尾栄一の選挙区でもあった。が、中尾は、平成十二年の総選挙で落選した直後の六月三十日、若築建設からの収賄罪で逮捕されたことをきっかけに政界を引退した。その後は、小沢鋭仁の選挙区に強力な候補者は現れていない。

選挙の結果、民主党は選挙前を大幅に上回る三〇八議席を獲得。単独過半数を超える議席を獲得した民主党は、選挙後、社会民主党・国民新党と連立政権発足に向けての協議を開始した。

平成二十一年九月十六日、第百七十二回特別国会の日。衆参両院が、鳩山由紀夫を内閣総理大臣に指名した。直ちに組閣作業に入り、この日の夜の親任式と認証官任命式を経て、正式に鳩山連立政権が発足した。

鳩山由紀夫総理大臣の誕生は、小沢にとって夢のような話だった。

「環境大臣に就任」

小沢鋭仁が環境大臣就任を知ったのは、他の大臣と同じく組閣の九月十六日前日の十五日夜。組閣については、鳩山と小沢一郎が会談をして最終調整をすると聞いていた。その会合が、十五日夕方五時前後。

〈もし大臣になれるなら、今夜のうちに連絡があるだろう〉

そして夜、鳩山から小沢の携帯に連絡が入った。時間は七時前後だったと記憶している。鳩山はまずこう切り出した。

「環境大臣に決めたから」

小沢は、周囲からは、「副長官になって、鳩山さんを支えたほうがいいよ」と言われたが、小沢には、省庁という場所でトップでやってみたいという思いがあった。

どの役所に配属されようと、やりたいと思えることは色々あった。しかし、環境や金融は特にやりたい分野でもあり、環境大臣への就任は幸運だと感じた。

二酸化炭素排出量の二五％削減は、民主党、そして鳩山にとって大きな政策の柱であり、環境は目玉とも言うべき政策分野だ。鳩山の言葉からも、その期待が伝わってくる。

「一所懸命頑張ります」

そう答えた後で、鳩山からはこんなことも言われた。

「ポストのことは、絶対に外に漏らさないでくれ。もし漏れたときは、大臣を変えるかもしれない」

確かに、ポストが事前に漏れてしまっては新鮮さを欠く。ましてや、戦後初ともいうべき圧倒的勝利で生まれた民主党政権の幕開けにはサプライズが必要だ。小沢は、鳩山に確認した。

「閣内に入れてもらえるという話は、公表してもいいんですか」

するとすんなり許可が下りた。

かつて、環境委員長を担当していた小沢は、もともと環境畑の人間ではなく、環境会計や環境ファイナンスなど経済政策畑から環境に携わる人間だった。小沢が環境委員長に就任した際は、経済界の面々が一様に安堵したという話が出るほど、バランスの取れた存在だ。

また、それゆえに排出量の二五%削減については、漏らした。

「じつは相当きついなというのが正直な感想」

とはいえ、覚悟は決まっていた。

〈温暖対策も真剣に講じなければ、まさに地球存亡の危機だ。なんとかやり遂げなければ〉

そして迎えた入閣者発表の日。

従来は、官僚が新大臣のもとに答弁用の通知書を届ける慣例がある。しかし、小沢は頼まなかった。前日に環境大臣への就任を知ってから、就任演説のための資料集めを始めた。

〈民主党政権は政治主導の政権だ。官僚のペーパーなしにやらなくては〉

環境省を訪れるまで、官僚との接触は一切なかった。そして昼過ぎに首相官邸から電話が入り、鳩山総理からの呼び出しを受けて官邸へ向かい、日中の間は環境政策をまとめることに専念した。その様子を見ていた記者に、こんな声をかけられた。

「役所のペーパーがなくて、大丈夫ですか?」

「心配か?」

そう切り替えした小沢の言葉に、記者は笑っていたという。そのやり取りは、当日のテレビでも流された。

その作業を終えたあと、環境相として一番に打ち出したのは、やはり二酸化炭素排出量の削減だった。マニフェストでも明言した二五％カットはきちんと達成しなければならない。

「そのために、地球温暖化対策税あるいは排出量取引など大きな制度改革をふくめた、あらゆる手段を投入していく。それを乗り越えることで、経済も元気になると思う」

環境を守りながら、経済も元気にしていく。その関係について、小沢は石油ショックを引き合いに出す。

石油ショックの時も経済界、産業界は大変な打撃を受けたが、危機を乗り越えることで将来の技術を含めた日本の技術力が大幅にアップし、さらには日本の成長につながった。だからこそ、経済界にこう呼びかける。

「あの時の経験があるじゃないですか。もう一回やりましょうよ」

鳩山内閣発足直後、鳩山はニューヨークで九月二十二日午前（日本時間同日夜）からはじまる国連の気候変動サミット参加に向け、政府専用機で離陸した。

機内には、環境大臣の小沢鋭仁と松野頼久官房副長官の三人がいた。

念願だった鳩山総理誕生を祝して、小沢鋭仁は大好きな地元産ワインを機内に持ち込んでいた。

ワインのコルクを抜いて三人は乾杯し、祝杯をあげた。

〈夢のようだ…〉

小沢鋭仁は、最高の気分を味わっていた。

国連気候変動サミットの開幕式では、鳩山がスピーチに立ち、その内容は世界から称賛された。

鳩山は、二〇二〇年までに一九九〇年比二五％の温室効果ガス削減の中期目標を「国際公約」として表明し、途上国の削減努力への資金援助などの支援体制も示し、「鳩山イニシアチブ」として日本の主導的役割をアピールした。

日本の環境大臣として出席していた小沢鋭仁も、誇らしかった。

〈由紀夫さん、輝いているな〉

松野も小沢鋭仁に耳打ちした。

「やっぱり、この人は舞台が大きくなれば大きくなるほど輝く人ですね」

国連大使からも感嘆された。

「あのときは、国連がジャパンデーでした」

国連での様子は、メディアを通じて日本にも伝えられていた。その様子を目にした人たちから、たくさんのメールが小沢鋭仁にも届けられた。

「テレビで見ました。本当に、日本の総理大臣を誇らしく思いました。こんなことは、はじめてです」

そういうメールが寄せられ、小沢鋭仁も嬉しかった。

ふと、鳩山由紀夫のことを思った。

〈由紀夫さんは、少しひ弱な雰囲気のあった以前とちがって、だいぶ逞しくなったな〉

国民からの高い支持を受けて、鳩山政権は順調なスタートを見せていた。

十一月には経団連の御手洗会長と公式な会合を行うが、ひと月ほど前の十月七日には、小松製作所の会長であり、経団連の坂根正弘環境安全委員長をはじめ、椋田哲史経団連常務理事、岩間芳仁経団連環境本部長が環境省を訪れ、小沢や田島一成環境副大臣、大谷信盛政務官、寺田達志地球環境局長らと非公式の会談を行った。

経団連からは、素材産業に対する二五％カットの要求は、相当厳しいという指摘もあった。

しかし、小沢は言った。

「環境という新しいファクターができたことで、たとえばコマツさんの建設機械や車は環境対策が万全ということで海外でさらに売れているじゃないですか」

それに対し、坂根は「本当にそうなんだ」と同意したが、それはあくまで商品を扱う産業であり、それ以外は大変だとこぼした。

たしかに、二酸化炭素を排出しない設備への投資をすれば、製品価格は高くなり、国際競争力は次第に衰える。そんな背景もあってか、当初、経団連は排出権取引に反対の姿勢を打ち出していた。

とはいえ、排出権取引は世界的な潮流であり、民主党もマニフェストで打ち出している。小沢鋭仁は覚悟を決めている。

〈ここは、ぼくが先陣切ってやるしかない〉

とはいえ、エネルギー効率化が進んでいる産業については、それなりの配慮があり得ると考え、厳しいギャップは掛けないなど、排出権取引にしても、温暖化対策税にしても、やりようは十分にあると小沢は考えている。環境と経済に弊害のないよう、いろいろな条件付けのなかで、経済界を納得させられる制度設計ができるのではないかと思案していた。

閣議の時、直嶋経産大臣から雑談の最中にこんな話を聞いた。

「二五％カットの目標そのものには、もう反対しない。しかし、さまざまな対応策は考えてほしいと考えているようだ」

小沢は思った。

〈二五％カットも「やむなし」という反応だな〉

また、経団連は、日本の競争力を低下させないためにも、アメリカ、中国との協働的な取り組みを前提にするよう、小沢らに何度となく求めている。しかし、小沢は年末にコペンハーゲンで行われる第十五回国連気候変動枠組み条約締約国会議（ＣＯＰ15）で、主要排出国が入る合意が作れなかったとしても、目標達成のための努力は続けていくべきだと思っている。

小沢はいう。

「人類にとって存亡の危機ですから、理想論を言わせてもらえれば、日本は率先して頑張っていくべきだと思っています」

日本だけでなく、中国やアメリカなど主要排出国が達成できなくとも、それぞれの国は削減努力をしていく。ＥＵやそれ以外のヨーロッパの国、東欧諸国の環境への取り組みのように、高い評価を得ているケースも多い。「日本だけが」というレベルの話ではない。

小沢は、資料を勉強すればするほど、じわじわ迫り来る危機に恐れを抱いている。

〈すぐに死に至る病ではないけれど、放っておけば取り返しのつかないことになる。気づいた人たちは、そうでない人たちに知らせていくべきだし、努力をしないといけない〉

鳩山が二五％削減を打ち出したからといって小沢らに驚きはない。なぜなら、民主党としてマニフェストに掲げているからだ。しかし、きちんと実行する覚悟を決め、国際的にも打ち出していく手腕は「見事」というのが素直な感想だと話す。

〈自民党には絶対にできなかった。そういう意味では、民主党政権になって一番大きく、鮮やかな変化だろう〉

先述のように、小沢は鳩山に同行して国連気候変動サミットにも出席。鳩山本人と事務方を含めて、飛行機の中で演説の推敲を重ねた。たとえば、資金提供の話。鳩山のスピーチには二つの大きな柱がある。一つは、二酸化炭素排出量の二五％削減を日本がやるという宣言をしたこと。それから途上国対策の「鳩山イニシアチブ」として、途上国の地球温暖化対策を技術、資金両面で支援する政策を出したことが一つ。その「鳩山イニシアチブ」について、小沢は「金を出すだけではなくて、金の出し方の提案をしろ」と事務方に指示をした。「革新的なメカニズム」という言葉についても、事務方から申し出があった。

「そこまで責任を持てないから、その言葉を消去してほしい」

しかし、小沢は断固主張した。

「そうじゃない。今までの日本は、ＯＤＡにも金を出してきたが、出し方や国際的なルール作りには関与してこなかった。そこをやるのが鳩山政権の新しさだ」

じつは、もう一つ、演説には書かれていないが、経済界に対する説得材料がある。それは、「クレジットとして日本の排出権を獲得できる」という話。小沢の頭の中では、日本は途上国に金を流すだけでなく、途上国の排出権を獲得できるという筋書きが出来上がっている。

〈資金援助をするだけではない、日本にもメリットがある。必ずクレジットで返ってくるんだ〉

また、排出量の場合、規制を嫌って「日本を離れ、海外に出る」と明言する企業もある。特に鉄鋼関係がそうだ。海外に出たほうが人件費も、環境のコストも下がるからだ。しかし、小沢は言う。

「国際的な問題で日本がこれだけリーダーシップを発揮して議論を引っ張って、各国から評価を得たのはかつてなかったこと。絵に描いた餅ではなく、相手がのってこなくても、リーダーシップを発揮していく。そうしないと、本当に地球がダメになる」

クリーンエネルギーにも大きな可能性がある。ドイツは再生可能エネルギーなど石油以外の分野において、ここ八年で大きくエネルギー生産量が伸びた。株価総額でいえばトヨタが世界で最高だが、環境的な取り組みから、世界のトップテンに入るような企業も数多く出ている。

〈日本も環境に本気で取り組めばそうなる。環境というファクターは、経済の阻害要因ではなく、むしろ促進要因だ。企業や研究者の背中を、一番最初に押してあげることが必要なんだ〉

歯がゆく思うことがないわけではない。周囲から激励され、NGOからは「ぜひ環境省が中心になって」と言われるが、縦割り行政の弊害ともいえる役所の慣例はそう変わらない。環境省の予算は、およそ二千二百億円。八ツ場ダムが四千~五千億であることを考えると、ダム一つ作れない。人員にしても、アメリカの環境省は約二万人のスタッフを抱えるが、日本は千人ほど。霞ヶ関のビルにしても一階から二十二階までが厚労省で、二十二階からわずか五フロアが環境省という現状を前に、小沢は改めて気を引き締めている。

五十嵐文彦衆議院議員は、弟分である小沢鋭仁の活躍ぶりに満足していた。

〈鳩山総理が国際政治の場であれだけ拍手喝采を浴びたのは、小沢鋭仁の政治的直感があればこそだ〉

小沢鋭仁環境大臣は、環境税の早期提出を閣内で強力に求め続けた。最終的に税の創設にまでは至らなかったものの、小沢環境相が環境問題に関してかなり強いリーダーシップを発揮したことは間違いなかった。

「鳩山イニシアチブ」

鳩山政権を振り返ってみれば、政治とカネの問題と普天間問題以外については、すべて鳩山カラーを発揮できたと小沢は評価している。

特に、小沢が大臣として担当する環境分野については大きな変化を生み出すことに成功した。自民党政権では出来なかった政策を打ち出すことができたのである。

先述したように鳩山総理は平成二十一年九月二十一日夜（日本時間・二十二日午前）、就任後初の外国訪問先となるアメリカ・ニューヨークに到着、二十二日の国連の気候変動サミットの開会式で演説した。

将来の地球温暖化対策の焦点である先進国の途上国支援策を「鳩山イニシアチブ」と名付けて世界に発信した。米中などの削減努力を前提に「九〇年比で二五％」という平成三十二年までの日本の温室効果ガスの削減目標を国際的に公約し、排出量取引導入を明言するなど国内対策を加速する姿勢を示したのである。

自民党の麻生前政権が六月に発表した「二〇〇五年比一五％削減」（九〇年比八％削減）を上回る削減幅が新たな政府目標となった。

この二五％という高い目標の設定は、新政権の地球温暖化対策を世界に発信するうえで大きなインパクトとなった。

しかし、小沢らにとっては、長年、民主党の温暖化対策本部の中で議論を重ねてきたテーマであり、特に小沢は副本部長として携わってきたこともあるため、唐突な数字ではなかった。が、世間的にはかなり唐突に見えたことは確かだった。

この高き目標を掲げることができたのは、鳩山内閣だからである。具体的な政策をあげれば、排出量取引法、地球温暖化対策税、再生可能エネルギーの買取制度がある。この三つの柱は、自公政権では一切考えられない骨太の政策だった。

しかし、小沢が練り上げた温暖化対策基本法は、いったん廃案となってしまう。

それでも、小沢はあきらめていない。再度、法案を提出し、成立させようと動いている。その可能性はもちろんある。むしろ、やらなければならないという覚悟である。

法案が成立すれば、具体的な話をスタートすることができる。いわゆる炭素、CO_2に値段がつくという話がはじまることになる。これがスタートしたならば、経済界も国民も従来とは決定的に環境に対する意識が違ってくる。CO_2を排出すればするほど、金を支払わなければならない世界が始まるからだ。

経済効果が圧倒的に期待できる。そのいっぽうで、CO_2排出抑制効果も見込まれる。技術革新も進む。まさに世界的なグリーンイノベーションが誕生するのである。

日本経団連の米倉弘昌会長（住友化学）は、鳩山が提案した二〇二五年までの温室効果ガス削減目標について、「二五％という高い目標が、どういう結果を生むのか懸念される」とし、温暖化対策法案についても「慎重な検討が必要」と負担増に懸念を示した。

そのいっぽうで、「環境をはじめ日本の強みを発揮できる分野での技術開発・イノベーションに一層の磨きをかける」と、環境ビジネスの成長に期待を表明する面も見せた。

小沢は、高い目標が設定されれば厳しくなる鉄、電力、セメント、化学などといった一部の業界が反対しているものの、それ以外の業界の四分の三は賛成していると見ている。むしろ歓迎さえしていると感じるくらいだ。

日本経団連副会長の坂根正弘コマツ会長が小沢に話しているからだ。

「コマツのフォークリフトが中国で売れて、売れて、しょうがないんですよ」

ハイブリッドのフォークリフトが求められているからである。

トヨタも、ハイブリッド車は売れている。

じつは、経済界は環境分野に期待しているのである。

経済の世界では、買う側のユーザーが必要だと感じる商品が売れる。では、なぜユーザーが必要だと感じるか。そこには、ユーザーが求める価値があるからだ。

温暖化対策法案が通れば、CO_2を排出しないという新しい価値が誕生する。そうなれば、CO_2を排出しない商品が必要になってくる。社会全体がそう変わろうとしている。これこそがニーズであり、付加価値なのだ。

今、小沢は政治の世界において、CO_2を排出しないということが必要だというコンセンサスを日本の中で得る動きをしている。これが、世界にも広がれば市場はどんどん広がり、物は売れ、技術革新は進むということに繋がることになる

菅直人政権に代わってからも、鳩山が目標に掲げた二五％という高い目標数値は継承された。むしろ、鳩山以上に産業政策としての環境問題に熱を上げているくらいだ。

平成二十二年六月八日、菅内閣が発足し、閣僚の呼び込みが行われた。

環境大臣を再任することになった小沢は、菅から言われた。

「環境と経済の関係では、環境こそが成長のエンジンなんだ。産業政策として環境問題に取り組んで欲しい。産業政策といえば所管は経済産業省になってしまうが、それは違う。小沢大臣のところは環境を所管するんだから、環境に絡む全部のことをやるくらいの気持ちでやってくれ」

これを聞いていた仙谷由人官房長官が、口を挟んだ。

「まあ、そういうことを言うと環境省は小さな役所だから、経済産業省から虐められるんだよな」

それを聞いた菅は、小沢に向かって言った。

「いや、だから、経済産業省がやるのは当然なんだ。だけど、経済産業省はいろいろあるから、環境が薄まっ

てしまうんだ。小沢大臣が、全部の環境産業をやるくらいの気持ちでやってくれ」

小沢は、菅の環境問題に対する熱意を感じていた。

それに加え、もう一つの注文があった。

「国民の目に見える形で、産業政策としての環境政策をやってほしい。モデル都市なり特区なり、そういった形で国民に向けて、こうやったらこうなるんだと見えるやつを見せてほしい」

十分ほどの会談の中で、この二つの注文を受けた。

小沢は平成二十三年度予算要求に、菅からリクエストされた目に見える形の環境政策を盛り込もうとしている。

イメージは島である。島ならばすべてを完結することができる。

風力発電もあれば、バイオマス燃料をはじめとした再生可能エネルギーで、環境に配慮した電力供給がアピールできる。

そのほかにも、環境金融プロジェクトがある。

温室効果ガス二五%削減の実現に向けて、千四百兆円を超える個人金融資産の環境分野への投資を考案している。日本では環境ファンドが異常なまでに少ないのが現状である。それに比べ、アメリカでは環境関連の企業を集めたファンドがかなり存在している。この点に注目し、小沢は環境ファンドを創設したいと考えている。

具体的には、投資信託だ。まずは、環境関連の投資信託を創設し、国民へ投資を呼びかける。そこで集めた資金を低廉融資に活用するシステムである。

また、家庭や企業が低炭素機器を導入するための資金のファイナンスである。たとえば、小沢はチャレンジ25という国民運動の一環として、太陽光パネルの設置やエコカーの購入を叫んでいる。しかし、そのための初期費用には数百万円という資金が必要となってくる。そこで、それらすべてにリースを活用できればと考えている。

小沢鋭仁試案の地球温暖化対策に係る中長期ロードマップによれば、二〇二〇年までに二五％を削減するためには、新築住宅の五世帯に一世帯、最大一千万台の太陽光パネル付き高断熱住宅が必要となる。

日本は、太陽光パネルの生産量はかつて一位だった。しかし、今はその地位から下落してしまっている。

経済産業省からは、反発もある。

「そんなに屋根がいっぱいあるのか」

屋根がなくても壁がある。技術は進歩し、壁用の太陽光パネルも開発されている。

次世代自動車の普及は二台に一台が必要となる。

ここでも経済産業省は、諦めムードだ。

「次世代自動車の新車がそれほど売れるのか。そんなの、ほとんど無理だ」

そんな声を聞けば聞くほど、小沢は思うのだ。

〈あと十年ならば、もっと買うはずだ。二台に一台だって低い。もっと高い率にしたっていいくらいだ〉

日本全体の環境に対する意識は、必ず変わってくるはずだからである。

小沢は、いつも言っている。

「選挙戦では、自分たちで戦い、票をとっていく。このときに、たとえば家を高台から眺めてみる。見えている家、一軒一軒、一票一票を変えていくということは、大変だなと思ってしまう。そういう風に考えれば、それは大変なことになる。だが、ムードさえ変われば、人はドミノ倒しのように、あっという間にタッタッタッタ……と変わってくれるものだ。だから、一つずつを変えようという話で考えるのではなく、ムードを変えて、一気に変えることをすればいいんだ」

近い過去の話で考えれば、それはパソコンの普及の速度である。十年前には、一人一台のパソコンを持つ時代が来るなんて想像もできなかった。それが、あっという間に当たり前の時代に変わってしまったのである。

そんな事実を考えれば、小沢が国民に向かって、温室効果ガス二五％削減の必要性をしっかりと伝えられるかどうかに、今後の命運がかかっているともいえる。

じつは、小沢が地球温暖化基本法を作成し、閣議了解を得るために話した時、鳩山は小沢に言った。

「きみな、地球防衛隊の一員だと思って頑張ろう。できるとかできないとかじゃなくて、地球を救わなきゃならない。地球防衛隊の一員だと思って、徹底的にやれ」

この言葉は鳩山の宇宙人らしさを見せていた。

小沢は、覚悟を決めた。

〈まずは、この地球を守るためにやるんだ。同時に、それは経済効果にもきわめて有効なんだ〉

この覚悟のもと、小沢は地球温暖化基本法を一生懸命練り上げたのである。

この温室効果ガス二五％削減を盛り込んだ基本法を作り上げる原動力となった鳩山の熱意のほかにも、小沢は、鳩山政権には数多くの評価すべきところがあると見ている。

その一つは、予算編成に切り込み、事業仕分けを含め大きくメスを入れたことがあげられる。まずは、一つひとつの事業に切り込み、今度は機関を洗い出し、最後は特会に踏み込んだ。このことは大きかった。そのほかにも、子ども手当てや地方分権・地域主権改革にも着手した。こうやって振り返ってみれば、政治とカネ、そして普天間基地問題以外の政策面では、国民から大きな評価を得られた鳩山政権だったと思うのだ。

〈志と意欲が極めて高くて、経験不足で若干未熟だった〉

これが鳩山内閣を言い表す小沢の言葉である。

〈次々といろいろな構想、アイデア、プランを出してきた。ただ、同時に、それを仕上げていけなかった。まさに普天間というのは、その最も典型的な例だった。だが、環境政策はかなり現実的にやってきた。もうすこし時間があれば、時間さえあれば、この国会で一つの完結した姿を見せられただろう〉

そんなことを小沢は、鳩山政権を振り返るときに思うのだった。

「鳩山政権の挫折」

鳩山政権は、沖縄県宜野湾市にある米軍普天間飛行場の移設問題で追い込まれていった。

小沢鋭仁環境大臣は、閣僚の一員ではあっても、担当が違うことで、この問題の中に入ることはできなかった。すべては、平野博文官房長官の手の中に握られていた。

あまりの迷走ぶりに危機感を覚えた小沢は、鳩山に助言することもあった。

特に、平成二十二年二月以降の小沢は環境大臣として官邸に乗り込んでは、鳩山に促すようになっていた。

そのため、小沢はたった一人で鳩山のもとを訪ねた。環境省の役人を同行させてしまえば、本当に話したいことが話せないからである。

小沢一人で環境省関連の説明をする。その説明はコンパクトに取りまとめ、五分ほどで終了する。それから の二十分から二十五分という小沢に与えられた時間の中で、普天間問題の話に没頭することになった。

小沢は、鳩山に忠告した。

「とにかく、チームでやってください。システマティックに仕事をしてください。そうしなければ、こんな大変な問題はとてもやれませんよ」

小沢は、平野官房長官だけに任せていては解決できないということを、遠まわしに伝えた。

「チームの中には、当然、外務省も防衛省も入れなければなりません。そうじゃないと駄目ですよ」

そう忠告するのだが、鳩山には最後までそれが出来なかった。

なぜなら、外務省も防衛省も、最初から「辺野古しかない」とかたくなな態度をとり、それを崩そうとしなかったからである。

小沢には、鳩山の考えも理解できた。

〈総理としては、外務省と防衛庁を入れてしまえば、結局、辺野古に決まってしまうからなのだろうな〉

それでも、小沢は鳩山を問いただした。

「鳩山さんは、日本の総理なんです。沖縄県民の負担を減らしたいという鳩山さんの思いは、決して間違ってはいないんです。そのために『知恵を出してくれ』ということにすればいいじゃないですか！」

が、鳩山は言った。

「そうはいっても、完全に彼らは聞いてくれないんだ。もう何べんもやってきた。そのうえで、もうここしかないといって決めたことなのだと言って…」

そんな官邸内の様子を、小沢にはうかがい知ることは出来なかった。そのため、鳩山の葛藤についても、何もいえる立場になかった。

しかし、政府の頂点に立つ総理が全体のコミュニケーションを取れずにいたことは事実だった。官邸の内部の人間ですら、普天間問題についての情報を得ることができない状態が続くいっぽうで、情報を知りうる人たちの中では、官邸の内部に詰まりきってしまった情報のせいで、まるで脳梗塞のような状態に陥っていたのである。それは、直接的にいえば、普天間問題を担当している平野官房長官が招いてしまった事態であるが、総合的に見れば、最後はすべて総理の問題でもあった。

鳩山は、平成二十一年八月の衆議院選挙に向け、七月十九日に那覇市で開催された集会の場で、普天間の米軍基地の移設先を宣言した。

「最低でも県外」

その後、政権交代が実現し、鳩山内閣が誕生したが、九月十七日に防衛大臣の北澤俊美が県外移設は難しいと発表する。

また、外務大臣の岡田克也も当初は県外移設を模索していた。が、アメリカ側との交渉を重ねるにつれ、次第に海外移設が困難であるとの意見に傾き、十月二十三日には、「事実上、県外というのは選択肢として考えられない状況である」と言明する。

こうして外務・防衛両省は年内決着を図ることとし、アメリカ側と接触を続けた。

いっぽう、国政与党でも社民・国民新両党は県内移設案に対する否定的方針を明らかにし、県内移設の際には連立離脱をほのめかすとともに、独自に海外移設を模索し始めていた。

そんな中、鳩山は県外への移設を目指すとしながらも、「辺野古（案）も生きている」と、県内移設の可能性を排除しなかった。

日米首脳会談が、十一月十三日に行われた。

鳩山は、オバマ大統領に対し語った。

「Ｔｒｕｓｔ　ｍｅ（わたしを信じて）」

移設問題の解決を約束し、ハイレベル（閣僚級）のワーキンググループ設置を提案した。

しかし、翌日の十四日、オバマ大統領が「（ワーキンググループは）日米合意を履行するためのもの」とする会見を行ったところ、鳩山ははねつけた。

「日米合意が前提なら、ワーキンググループを作る必要がない」

日米合意に拘束されないと発言したのである。

その後、ワーキンググループ会合が十二月に開催された。社民党・国民新党の反発を恐れた鳩山側が翌年六月の参院選後の解決を伝達し、具体的な移設先の交渉が行われることはなかった。

沖縄県宜野湾市にある米軍普天間飛行場の移設先として検討しているキャンプ・シュワブ（同県名護市など）陸上案も取り上げられた。が、米軍の反対だけでなく、住宅地に極めて近く、騒音や安全の問題があるため、防衛省や県から強い異論が出た。また、大規模な土木工事に加えて環境影響評価（アセスメント）の期間も必要となるため、現在の日米合意の移設期限である平成二十六年を超えてしまうことも懸念された。

アメリカ側は、基地の移設の位置を含め、現行アセスメントの手続きを遅らせないことを要求する立場だった。

そして、何よりも沖縄県の仲井真弘多知事の反対が大きかった。

「難しい。民家に近づくし、陸上生物もいる。騒音から何から大変だ」

平成二十二年三月十日、仲井真知事は上京し、首相官邸で平野博文官房長官と会談。その場で、陸上案について、はっきりと反対する考えを伝えた。

「危険性などを考え沖合に出すという話だったのに、陸上案ではそれが逆の方向で理解が不能だ」

仲井真は、平野にたずねた。

「沖縄県民の県外移設への期待は非常に強い。県内移設はいずれも厳しい。そこら辺をきちんと斟酌（しんしゃく）してほしい。ちゃんと検討して頂いているのか」

これに、平野は応じた。

「むろん、県外も検討している」

仲井真は、沖縄の頭越しに日米間で移設先の交渉が進むことを警戒し、求めた。

「地元で利害が絡むものは、前もって相談をかけてもらいたい」

これにも、平野は答えた。

「むろん、頭越しではなくお伝えします」

結局、陸上案は消えることになる。

小沢には、陸上案に反対する仲井真には、仲井真自身の考えがあるのだろうと思えた。

埋め立てにすれば、新たに国の費用で造成した土地を、今度は沖縄県が国に貸すことになる。そうなれば、毎年土地代が沖縄に入ってくることになる。ただの工事費ばかりではなく賃貸料を得ることができる。沖縄にとってのメリットになることが明白だった。

そもそも、鳩山にとって米軍普天間飛行場移設問題のスタートは、「沖縄の負担軽減」と「普天間の危険性除去と安全性の確保」という視点からのものだった。その後、移設先が辺野古の海上に決定してからは、「環境への配慮」が加わり、鳩山はこの三つの条件を満たす状況を模索した。

鳩山は移設先について、述べていた。

「環境面に徹底的に配慮する新しい形を作り上げたい」

その結果、乱開発などで海に流れ込んだ土砂によるヘドロを使う「環境配慮型埋め立て」工法を念頭におくことが、政府の方針として決められた。そして、この工法が、どれだけリアリティを持つものであるのかについて、環境大臣の小沢は防衛省と詰める作業に入ることになった。

小沢は、工法の決定権者ではない。あくまでも、環境アセスメントを行う立場から意見を言うまでである。

環境大臣として小沢は考えていた。

基本的に開発案件というものは、自然を違う形にしていくという意味からすれば、破壊といえば破壊に当たる。だから、そこで大事なことは、その利便性や環境問題のバランスをどうとっていくかということになってくる。普天間問題をはじめとする、いわゆる安全保障の問題は利便性とは違ってくるが、安全保障におけるその重要性と環境の問題をどう両立させていくかということが重要になってくる。

そこで、とにかく、環境を一粒たりとも破壊してはいけないという話になってしまえば、いわゆる原始的な生活をしなければいけなくなってしまうことになる。だが、それは不可能である。そこはあくまでもバランスの問題だろうと思うのだった。

〈そのための環境アセスメントをやっていくことが、環境大臣としての立場からも大事だ〉

小沢はそう考えていた。

環境面からすれば、小沢が提案するヘドロを利用した埋め立ての方が、くい打ち桟橋方式より周辺環境への影響を最小限にとどめることが可能となる。くい打ち桟橋方式では、海砂などを使うことを想定し、海の環境への悪影響が指摘されている。それに対し、小沢は、工事で海に流れ込んだ赤土などがもとになったヘドロを掘り返して使う構想を訴えてきた。これにより、周辺の海洋環境を再生するほか、埋め立て地内に水路を造り、サンゴ礁や藻場の定着などを促進し、新たな生態系作りも視野に入れることができるようになる。

断続的に開かれている日米の外務・防衛の実務者協議でも、アメリカ側は桟橋方式について、新たな環境アセスメントが必要となる可能性があり、移設が現行案より大幅に遅れることが懸念されることや、構造上の弱点などから難色を示していた。

だが、小沢が提案するヘドロを使った埋め立て方式ならば、環境アセスメントが必要となったとしても今までやってきたアセスメントを利用することができる。そのため、通常のゼロからはじめる話とは違ってくる。圧縮してやれるということは好ましいと小沢は判断していた。

普天間問題で迷走する鳩山は、とうとう五月末に期限を切った。そして、このことが自らの辞任を導いてしまうことになる。

平成二十一年十一月三十日朝、鳩山は官邸で記者団に語った。

「時間的にあまり延ばさない方がいいという認識を政府は共有している。普天間飛行場の問題を延ばし続けると何が起きるか分からない。県民の負担軽減への思いをどこまでしっかりと受け止められるかが勝負だ」

年内決着も視野に早期解決を目指す考えを示した。

日米両政府は平成十八年、米軍キャンプ・シュワブ沿岸部（名護市辺野古）にV字形の二本の滑走路を持つ代替施設を建設することで合意。沖縄の仲井真知事は、滑走路を現行計画より沖合に移動させ、危険性を除去することを条件に容認する考えを示してきた。

政府が、普天間飛行場移設問題の年内決着に舵を切ったのは、平成二十二年度の予算編成が十二月末に迫っていることに加え、先送りすれば普天間移設を含む在日米軍再編そのものが頓挫しかねないとの判断からだとされた。

鳩山が年内決着を目指すと発言したとされる報道がされる約二週間前の十一月十三日、鳩山とオバマ大統領の日米首脳会談が行われていた。その席で、オバマは鳩山に対して、米軍普天間飛行場の移設問題の早期決着を大変強く迫っていたと報道された。

が、そこに同席していた小沢鋭仁環境大臣には、オバマ大統領が強く迫ることはなく、できるだけ早く普天間の問題が解決することは、日米関係にとって望ましいことだというニュアンスでの話しだったと受け止めていた。

特に、アメリカ側が期限を切ったわけでもなく、鳩山も期限を明言していない。にもかかわらず、マスコミは鳩山の発言から、一様に「年内決着」という言い方をするようになっていた。鳩山が「年内」と断言したわけではなかったのである。

年内決着が一人歩きする中、十二月三日夜、鳩山が発言する。

「年内に決めないといけないという議論をしているわけではない。ただ、普天間のことを考えれば、結論は急がないといけない」

今度は、この発言が年内の決着を断念したと報道された。

その後も、平成二十二年に入り、三月中に政府案をひとつにまとめるとしてきた普天間飛行場の移設先について、修正発言する。

「今月中でなければならないと、法的に決まっているわけじゃない」

　鳩山は、平成二十二年度予算が成立した後の四月以降で参議院選挙の前、そして、日米首脳会談を検討している五月ごろまでを念頭に結論を出したいとの判断だった。

　四月十二日夜（日本時間十三日午前）、ワシントンで行われたオバマ大統領とのトップ会談で、鳩山首相は難航する米軍普天間飛行場の移設問題の打開を試みた。

「日米同盟が大変大事という中で、普天間の移設問題に努力している最中です。五月末までに決着したい。大統領にも協力をお願いしたい」

　鳩山はオバマに身を寄せて、頼み込んだ。

　こうして、鳩山は五月末までにこの問題を決着しなければ、政治責任を厳しく問われる道を歩むことになっていく。

　小沢鋭仁環境大臣は、鳩山が期限を区切る発言をしたことを懸念していた。

　だが、鳩山が発言してしまった後では、どうすることもできなかった。小沢自身、閣僚の一員でありながら、普天間問題の件では当事者でなかったことから、なかなか様子をうかがうことができなかった。

　また、小沢も環境大臣として、平成二十一年十二月十二日から、第十五回国連気候変動枠組み条約締約国会議（ＣＯＰ15）に出席するため、開催地のデンマーク・コペンハーゲンに入り、二週間ほど滞在していた。最初に期限が切られた十二月に、小沢が鳩山の傍でアドバイスできなかったことは大きかった。

　結局、鳩山は退陣することになる。

小沢は、鳩山が辞任を表明する約二週間前の毎日新聞平成二十年五月十五日東京朝刊で、岩見隆夫毎日新聞客員編集委員が書いたコラムを思い出していた。

「佐藤栄作に学ぶべきだ」と題したコラムには、昭和三十九年十一月に政権発足した当初から佐藤は沖縄返還を中心課題に据えるいっぽう、政界は「まるで焼身自殺だ」と危ぶむほど実現できない目標だとみていた。が、それにもかかわらず、最終的に佐藤は沖縄返還を実現させたことを例にあげ、鳩山に佐藤栄作の手法に学ぶことをすすめたいとする内容が書かれていた。

小沢も、鳩山が佐藤と同じように、沖縄の軽減除去をテーマとしてずっと持ち続ければよかったと思っていた。

〈別に、期限なんか区切らなくてもよかった。なぜ、年内でなければならなかったのか…。新しい政権が日本にできたんだ。その政権は、まさに沖縄の負担軽減を選挙で公約して、誕生することができた政権なんだ。ならば、アメリカに対して、「おかしいじゃないか」と主張するべきだった。そこだけは頑張るべきだった〉

普天間の危険除去が最大のテーマだった。小沢が軍事専門家から話を聞いた限りでは、一時的に普天間の危機の分散、除去という話も十分ありうるとのことだった。ならば、まずは普天間の危機分散の話だけを詰め、次にどこに移転するべきかという場所に関しては、もう少し時間をかけるべきだったと後悔する思いがあった。

その後、鳩山は平成二十二年六月十一日、テレビ朝日のＢＳ番組収録で、辞任の要因となった米軍普天間飛行場移設問題についてコメントした。

「今考えれば、半年は短かった」

決着期限を五月末としたことについて、後悔まじりで振り返った。

「どこまで延ばせるか考えた。沖縄も米国も一年（待つの）は無理だから、その半分で五月末と言った」

菅直人新内閣でも環境大臣に再任された小沢鋭仁は、この鳩山の発言について思った。

〈期限は区切るべきではなかった…〉

だが、それを小沢が止めることはできなかった。鳩山は思い切った発言を、ばっさりと言う性格だ。それは、鳩山の理想論でもあり、鳩山は総理大臣として自ら描いた理想に向け、いかに現実的に対応していくかということを模索し、ずっと取り組んでやってきた。数多くの案件について実現までの道筋を作ってきたが、こと普天間だけは鳩山の理想を実現することができなかった。

鳩山の一番の側近である小沢は、普天間だけはまったく最後まで手を出せなかった。ただ、辺野古と決まってからは、環境大臣の視点から、環境に配慮した基地の実現に向けてサポートにはあたってきた。

鳩山の辞任は、小沢にとっても衝撃的だった。

〈鳩山さんが決定的に失敗だったのは、五月末と期限を切ったことと、県外へ移設すると断言したことだろう〉

そう小沢は思いながら、県外移設を辺野古と判断したことに関しては、ぶれたと批判されても仕方がないと感じていた。

小沢自身、鳩山が県外移設と発言した経緯がわからなかった。平成二十一年の衆議院選挙時に「少なくとも県外」と述べた。このときは、鳩山と小沢との間で、まったく相談がされていない状態だった。小沢も、確かに県外が望ましいと思った。が、そのいっぽうで、それで本当に大丈夫かどうかという点について、自分で判断する材料は何もなかった。

それでも、民主党の代表が発言した言葉の重みは大きかった。

にもかかわらず、鳩山は平成二十二年五月六日朝、自身の発言について反論してしまった。

「努力をしたいという思いで今日まで行動してきた。場当たりな発言は一切していない。『沖縄の負担軽減のための米軍再編見直しを行いたい』というのが公約だ」

鳩山は、県内移設は公約違反ではないとの考えを重ねて強調した。

それに加え、二日前の五月四日、米軍キャンプ・シュワブを視察に訪れた鳩山の発言も大きかった。

「昨年の衆院選当時は、海兵隊が抑止力として沖縄に存在しなければならないとは思っていなかった。学べば学ぶほど（海兵隊の各部隊が）連携し抑止力を維持していることが分かった」

この発言を知った小沢は、落胆していた。

〈ああいうところは、無防備なんだな…〉

だが、それは鳩山の人の良さの表れであることも小沢は理解していた。だからこそ、小沢は鳩山の辞任を嘆いた。

〈あれだけ、理想主義で純粋な政治家を首相の座から降ろすなんて…。もったいない…〉

小沢は、小沢一郎が民主党代表、鳩山が幹事長という時代に、鳩山は政治家としてかなり鍛えられたと見ていた。

〈鳩山さんは、すごく言葉遣いも慎重な言い方になったし、顔つきもしまった顔になった〉

だからこそ、正直、鳩山には相当な期待をしていた。

鳩山が総理の座に就き、いっぽうの小沢一郎が民主党の側に座ったことで、鳩山と小沢一郎の間に距離感が生まれてしまった。これが、大きく鳩山の明暗に影響したともいえる。

特に、米軍普天間飛行場のヘリ部隊の移設先として政府が検討した鹿児島県・徳之島問題に対する平野博文官房長官の対応には、疑問ばかりが残った。

政治というものは、最後は本音で決まるといわれているが、安全保障の問題は建前で決まる話でもあった。いわゆる、政治の世界における本音といえば、損得になる。しかし、外交安全保障に関する場合、特に沖縄の場合には特殊な歴史が背景にあることから、そこには損得を超えた論理が存在するのである。それがわかっていなければ、話はできない。

徳之島の三町長はそろって反対した。そのうえ、一万五千人規模の集会が開かれた。そうなっては、そこでアウトになってしまう。

もし、平野官房長官が本気で徳之島を考えていたのであるならば、徳之島案が浮上するその前に決めなければ政治は動かない。

「わたしがクビをかけて決着させます」

平野はそう言い放ち、普天間問題をひとりで抱え込んでいた。

鳩山の真意は「極力県外」で一貫していた。ところが、平野官房長官は米海兵隊と水面下で接触し、早い段階から「県内移設しかない」と決め込んでいた。

本来なら鳩山の意思を尊重し、徳之島などに根回ししなければならない。だが、折衝に乗り出すこともなく時間だけが過ぎていった。

三月末、三町長が上京し、地元の考えを丁寧に説明した。にもかかわらず、平野官房長官は平然と言ったという。

「徳之島の『と』の字も言ったことはない」

沖縄県知事が三月上旬に上京し、面会を求めた時も会おうとしなかった。

さすがに民主党沖縄県連代表の喜納昌吉参院議員が、鳩山に直談判した。

「鳩山さん、ハッキリ言いますよ。平野官房長官を切って内閣改造すべきだ」

そういって、後任に菅直人の名前を挙げていた。

これでは、鳩山がだれの話を聞いていいのか、わからなくなっても仕方がない。いつしか、鳩山が疑心暗鬼になっていたのも理解できることだった。

鳩山という人間は、人を怒鳴ったり、批判したりということを一切しない人間である。ただ、語調が強くなることはある。そのときは、鳩山が怒っているときだということを、小沢は知っていた。

だから、平野官房長官の発言に対し、「それは、わたしは聞いてません」と否定したときの鳩山は怒っている証でもあると思った。

四月ころから鳩山は、小沢や松野頼久内閣官房副長官に心情を話すようになっていた。

「党のために、どういうやり方がベストなのか、なんだよな」

　この言葉を聞いた小沢は、思った。

〈鳩山さんは、辞めることも含めて考えているな〉

　いっぽうの松野は、そんな鳩山をずっと励ましていた。

「辞めちゃ駄目ですよ」

　が、小沢は違った。

〈もう、総理の決断をそのまま受け入れよう。総理が決断したときに、わたしは総理を励ましてやろう〉

　鳩山がどれだけきつい思いをし、どれだけ辛いかということが、小沢には伝わっていたからだ。そして、鳩山の性格もわかっていたつもりだった。

　だから、国民が辞めろというのならそうするだろうと思っていた。

〈鳩山さんは、自分が総理の座に居座ることで、仲間がバタバタ倒れていく姿を見たくないんだな。鳩山さんの性格として、それを良しとすることができないのだろう〉

　平成二十二年四月三日の夜だった。

　この日、鳩山は日帰りで近畿地方を訪問していた。

　各所をまわった後、帰りの新幹線の乗車時刻まで約三時間しかなかったにもかかわらず、鳩山はわざわざ京都まで足を運んだ。訪れたのは、南禅寺や銀閣寺から徒歩十分あまりの距離にある京セラのゲストハウス「和輪庵」だった。

ここで、京セラの稲盛和夫名誉会長や小沢一郎幹事長らと夕食を囲んだ。

新聞報道によると、その席上、普天間問題などについて弱音を吐き始めた鳩山が、ふと、こう言ったという。

「五月にけじめをつけて、新しい首相の下で参院選に臨んだ方がいいかもしれませんね」

あわてたのは、小沢と稲盛だった。

「弱気になったらいけない」

それまで冷静だった小沢は顔色を変え、懸命に慰留に努めた。二人の必死の説得の末、鳩山はようやく落ち着きを取り戻していたといわれている。

「鳩山政権退陣、菅政権誕生」

鳩山由紀夫首相は、平成二十二年六月二日、午前十時から開かれた民主党の緊急両院議員総会で退陣を表明した。

その日の朝、鳩山政権の閣僚の一人が語っていた。

「鳩山首相が辞めると聞いている」

鳩山の一番の側近といわれる小沢鋭仁環境大臣は、前日の六月一日、まわりからの情報で感づいていた。

〈鳩山さんは、辞任するつもりではないか?〉

そこで、小沢鋭仁は、平野博文官房長官に聞いてみた。

「あなた、鳩山総理が辞任するってなっているけど、どうなっているの？」

平野は答えた。

「いや、鳩山さんが辞めるという話はありませんわ」

それでも、もう一度、小沢鋭仁は、平野に確かめてみた。

「全部の新聞が、辞任要求とかそんな話ばっかりを書いているじゃない」

が、平野はとぼけた。

「そうやな、そうやな」

そんな態度の平野を見て、小沢鋭仁は思った。

〈もう、この人と話をしても話しにならない。鳩山、平野の二人の関係は、正直わからないところもある。大丈夫だろうか…〉

六月二日午前、緊急の民主党両院議員総会が国会内で開かれた。

鳩山は、沖縄県の米軍普天間飛行場移設問題をめぐる迷走で社民党の連立政権離脱を招いたことや、自らの資金管理団体をめぐる「政治とカネ」の問題の責任を取り、退陣する意向を表明し、こう言った。

「小沢一郎幹事長にも政治資金規正法の問題がある。わたしもひくから、幹事長もひいていただきたいと申し上げた。小沢幹事長も『わかった』と」

小沢幹事長もいっしょに辞任することになった。

この話には、鳩山が小沢を道連れにした、いや、小沢が鳩山を道連れにしたと二つの仮説がある。真相はまだ明らかにされていない。

しかし、小沢鋭仁環境大臣は、鳩山が小沢の方に「いっしょに辞めてください」と申し出たと信じている。

鳩山の退陣表明を聞いた小沢鋭仁は、記者団に言った。

「寂しいね」

今後の対応について聞かれても、こう答えるしかなかった。

「そこまで頭が回らない」

国会を出た小沢は、さっそく官邸にいる松野頼久官房副長官に電話を入れた。

「お越しになりませんか」

松野が、そう誘った。

「じゃあ、行きましょうか」

そう言って小沢鋭仁は、官邸に戻った鳩山を追いかけ、誰よりも先に官邸に入った。

小沢鋭仁と松野は、最初二人だけで鳩山と面会するつもりでいた。が、平野博文官房長官と松井孝治内閣官房副長官も同席することになった。

小沢鋭仁は、鳩山を労った。

「お疲れ様でございました」

その後、たわいもない会話のやり取りがあった。

松野が言った。

「総理、ベストスピーチでした」

これに、鳩山が反応した。

「今までが悪かったということですか?」

「いや、ベストというのは常に更新されるんです」

突然、鳩山がまじめに語りだした。

「ぼくの思いを引き継いでくれるといいんだがなあ」

この言葉に、小沢は応えた。

「それは、我々も努力します。総理が思って言われた言葉は、きっと引き継がれると思いますよ」

小沢も、鳩山のスピーチはベストスピーチだと思った。そこには、鳩山の新しい政治にかける思いが漲っていた。と、同時に、「国民のみなさんにそれが伝わらなくなっていった」という言葉の中に、鳩山のもどかしさが強く感じられた。

さすがに、最後のスピーチをする鳩山の姿から、小沢には、寂しさがしみじみと伝わってきていた。

その後、官邸を出る松野頼久官房副長官は、肩を落としていた。

「去るものは、静かに去ります」

小沢鋭仁は、鳩山が辞意を表明した日、臨時閣議後の記者会見に立った。

記者から、鳩山の辞任について問われて、こう答えた。

「首相の決断を、尊重したい」

辞任を決断した背景についても述べた。

「首相の中には、仲間を討ち死にさせてはいけない、という思いが強かったのだろう」

苦戦が伝えられる参院選情勢が影響したとの見方を示した。具体的に、鳩山は、直接そうは言わなかったが、小沢にはそれがよく分かった。

〈鳩山さんらしい思いがとても強かったんだな〉

小沢は鳩山の辞任を聞いて、自分の力不足を痛感していた。

〈鳩山さんを守りきれなかった…。残念だ…〉

と、同時に約一年前から今日までのことを思い出していた。鳩山の資金管理団体「友愛政経懇話会」の政治資金収支報告書虚偽記載問題である。この問題の発覚後、鳩山は大変辛い日々を過ごしていたことを小沢は知っていたからだ。

鳩山は何度となくこの問題を取り上げられて、総理としての責任を追及された。

平成二十一年十月ころになると、故人名義などで献金されたカネの原資が焦点の一つとなり、東京地検特捜部は鳩山の母・安子に対する事情聴取を視野に入れているという報道もされはじめていた。

八十七歳という高齢の母親のことを思う鳩山は追い詰められ、あまりの辛さに辞任すら示唆するようになっていた。

そんな鳩山を、小沢鋭仁は思いとどまらせるよう一所懸命になって励ました。

「総理、ふんばってください！」

小沢鋭仁は、政治資金の件に関して、鳩山グループとしてやれることはやってきたと確信していた。また、鳩山に対する国民感情も、政治資金の問題は決して好ましいことではないと思ういっぽうで、そのことによって鳩山の辞任を要求するまでの強い声があるわけでもなかった。

ただ、鳩山は、自らの辞任については考えていた。

「国民が『辞めろ』というのならば、おれはいつでも辞めるんだ」

そんなことを小沢鋭仁の前では口に出すようになっていた。

小沢鋭仁は、その都度、鳩山に釘を刺した。

「総理、そのことだけは、絶対に外に言ってもらっては駄目ですよ！」

小沢鋭仁から注意を受けた鳩山は、それからは辞意を口にしなかった。

十一月末になると、母親の安子から資金提供を受けていたことが発覚し、東京地検特捜部は、鳩山の母親から聴取する方向とした。が、高齢の母親は体調を崩し、十二月一日午前、都内の病院に緊急入院する。これにより特捜部は、母親からの資金提供を「贈与」と認定するいっぽう、母親からの聴取は見送る方向で最終調整に入ったとされた。

それから大分経ったあるとき、鳩山は平常時の記者会見の席で、国民の気持ちが辞任であれば、いつでも辞める覚悟でいることを漏らしていた。小沢と気心の知れた記者が、教えてくれたのである。

それを知った小沢鋭仁は思った。

〈そんなこと、言わなきゃいいのに…〉

しかし、平常時の記者会見のときで救われた面もあった。政権に緊張感が走っているときに辞任などと発言したとたん、直ちにマスコミはニュースとして取り上げ、大騒ぎになっていたはずだからである。

ただ、小沢鋭仁には鳩山の気持ちが伝わっていた。

〈鳩山総理は、いつでも辞める覚悟でいる。あとは、鳩山総理の決断次第だ〉

そう思って、心を決めていた。

〈鳩山総理が続ける、頑張るという以上は、わたしが支える。次にバトンタッチということであれば、それはそれだ〉

すでに、小沢鋭仁は総理の決断を尊重するつもりだった。

「小沢鋭仁、勉強会を発足させる」

小沢鋭仁環境相は、兄貴分である五十嵐文彦衆議院議員を訪ねて相談した。

「自分で勉強会をやりたいと考えています」

五十嵐は賛成した。

「いいと思う。一緒にやろう」

小沢環境相は、第二世代と言われる前原誠司国土交通相や枝野幸男幹事長などと比べると、認知度の面などで後れを取っていた。その最大の原因は、鳩山グループの番頭役でやってきて、前原・野田グループのように、自分の周囲に人を集めてこなかったせいである。

小沢鋭仁グループを立ち上げるのは、当然、代表選挙への出馬を念頭にしているということである。代表選に勝つためには、グループとしての結束と政策力をつけることが第一であり、党内外に幅広く認知されなくてはならない。

平成二十二年六月九日、小沢鋭仁環境大臣が民主党内の中堅・若手議員らと新たな勉強会を発足させることが明らかになった。

鳩山前首相は、退陣に伴い、次期衆院選には出馬せず、政界引退を表明したが、いっぽうでもう一度、鳩山グループの会長に返り咲くという話が持ち上がったことからの動きだった。

このとき、小沢は思った。

〈鳩山グループには、先輩たちの思いもある。そう簡単には変えられない。それは、しょうがないな…〉

鳩山グループを代替わりさせ、小沢鋭仁グループにすることはできなかった。

かつて小沢は、政権交代を実現する会（鳩山グループ）の事務総長だった。しかし、閣僚の一員となってからは、小沢一郎の指導により、小沢と松野頼久官房副長官は一歩引くことになっていた。

いっぽうで、小沢には将来の党代表選をにらみ、党内での存在感を高める必要もあった。

六月七日、小沢は鳩山を訪ねた。

「ぼくはぼくで、別働隊をつくらせてもらいたい」

これに、鳩山は賛同してくれた。

「それはそうだ。きみも頑張れ」

民主党の将来の代表選を睨めば、前原誠司国土交通大臣や野田佳彦財務大臣らといった顔ぶれは、小沢と比較して圧倒的な知名度を持っている。しかし、この前原、野田と小沢は同期でもあるのだ。

小沢には自負がある。

〈前原さんや野田さんと政策論を戦ったとしても、ぼくは負けるとは思わない〉

今まで小沢は、ずっと鳩山を支えて来た。支える側の人間にとって一番大事なことは、目立たないということだ。だからこそ、目立たないように心がけ、常に鳩山を立てることばかりに専念し、ここまでやってきたのである。

しかし、今度の小沢は自身の勉強会を発足することにした。もう、鳩山を支える必要はない。

〈ぼくより若い期数の人たちとでやっていこう〉

今まで支えてきた鳩山グループは、やっぱり鳩山グループでしかない。

いっぽうで鳩山は、会長への復活は断っている。

「総理までやった人間が、また夢をもう一度みたいなどとは、格好がつかない」

それでも、鳩山の会長復活を望む声は絶えない。

ならば、小沢は小沢自身の別働隊をつくり、同時に鳩山グループにも残り、親戚づきあいを続けることを選んだのである。

鳩山に近い大谷信盛環境政務官、五十嵐文彦らが呼び掛け人になり、参加を呼びかけることになった。

こうして、小沢は一つの流れを作ることにした。

小沢とともに鳩山の側近といわれた松野は、この勉強会への参加を断ってきた。

「一切の政治的な活動は控えたい。しばらく、のんびりさせてください」

そういわれてみて、小沢は思った。

〈ぼくも、松野みたいに、半分のんびりしたいという気持ちもあるな〉

しかし、そうは言ってなどいられない。

〈もうひと頑張りしないといけないな〉

そんな気持ちの方が強かった。

小沢の勉強会は、高福祉・高負担の北欧諸国をモデルにした成長戦略や財政政策をテーマとしている。経済がグローバル化し、なおかつ第三次産業的に進んでいる状況では、高負担ではありながらも成長可能な北欧型を目指すしかないと小沢は考えているのである。

在職日数二六二日の鳩山由紀夫から、総理の椅子は菅直人にバトンタッチされた。

鳩山は理想主義の人間だ。鳩山の理想主義に加え、それを支えるいいブレーンが集まってさえいれば、鳩山は大化けする内閣をつくりあげることができたかもしれない。

いっぽうの菅は、とにかく超現実主義の人間と小沢は考えている。菅は、ものすごくリアリスティックに物事を進めて行く。それは、逆に言えば、菅の周りで支える人間の負担が大きくなることでもある。

小沢鋭仁環境大臣と菅総理との関係は、小沢と鳩山の関係のスタートよりも古くさかのぼる。

菅が小沢のパーティに出席すると、必ずしてくれるあいさつがある。

「赤坂に、わたしが行きつけにしている飲み屋があるんです。そこで、わたしが飲んでいたら、ハマタク（浜田卓二郎）さんに口説かれている青年がいたんです。それが、東京銀行に勤めていた小沢さんだったんです。わたしは、その様子を見ていたんですけど、そのとき思ったんです。いやァ、やっぱり自民党ってのはすごいな。こんないい奴を口説いて取れるんだなァ、と。そう思ったんです」

このときが、小沢と菅の出会いだった。

その後、付き合いはなかったが、平成五年七月、日本新党さきがけの結成で復活した。平成八年九月に民主党が結成され、菅・鳩山が共同代表になった際には、正式ポストではなかったが、小沢が菅代表室長としてサポートしたり、菅とともに中国へ出向き、江沢民国家主席と面会することもあった。また、道路対策本部と雇用対策本部では、菅が本部長、小沢が事務局長として菅に仕えることも二度あった。

これらの経験で、菅の人使いの激しさは身を持って体験している。

かつて、菅は「イラ菅」というニックネームがつけられ、癇癪持ちで短気な性格として知られていた。厚生大臣時代には、大臣室から怒鳴り声が漏れることもしばしばだった。

それが最近のマスコミ報道では、菅が温和になり、あまり怒鳴らなくなったと言われている。が、実際はもっと激しくなっているのが実情である。

当然、小沢も菅に文句を言われることがある。

そのことを小沢は、仙谷由人にこぼしたことがある。

「菅さんは、おれのこと大臣だと思ってないんじゃないかな」

仙谷は答えた。

「おォ、おォ。そういうところ、あるかもな…」

そういいながら、ちょっと間を置いて続けた。

「でも、まだいいよ。古川（元久）なんか見ていると、もっと可哀想だぞ。古川なんか、国会議員とも思われてないんじゃないか。自分の秘書だと思ってるんじゃない。ガンガンやられてる」

仙谷は、古川にたずねたという。

「おまえ、ガンガンやられているらしいな」

「そうですよ。ほんと、たまんないですよ」

それが、古川からの返事だったという。

このことを聞いて、小沢は思った。

〈菅さんは、すごいな…〉

鳩山は支えてあげないといけない人だった。

だが、菅は、自分の方から有無を言わさず注文を言ってくる。その人の評価は、その菅の要求をどれだけこなせるかどうかにかかっているとも言える。

小沢鋭仁環境大臣は、鳩山グループと小沢一郎グループを統一したいと考えている。両者の関係も、いまだ悪くはない。

小沢鋭仁は、保守系でやってきているが、ＪＰ（日本郵便）の組織会議員であり、連合との関係も良好である。知名度はまだ民主党内では低いが、党員サポーターはいくらでも集められるという自負がある。

鳩山由紀夫と小沢一郎の関係は、鳩山の辞任で悪化したといわれている。

だが、小沢鋭仁環境大臣は、それは違うと感じていた。

辞任表明直後に官邸で会ったときも、鳩山グループの会合の場でも、鳩山が小沢一郎を恨むような素振りは見せなかった。

「小沢一郎さんがいたから、ぼくは総理までなれた。そのことは、きみもわかってくれ」

鳩山は小沢鋭仁に向かって、そう言うのだった。

その言葉からは、小沢一郎を恨む気持ちは伝わってこない。

むしろ、鳩山はこう感じていたのかもしれないと思った。

〈もうちょっと、フランクに話をさせてもらいたかったな…〉

鳩山が辞任表明を決意する直前は、小沢一郎との連絡が一切取れなくなったからである。

「国家研、ついに始動」

平成二十二年八月二日午後、小沢鋭仁環境大臣は国会内で勉強会「21C国家モデル（像）研究会」（国家研）を立ち上げた。

勉強会は、五十嵐文彦衆院議員（鳩山グループ）や大谷信盛環境政務官（同）ら国会議員約四十人と代理出席を含め六十七人が出席した。

第一回目の勉強会では、講師に榊原英資青山学院大学教授が招かれた。榊原は、小沢にとっての師匠でもある。その榊原が著書『フレンチ・パラドックス』を出版したばかりということもあり、フランスを国家モデルとした講演をしてもらうことになった。

呼びかけ人には、衆議院議員の五十嵐文彦ら二十四名と参議院議員三名の合計二十七名が名前を連ねた。

また、国家研の顧問には五十嵐が就任し、事務局長は糸川正晃が、事務局次長は一年生議員の初鹿明博が務めることになった。

糸川は、国民新党から民主党入りした変り種である。その糸川が、民主党に入党する際、公認証書を授与したのが、当時、民主党代表だった鳩山由紀夫である。そんな関係から、小沢鋭仁は、糸川の面倒を見るようになっていた。糸川は、その後、鳩山グループに所属し、同じ鳩山グループということもあり国家研の事務局長を務めることになった。

五十嵐は、会合で説明した。

「今は、国家像や政策をきちんと練り上げる時期だ。小沢鋭仁さんを中心に、勉強会を行なう趣旨に多くの方が賛同した」

五十嵐は、政策の勉強の場であることを強調した。

しかし、この動きに対して、民主党内では額面通りに受け止める向きは少なかった。

小沢は、初会合の終了後、代表選への意欲を聞かれ、思わせぶりに語った。

「将来的には、政治ビジョンを実現するために何が必要か、という話が出てくるかもしれない」

鳩山グループ「政権公約を実現する会」の一員でもある小沢鋭仁が動きを見せたことで、マスコミなどは騒ぎ立てた。

『九月の民主党代表選を控え、鳩山由紀夫前首相が率いる議員集団「政権公約を実現する会」（鳩山グループ約五十人）の足並みが乱れ始めた。』

そのような記事が書かれた。

また、同じ時期に、鳩山グループの海江田万里衆院財務金融委員長らも独自の動きをみせたこともあり、メディアは、両者の動きを大きくとりあげた。

九月の代表選出馬をにらみ、それぞれが動きを活発化させている…と。

鳩山グループ内からも、懸念の声が出ているとされた。

「このままでは、草刈り場になってしまう」

そもそも、小沢が立ち上げた国家研は、鳩山グループとは基本的に関係ないという位置づけの独自の勉強会である。

また、総理大臣辞任直後の鳩山由紀夫は、今期限りで政界を引退すると表明していた。

そうなってしまえば、これまで鳩山グループの番頭として、献身的に鳩山を支えてきた小沢は、担ぐ人間を失ってしまう。

そこで、経済学者で小沢の師匠の榊原英資と二人で、三年ほど開いていた勉強会をオープンな形にリニューアルして、メンバーも拡大させて、小沢自身の勉強会として活動することはできないかと思案したのである。

小沢は、鳩山に対しても、直接会って確認している。

「自分の勉強会として、活動させてもらっていいですか？」

小沢の問いに、鳩山も賛同してくれた。

「きみも、そういう世代なんだから、大いにがんばりなさい」

こうして、鳩山の承認を得て、小沢は勉強会をスタートさせたのである。

小沢は、決して鳩山との関係を解消したわけではない。今までと同様、鳩山との関係は大事にしたいと思っているし、鳩山の「政権公約を実現する会」メンバーという自覚もある。

勉強会への参加呼びかけも、民主党に所属する国会議員全員に声をかけた。

その結果、正式に入会申込書を提出してくれた議員は四十二人となった。当然、民主党のグループであるため、二足、三足のわらじを履いてもかまわない。緩やかな形態で進めていこうとしている。

メンバーの三分の一から二分の一は、鳩山グループのメンバーが占め、一年生議員もかなりの人数が入会している。

しかし、いっぽうでは、小沢が鳩山グループを継承するのではないかと勘ぐる声も聞かれた。

小沢が鳩山から勉強会設立の了解を得ている点についても、それを否定するものもいた。

「鳩山さんは、本音では勉強会に反対している」

また、鳩山の胸中について、こう見る向きも多かった。

「鳩山さんは、(小沢)環境相にグループを譲るつもりはない」

勉強会には、鳩山の側近として知られる中山義活衆院議員らは出席しなかった。

いろんな憶測が流れたが、当の小沢本人は、鳩山グループを継承する気など、さらさらなかった。むしろ、そのように言われることに困惑していた。

〈継承するというと、なんだか、乗っ取るみたいだ…。そんな風に言われることは、今後の勉強会のことを考えると困る…〉

小沢自身、鳩山との関係は、これまでと何ら変えるつもりもなければ、変わったつもりもない。

〈由紀夫先生が頑張っているときは、由紀夫先生を支えていく。次の世代になるときは、ぼくも頑張りたい〉

鳩山グループの中心メンバーでもある松野頼久前官房副長官が、小沢に言ったことがある。

「もう一回、鳩山グループに戻ってきてくださいよ。そのほうが、小沢鋭仁さんにとっても楽だし、われわれもそういう風にしてもらいたいんだ」

だが、小沢には鳩山グループのことがよくわかっていた。

〈鳩山グループの中には、まだまだ由紀夫先生にやってもらいたい人たちがいる。「夢よもう一度…」と願っている人たちがいるんだ〉

小沢は、他のメンバーらが、鳩山に再び代表の座を狙って欲しいと行動することは、鳩山の名誉のためにも良くないことだと思っている。

しかし、実際に鳩山の再登板を願っている人たちが存在することは確かなのである。

〈次の総選挙に、由紀夫さんは出そうな雰囲気だ。きっと、出馬するんだろう〉

小沢自身も、そう思うようになった。

また、鳩山グループのメンバーには、海江田万里や「政権公約を実現する会」会長の大畠章宏もいる。

鳩山グループの継承者をだれか一人にすることなど、なかなか考えられない。

鳩山由紀夫が代表選に出馬するならばともかく、出馬しないとなれば、鳩山グループはバラバラになることは目に見えている。

そこで、小沢は訴えたのだ。

「とりあえず、ぼくとしては、次の世代に向け、頭出しをしておかなければいけない。もともと、遅れをとっているんだから…。なかなか追いつけないから、やらせてくれよ」

そのことが、鳩山グループの継承というわけではない。

新たに、勉強会を立ち上げただけなのだ。

たしかに、風当たりは相当強かった。鳩山グループ内からも、厳しい意見を耳にすることがあった。

ところが、海江田も代表選出馬を視野に入れてアクションを起こしたことで、雰囲気は変わった。

「勉強会をやろうが、何をしようが、しょうがない」

そういう声も聞こえはじめていた。

また、小沢鋭仁の勉強会を警戒する故郷山梨のベテラン議員らからは、指示が出されていたという。

「小沢のグループには入るな」

小沢は、なぜそういうことを言うのかまったくわからなかった。

が、それらの影響で、小沢の勉強会「国家研」の幹部となっている議員の中には、名前を表に出せない議員も何名か存在していた。

一回目の勉強会が無事に終わり、二回目の勉強会は、八月三十一日に開催することとなった。講師には、小沢が個人的に親しくしているみんなの党代表の渡辺喜美に講演を依頼した。

小沢と渡辺は、リフレ政策の研究会を通じて、旧知の仲であった。リフレ政策は平成十四年、小沢の提唱で、舛添要一らと超党派勉強会で研究してきた、デフレ脱却のための金融政策である。当選回数は、小沢が六回、渡辺が五回で、一回だけ小沢が先輩にあたるが、年齢は渡辺の方が二歳ほど上である。

小沢は、思っていた。

〈みんなの党の渡辺喜美さんは、同世代の政治家じゃないか。渡辺喜美さんの話を聞いてみたらどうだろう?〉

とはいっても、与党議員の勉強会に、野党の議員、しかも党首が招かれるのは異例のことである。

しかし、小沢が主宰する勉強会は、次世代を担う政治家の国家ビジョンを研究し、議論する場である。

小沢は決めた。

〈他党の議員の話なんて、あまり聞くこともないんだから、この際、聞いてみようじゃないか〉

他党といっても、一気に自民党となってしまえば抵抗感はある。当然、党からも異論は出るだろう。しかし、みんなの党ならば、ちょうどいい。ねじれ国会の今後の運営を考えた場合、みんなの党の協力を得なければいけない場面もあるかもしれない。

そこで、小沢鋭仁は、枝野幸男幹事長と仙谷由人官房長官に聞いてみた。

「勉強会にみんなの党の渡辺喜美さんを呼びたいのだが、どうだろう？」

二人とも、快く答えた。

「それは、大いにやってください」

好感触だった。

平成二十二年九月三十日午後、小沢が主宰する勉強会「国家研」が開かれた。民主党議員約三十人が集まる中、渡辺喜美が「私の目指す国家像」と題して、講演した。

勉強会がはじまる前、渡辺は小沢にたずねた。

「何を言ってもいいのか？」

小沢は、渡辺の問いに応じた。

「遠慮せずに、何でも言ってください」

小沢の了解を得た渡辺は、菅直人総理の政権運営を厳しく批判した。

最初は、国家ビジョンについて触れ、日本の戦後体制の継続を断ち切らなければならないと指摘していたが、国政課題に話題が移ると、渡辺は、民主党に対して檄を飛ばした。

「民主党は、公務員改革を諦めたのか！　今のままでは、絶対にダメだ。菅政権は『脱官僚』と言わなくなった。改革を断念したのか？　脱官僚や地域主権がまったく進んでおらず、断念したと見られても仕方がない」

終了後、渡辺は記者団に対し、言った。

「風通しの良い関係をつくっていくことで、政界再編につなげたい」

小沢も、説明した。

「同世代の優秀な政治家から見て民主党はどう映るのか、意見をもらった」

また、渡辺が提唱する政策課題ごとに一致できる政党が協力する「クロス連合」についても「大いにあり得る」と述べ、両党間の連携に期待感を示した。

三回目の勉強会は十月二十六日、新党さきがけ代表だった武村正義を講師に迎え、「この国はどこへ行くのか」をテーマに開催され、四回目は民主党衆議院議員の五十嵐文彦を予定している。この人選は小沢鋭仁が考えたものである。

五十嵐文彦は、自分が招待されたことはさておいて思った。

〈いい人選をしている。鋭仁さんは、相変わらずいい勘をしているな〉

勘の鋭さに加えて、小沢鋭仁には幅広く勉強したいという生真面目さもあった。

勉強会に集まったメンバーは、出入り自由な鳩山グループ所属の議員たちがほとんどであった。

五十嵐は思う。

〈鋭仁さんは、もっと若い人たちと接したほうがいい〉

小沢の勉強会は、順調にスタートした。

いっぽうで、勉強会を立ち上げたことに対して、憶測もされることになった。

「代表選への布石ではないか」

次世代のことを考えるならば、小沢は、次の民主党代表選への出馬を視野に入れていることは間違いない。

また、小沢がメンバーでもある鳩山グループには、もう一人、海江田万里も代表選への出馬意欲を見せている。

ただし、海江田は、鳩山グループだけでなく赤松広隆を中心とするグループのメンバーでもある。かつて、そのグループの会長を長い間務めていたこともある。

小沢は、支えてくれるメンバーたちから、代表選への出馬を期待する声があがったならば、その期待を裏切らない覚悟を持っている。

国家研には四十二名のメンバーが所属していたが、小沢は今後二年間をかけて、代表選に出馬できるような環境づくりを意欲を持って行ないたいと思っていた。

〈「やってみろ」と言われる政治活動を、積み重ねたい〉

「菅直人VS小沢一郎の死闘」

平成二十二年八月六日、小沢鋭仁環境大臣は、東京都内で記者団に対し、九月の民主党代表選に出馬表明した菅直人首相について述べた。

「鳩山さんといっしょだ」

鳩山が表明している「条件付き支持」の立場を明らかにした。

その後、九月に入っても、小沢は明言を控えた。

「現時点では、どちらの候補者を支持するということは決めていない」

ただし、挙党態勢の必要性は強調した。

「戦いの後は『ノーサイド』」

最後まで、小沢は固有名詞をあげることはなかった。

当然、具体的な動きをすることもなかった。それには、菅内閣の閣僚の一員という立場にあったことも影響した。

もちろん、相談を受けるなど個別の話はあったが、同じ閣僚の前原誠司国土交通大臣や岡田克也外務大臣のように、地方まで出向いていったり、電話を掛けたりなどといった活動は一切しなかった。

代表選の間、小沢鋭仁は、菅総理と小沢一郎の二人の論争を見て思った。

〈菅さんは、完全に現実主義になったな。そういう意味では、小沢先生は、理念論、理想論だ〉

現実路線の菅の話は、今までの野党時代の話と比較するとややつまらなく感じた。

いっぽうで、理想論を語る小沢一郎の話には、疑問点が多かった。

〈本当に出来るのか？　われわれは、公務員改革もそうだが、一年苦労して、現実的な改革をやってきた。実際には、小沢先生の話すとおりには簡単にはいかないだろう〉

あまりにも菅と小沢が、現実と理想の間で離れすぎているような論争に思えた。

また、環境大臣という視点から見れば、両者ともに環境問題のような時代の先端的な問題に関する言及、そして、経済政策に対する言及がほとんどなかったことが本当に残念だった。

菅は、小沢一郎の政治とカネの問題について攻撃した。

戦術論的観点からすれば、その点は菅の戦術が効いたが、それ以上に、岡田克也の発言が大きく影響していた。

「刑事被告人になるかもしれない人が、総理大臣になるのはどうか」

この発言は、かなりの効果があったようだった。

しかし、小沢鋭仁自身は、すでにこのことは、事件としての話が終わっていると判断していた。

そのため、政治とカネの問題については、小沢一郎が生きてきた時代の体質を変えなければならないという思いがあった。

〈そういった政治風土、文化は変えていかなければならない〉

が、いっぽうで、この終わった話を再び事件化することについては、反対の立場に小沢はあった。

〈もう、それは決着がついたことだ。それを、代表選でわざわざ蒸し返すなんて…〉

だが、代表選という戦いの場で、政治とカネの問題の話は、小沢を倒すということに効果があったことも確かである。

九月十四日の投票結果は、国会議員票は菅直人が二〇六票、小沢一郎が二〇〇票だった。

この結果を見て、小沢は思った。

〈菅さんに投票した二百六人のうち、積極的に菅さんへ投票した議員は何人いるのだろう?〉

小沢一郎に投票するくらいなら、菅に投票した方がいいだろうという消極的な意思で投票した議員の数は、相当なものだと思えたからだった。そういう意味からすれば、鳩山と小沢のダブル辞任ののちに総理大臣に就任するという環境が、きわめて菅にとって有利な状況であったからこその結果だといえた。

今回の代表選では、小沢鋭仁自身が細かく票読みをすることはなかった。が、直感では、この結果に対して異論はなかった。

〈こんなものだろう…〉

もともと、小沢は、菅が勝つと思っていた。それは、選挙戦の後半になるにつれて、全体の雰囲気からも感じられた。

そもそも、小沢一郎陣営からは、国会議員票で二五〇票以上という強気の発言がされていた。が、この発言について、小沢鋭仁は首をかしげていた。

〈それは、ありえないだろう〉

小沢チルドレンと呼ばれ、選挙で小沢一郎に本当に世話になって当選してきている一握りの議員以外の中に、心から小沢をこの状況で総理にしたいと思っている議員はどれほどいるのか、疑わしいものだった。

確かに、小沢一郎の尽力で、選挙で当選した議員ということに間違いはないものの、そのことに恩を感じ、当選以来ずっと小沢一郎に心酔している議員の数など、そう多くないことは小沢鋭仁にはわかっていた。

そして、相手は現職の総理大臣である。

ましてや、マスコミはこぞって小沢一郎をバッシングした。

あのバッシングの嵐を乗り越えて、小沢一郎陣営に入るということは、国会議員からすれば相当の覚悟が必要だったはずである。

その状況のなか、小沢一郎は国会議員票を二〇〇も獲得した。

小沢鋭仁は、その得票について思った。

〈小沢先生は、あれだけのバッシングの中で、二百人もの議員から投票してもらった。議員の中には、「小沢先生は、今回の結果でものすごく傷ついたのだろう」という人もいるが、そんなことを思う必要なんかない。むしろ、よく獲得したと思っていいくらいだ〉

代表選後の小沢一郎の求心力は、検察審査会が起訴すべきだとする「起訴議決」をしたことで停止状態に陥っているとも言える。

しかし、小沢一郎は力を失っていないことも事実である。

議員の中には、「小沢一郎先生に、一度はこの国のことを任せてみたい」という期待の思いで、ずっと小沢一郎を支えてきた議員も存在する。大まかにいって、シニアから若手までの議員三十人から五十人は存在するだろうし、その思いは、いまだに消えていないはずだ。

だが、小沢一郎の裁判が長引けば長引くほど、「次へ…」という小沢に対する希望が時間とともに失われていくことも間違いない。

検察審査会の起訴議決によって強制起訴されることが決まった小沢一郎に対し、国会では「国会招致」問題が論議された。

民主党は十月十二日、役員会を開き、党倫理委員会（江田五月委員長）で近く対応を協議する方針を決めた。

党執行部は、野党が求める小沢一郎の証人喚問には応じず、政治倫理審査会での弁明を念頭に小沢一郎に出席を促していく方針とし、小沢一郎の処分を含め結論を先送りしたに等しい内容をだした。

党倫理委の委員には、小沢鋭仁ら衆参国会議員五人と、鳩山由紀夫前首相の政治資金収支報告書虚偽記載問題を調査した五百蔵《いおろい》洋一弁護士が選任された。

「党の倫理委員になってくれないか」

「はい、わかりました」

小沢鋭仁は、岡田克也幹事長から依頼されて、引き受けることにした。

いっぽう、野党は、小沢一郎の証人喚問を求めている。これに対して、民主党内からは、まず、政治倫理審査会での説明を求める声があがっている。

小沢一郎自身も、国会での証人喚問に対して述べてはいる。

「国会で決めた決定に、わたしはいつでも従う」

しかし、結論はまだまだ見えては来ない。

小沢一郎の態度に、小沢鋭仁は思った。

〈ここまで話題にのぼっていながら、国会の運営を拒否し続けていくことは、決して好ましいと言えない。ここは、政治倫理審査会には出ていいただいた方が、小沢先生の今後のためにも、党のためにもいいんじゃないだろうか〉

代表選では、あれだけ、新聞記者をはじめマスコミを相手に、記者会見の場で丁々発止のやりとりで渡りあっているのだ。

今回の検察審査会の判断については、小沢鋭仁自身、否定的な考えを持っている。

しかし、検察審査会にしろ、裁判員裁判制度にしろ、時代は「国民目線」という視点からの司法全体の改革が進められている状況下にある。

一度は東京地検が諦めた話を蒸し返すことになったともいえる小沢一郎に対する判断は、国民感情からすれば、溜飲をさげる思いをした人も多かったはずだ。

が、いっぽうで、法治国家としてあるべき姿を考えた場合、なかなか問題がある制度であるとも小沢には思えた。

司法の場において、政治事件と、日常生活の中での殺害や窃盗といった刑事事件とでは、種類がまったく違うものである。そんな視点からも、今後は検察審査会のような制度のあり方については、改善していく余地があるかもしれない。

「環境大臣を退任するにあたっての思い」

小沢鋭仁は、平成二十二年六月発足の菅内閣では環境大臣に留任したが、九月の菅改造内閣では再任されず、退任。その後、衆議院環境委員長に就任した。

そして、期せずして、小沢が環境大臣だったときに副大臣だった田島一成と政務官だった大谷信盛も環境委員会に所属することになった。

小沢には、後ろ髪を引かれる思いがあった。

〈温暖化対策基本法をやり残してしまった……〉

鳩山由紀夫の突然の辞任劇により国会は混乱し、通常国会に提出された地球温暖化対策基本法案が廃案となってしまったことが、残念でならなかった。

〈道半ばであることは間違いない。だが、今一歩のところまでは来ている。しっかり対応すれば、必ず成案が得られるに違いない〉

是非、自分の手でこの法案を成立させたいと思い、小沢は、環境委員長に志願した。

また、小沢と同様に、総務大臣だった原口一博が総務委員長へ、農水大臣だった山田正彦が農水委員長にそれぞれ就任することになった。

小沢が志願して環境委員長に就任したことで、どうやら民主党の幹部が「そういう手があった」ということに気付いたようだった。

今回の菅改造内閣の顔ぶれをみると、小沢一郎を応援したといわれる閣僚はことごとく退任へ追いやられることになった。

また、なかには、長妻昭厚生労働大臣のように、菅支持でありながらも退任する場合もあった。

小沢が、新たな菅内閣の体制を見て思ったことは、不満が出ない布陣を敷いたということだった。

菅総理を応援した議員の中には、大臣への就任を今か今かと待っている議員が大勢いた。まずは、そういう人たちを起用し、小沢一郎側の議員は徹底的に外す。これで、菅を懸命にバックアップした議員たちには示しがつくことになった。

しかし、小沢からすれば、あまりにもそれが如実に現れている人事でもあった。

菅も、大胆な人事をしたものである。マスコミの間では、人事の絵を描いたのは仙谷官房長官だという説が主流だが、小沢鋭仁は、菅本人が決めたとにらんでいる。

今回の菅改造内閣の組閣には、あまりにも露骨なところがあった。

が、それでも、小沢鋭仁は民主党全体のことを考えている。

〈菅総理を支えて、いい結果を出していくしかない〉

菅内閣においては、仙谷由人官房長官の力がかなり大きくなっていることも確かである。

小沢鋭仁と仙谷由人は、かつて、鳩山由紀夫を民主党の代表としていっしょに支えた仲である。民主党結成後、はじめは菅を支えた仙谷は、その後、鳩山に移った。そして、今は前原誠司を応援している。

周りからも、「変わり身が早い人だ」という話しはよく聞くし、小沢が見ていても、そうだと納得することがある。中には、仙谷の変わり身の早さは、社会党時代の土井たか子が代表だったころからだという人も、社会党系の議員から聞くこともある。

だが、小沢は、最初のころから、仙谷は頼りになる人だと感じている。

鳩山内閣の際には、閣僚としていっしょに仕事をし、国会中は閣僚席で隣になることが多かった。そのため、よく話をすることもあった。

小沢は、仙谷について思っていた。

〈問題の捉え方が素晴らしいし、そういう意味では、大した政治家だ〉

また、鳩山内閣を振り返り、考えることもある。

〈仙谷さんが、鳩山内閣のときに官房長官でいたなら、全然違っただろうな〉

しかし、鳩山の頭の中には、最初から平野博文を起用する予定だったようである。

そもそも、仙谷と鳩山の関係は、そんなに悪くはない。

仙谷と鳩山は、仙谷が前原グループの後見人的な立場になってからも時々は会っていた。

もともと、鳩山という人間は、根に持たない性分なのである。

が、逆にそのことが、人事で失敗する引き金を引くことにもなった。

鳩山は、だれとでも仲良くする。そのために、身内を大事にしない。敵がだれかもはっきりさせない。だから、身内がだれかもわからない。憎む人もいない。

鳩山を支える側からすれば、「何を考えているんだ」という気になる。優しいといえば優しいのだが、それでは筋が通らない。

そんな鳩山だが、頑固な一面もある。

そのおかげで、小沢が環境大臣時代には、鳩山が温室効果ガスの排出量二五％削減政策を提唱し、それを推進するために小沢が地球温暖防止に向けた国民運動「チャレンジ二五キャンペーン」の発足などに動くことができた。

普天間飛行場移設問題にしても、頑固だったからこそ、県外移設の話で頑張り続けるところがあった。

菅内閣には、三月危機説がささやかれている。

これに対し、小沢鋭仁は、その三月までに、どういう国会の構造を作れるかが焦点になってくると考えている。そのためにも、公明党との間に、安定的な協力関係を結ぶ可能性がきわめて高いと見ている。

ただ、それが完全な連立になるかはわからない。閣外協力という手もある。案件を決めての部分連合という話もある。最近の公明党から発せられる言葉を聞いていると、その可能性はあると小沢は、思っている。

〈公明党は、少なくとも政策に関与したがっているな〉

公明党との協力関係が結ばれれば、民主党、国民新党、社民党、公明党の連携で国会を乗り切る可能性が十分に出てくる。

平成二十三年二月までの勝負なのだ。

秋の臨時国会で予備的な地ならしをして、通常国会の中で徐々に仕上げて行き、翌年の二月末くらいまでに安定的な協力関係をつくる。このことが基本路線となってくるはずである。

こうして、菅内閣が三月危機説を乗り越えたならば、長期政権になる可能性も生まれる。

そうなってくれば、ますます菅内閣は、不思議な政権となる。そこに、国民からの根強い支持は、あまりないがある程度安定した政権になるかもしれない。

不思議な運の良さと仙谷官房長官によるハンドリングのうまさが際立つのが、菅政権の特徴とも言える。

小沢は、政権の今後を分析する。

〈今後、経済がかなり厳しくなることもなく、支持率も決定的に下がらず、なんとなく三、四〇%台で推移するならば、長期的に続く可能性はある〉

いっぽう、自民党の支持率は回復する兆しすら見えてこない。

〈国民が、自民党を見限っていることの証左なのだろう。ちょっとやそっとのことでは、なかなか支持率など回復はできない。気持ちが冷めているといえる〉

いくら、自民党が人事を刷新したと宣伝しても、小沢には新鮮さや驚きが伝わってこなかった。

自民党の谷垣禎一総裁にしても、石原伸晃幹事長にしても、基本的に「いい人」でしかないのである。そういう意味からしても、爆発的な人気回復にはならないのだ。

これが、逆に与党ならば、爆発的な人気などなくとも、安定的な人気を保っていける人たちなのだろうと小沢には思える。

〈自民党には、いまの民主党を倒していく迫力がない〉

それは、小沢にとって残念なことでもある。

今の自民党を変えるには、小池百合子を党首に据え、表舞台で小池が動き、小沢の親友でもある茂木敏充のような実務能力の高い人間が幹事長として取り仕切るようになれば面白くなってくるはずだ。

いっぽう、みんなの党は、次の衆議院選挙までは順調に人気を維持できるだろう。そして、そこから先は厳しさに直面することになる。

だが、みんなの党代表の渡辺喜美自身が、ずっと党を育てていくというよりも、政界再編論者であり、そのことを明言している。

みんなの党が衆議院で四十人ほどの規模まで拡大すれば、民主党との連立に安心して動くことになるはずだ。

しかし、みんなの党が民主党と組むことになってしまえば、みんなの党支持者からは、アジェンダの実現に対する不満の声が沸きあがり、埋没し、支持率を下げることにもなりかねない。

結局、小選挙区制度の下では、大政党に有利に左右するケースが多く、小規模の政党が存立していくことは難しい。

これが、比例代表だけでいくというのであれば、それぞれの少数政党が連立し、なおかつ連立政権が誕生するという話も出てくるのだろうが、今の状態では、大政党プラス、他の小政党という構図しか描けない。

小沢鋭仁は、菅政権を見つめながら思うことがある。

〈自分がリーダーであるならば、環境、そして、経済。この点は、本当にビシビシやりたい〉

そんな思いが、小沢が主宰する勉強会「国家研」を立ち上げさせる原動力ともなった。

勉強会の最大のポイントは、徹底した自由競争の経済社会と、それを補完する徹底した社会保障のモデルを編み出すことにある。

徹底した自由競争の背後には、競争に敗れ、漏れ出してしまう人たちが存在する。そんな人たちを補完する徹底した社会保障が必要になってくる。

これは、菅首相が目指そうとしている強い経済と強い社会保障という政策と、ある意味では重なっている。だから、小沢自身も、菅の言い方は、決して間違っていないと思っている。

〈ただ、もっと明快に発言すればいい〉

そんな、もどかしい気持ちが小沢にはある。

菅が言う「強い経済」というものは、「徹底した自由競争経済」なのだ。それを、菅は、どうしても中途半端に表現してしまっている。

そこには、菅の中に、「反小泉」のイメージがあるからなのだろうと思う。

小泉純一郎も強い経済社会を目指した。渡辺喜美も強い経済の必要性を訴えている。

しかし、その社会には、競争に敗れる人たちが現れてくる。そういう人たちが、もう一回、再チャレンジできる機会を作っていかなければ、社会全体の安定感が形作られることなどない。

小沢鋭仁は、セーフティネット（安全網）の整備された安定感ある競争社会を目指すべきだと思っている。

今後、環境や介護の分野が、まさに成長のエンジンとなるかもしれない。

だが、今の日本は、後れを取っている。欠員不足に陥ってしまっている。鳩山政権の時代には、環境や介護に対する政策への意欲はあったが、菅政権に変わってからというもの、希薄になってしまっている。

環境面での経済活動を見渡せば、自動車産業一つとってもハイブリッド自動車や電気自動車の時代へ進んでいる。ここで勝っていかなければ、もう勝つことはできないという瀬戸際まで来ている。

今、日本の自動車業界はがんばっている。ただし、政府はもっと援助すべきときでもある。

そのほかにも、小沢は環境大臣時代に、省エネルギー性能が高いエコ住宅の新築やエコ改修に対しポイントを与える「住宅版エコポイント」を導入することにした。

この制度導入を提案した際、前原誠司国土交通大臣は同意してくれたが、役所側は作業の緻密さを理由に猛反対してきた。そこを、小沢は政務三役を中心に押し切って、やり通した。

この制度が、今後、地域単位での住環境を変えていくことに繋がってくる。まさに、環境公共事業となりえる可能性がある。

小沢は、徹底した自由競争の社会システムの構築を目指している。

そのための第一歩には、まず、失業を心配する必要のないセーフティネットを整備し、潰れるべき会社を政府がいたずらに税金で救済しないことである。国は手助けしないということだ。潰れるというのならば、勝手に潰れてもらえばいい。そういう経済社会にすることが必要なときなのだ。

潰れるところは潰れる。たとえば、今までの負債とはまったく関係のない新しい会社が生まれてくる。政府は、その半年から一年の間、サポートする社会保障を構築すればいいのだ。

そういう象徴的な事例を実行し、成功させなければ、強い経済の実現など無理な話だ。

常に、最先端の産業構造が日本に残っていく。そういう意味では、構造改革は必要なのだ。

今や、日本の経済力は落ちるいっぽうだ。小沢は、そこに、ものすごい危機感を抱いている。

〈別にナンバーワンじゃなくてもいい。しかし、これだけ競争力が落ち続けているということは、地価が下落してデフレが続いていることと同じくらいの危機的状況だ〉

日本の経済力が、ズルズル落ちている。だが、菅政権は、危機感が足りない。

今こそ、政府が、明確に成長を力強く打ち出すときに来ているといえる。

代表選後、民主党内の「非主流派大合併」の動きが、囁かれている。

小沢一郎を中心とするグループが、衆院新人の一新会倶楽部、衆院中堅若手の一新会を統合して「大一新会」とし、鳩山グループと大同団結し、小沢に近い樽床伸二前国対委員長や原口一博前総務相、鳩山系で新グループを発足させた小沢鋭仁前環境相の引き込みも狙うという報道がされた。

もし、実現すれば、党所属議員のほぼ半数を占める「一大反主流勢力」の誕生となる。

この動きについて、小沢鋭仁は、直接的に知ることはなかった。

ただ、いろいろ伝わってくることはあった。そこで伝えられたことについては、小沢も否定する気持ちはない。

〈確かに、今の菅内閣の陣営をみると、小沢さんや鳩山さんのグループとは、違う一つのコアができている。それに対抗すると言う意味からすれば、政治的にはありえる話だろう〉

小沢鋭仁自身、今後も鳩山由紀夫との個人的な関係は大事にしたいと思っている。

小沢には、政治に対する思いがある。

〈政策志向が、第一なんだ〉

その政策志向を実現させるための勉強会が、小沢が主宰する「国家研」という勉強会である。

小沢グループと鳩山グループの統合という話は、政策ではなく、政治におけるパワー・ポリティクスが目的となっている。未来の代表選を見据えての動きとして、両グループが結束するというのであれば、それはそれとして一時的にあってもいいとは、小沢も思う。

しかし、たえずそういった形を目指すということは、小沢の性分には合わない話でもある。

政策志向の路線を貫くことが、今の小沢の姿なのだ。

〈「どことどこがくっつけば、どれだけの人数になる」というような話は、考えないでいきたい。ぼくは、まさに「国家研」という、次の日本の国家ビジョンをどうするか、という議論を積み重ねていく作業がやりた

いんだ〉
少し、青臭いかもしれないが、それが小沢の正直な気持ちである。

小沢鋭仁には、日本のリーダーとして成し遂げたいことがある。

「日本型の福祉をしっかり整え、国家として成長できる国づくり」の実現だ。

今まで経済をめぐる議論では、高福祉社会を目指した場合、セーフティーネットの拡大により、社会的弱者の救済がはかられるいっぽうで、高負担を強いられ、経済成長の阻害要因になると主張されていた。

ところが、デンマークなどの北欧の国々は、負担率は高いが、経済成長も実現し、国民の幸福度の調査でも上位に位置している。

小沢鋭仁は、考えている。

〈「北欧モデル」、もしくは「フランスモデル」をモデルケースとし、日本社会の進むべき道について考える必要があるのではないだろうか〉

小沢は、鳩山由紀夫内閣時代、環境大臣として第十五回国連気候変動枠組み条約締約国会議（COP15）に出席するため、デンマークの首都コペンハーゲンを訪ねる機会があった。

このとき、デンマークやスウェーデンなど幸福度調査で上位に位置する北欧諸国の様子や、国民の暮らしを学ぶことができた。

北欧諸国において幸福度が高い理由は、「強い経済（自由競争の徹底）」、「柔軟な労働市場」、「小さな所得格差と社会保障の充実」の三つの要素が相互にうまく作用し、機能しているからだった。

特に、自由競争の徹底は経済全体の活力の維持に繋がり、企業間の競争を活発化させ、効率の悪い企業を淘汰していく。また、より強い分野に資本、労働力を集中させる結果をもたらしている。

日本においても、労働者が安心して転職でき、経営者が、会社を整理（潰し）し、新しいビジネスに挑戦できる環境づくりが必要とされている。

今の日本では、地方にいけばいくほど、経営が厳しいにもかかわらず、事業を整理しにくい環境におかれている。失業時のセーフティネットも弱く、家族的経営の慣習もあり、従業員の生活を考えて、潰すに潰せないのが現実だ。

しかし、労働者も経営者も路頭に迷わずに済むようなセーフティーネットが整備されれば、どんどん経済全体が活性化されていくはずだ。

日本は、デフレによる経済の長期停滞の中、少子高齢化と格差拡大が進行し、経済、財政、社会保障にかかわる様々な問題に直面している。

高福祉・高負担が企業の国際競争力を弱めて、かえって国民の生活水準の低下を招くとの考えにより、小泉政権時代には、竹中大臣主導で徹底した市場原理主義が採用されてきた。だが、それこそが間違いのもとだった。

小沢は、思う。

〈今こそ、日本社会をこの難局から救い出し、新しい地平へと導かなければならない〉

出口へ導くためにも北欧モデルは大いに参考になるはずだ。

同じ政策でも、環境が異なれば効果も異なる。アメリカをモデルとする新自由主義、市場原理主義は日本が採用する道ではない。また、北欧モデルもそっくり、そのまま日本に当てはめることはできない。日本は、世界各国の優れた政策を冷静に分析し、日本社会に最適なものを選び出し、活用する必要がある。

グローバル化の影響で現在、労働力そのものもボーダーレス化してしまった。企業の生産拠点は、どんどん人件費の安い国に移転している。そういった状況に適応するためには、常に最先端の経済構造、産業構造をつくっていかなければ今後の繁栄はない。

北欧モデルに加えて、方向性さえ間違わなければ、日本の技術力、経済力を発揮することで将来、財政の安定化を図ることも可能となる。

そのためには、社会のセーフティネットを再構築し、適切な産業に転換ができる仕組みを構築すればいい。安心して構造転換できるセーフティネットをつくることが重要なのだ。

小沢鋭仁は、平成二十二年十月十三日、民主党政調に設置された「社会保障と税の抜本改革調査会」会長代理に就任した。

その会合で、小沢は言い続けていることがある。

「年金や医療など高齢者向けの社会保障充実に加え、子育て支援など現役世代への支援を拡充する」

女性が安心して子育てと仕事の両立ができる社会を実現することが小沢の願いであり、それこそが「現役世代を大事にする社会サービスの充実」なのである。

そして、それがあってこそ、はじめて消費税増税の議論ができるようになり、国民の理解を得て民主党が選挙に訴えることに繋がってくる。

現在の日本の財政状況、国民負担の増加の必要性は、だれしもが理解しはじめている。

一人の政治家として小沢は、日本の未来と国民の幸福に繋がる道を模索している。

〈強い社会こそが強い経済の土台になる。そういう国づくりをしたい〉

それが、小沢鋭仁の願いである。

〈そして、強い福祉。もちろん、環境も重要だ。「福祉」「環境」「経済成長」。この三つが同時に成り立つ。そういう日本をつくりたい〉

小沢鋭仁の挑戦は、果てしなく続いていく。

「税と社会保障の一体改革に向けた動き」

平成二十三年一月二十七日、民主党内で消費税の増税と社会保障の一体改革に向けた議論が始まった。

「社会保障と税の抜本改革調査会」は、官房副長官になった藤井裕久元財務相が会長だった前年の十二月、中間報告をまとめていたが、あらたに会長へ仙谷由人前官房長官が、会長代理に小沢鋭仁前環境大臣が就任した。

この調査会は、検討すべき政策課題が明確だった。それは、年金や子育てなど社会保障サービスの将来像、その財源、調達に必要な税制改正の手段――の三点である。

以前、とりまとめた中間報告では、抜本改革の目標を「社会保障水準を現在より引き上げ、デフレ脱却・経済成長に結びつける」と記した。前年夏の参院選を前に、菅直人首相が提案した消費増税が「財政再建のため」と受け取られた反省からだった。

最大の関門は、年金改革だ。

中間報告には、「最低限の年金を税で保障する制度（最低保障年金）が必要」としたが、最低保障年金の対象範囲や受給条件は不明確。しかも、党の軸足は「税方式」なのに、最近、党幹部らは「社会保険方式の報酬比例年金が基本」と強調し始めたのである。

社会保障改革に、子育てや雇用も含めるかも焦点になった。

消費税を負担する現役世代が受益を実感できる仕組みに変えなければ、若者から理解は得られない。だが、対象範囲を広げれば、財源を確保するため大増税となりかねないジレンマも抱えていた。

そこで、調査会は、政府よりやや幅広く、やや先行して、社会保障と税の抜本改革の議論をし、党内で合意を作り、国民合意ができるようにまとめることを目的とした。

調査会長代理の小沢鋭仁は、時間をかけて進める必要性を指摘した。

「いっぺんに増税するのはあまりに安易。スウェーデンは二十年かけて社会保障サービスを増やし、並行して税率も上げた。国民負担は、サービスと対で進めるのが理想だ」

政府側の司令塔として、与謝野馨経済財政担当相が起用されたことに対する批判もあった。

〈政府が言っていることは、「財政が大変だから増税だ」としか国民に響いていない。夢も希望もない。それでは、国民がついてこない。少子高齢化社会の日本型社会保障モデルを示し、サービスと必要な費用を示しながら合意を得なければならないのに…〉

まずは、良い政策を作ることが第一だと、小沢鋭仁は考えていた。

また、この日、民主党の「税制改正プロジェクトチーム（ＰＴ）」の総会も開かれ、小沢鋭仁は新座長に就任した。

四月の統一地方選を前に、民主党内では消費税への消極意見が根強いにもかかわらず、与謝野馨経済財政担当相らを中心とした菅再改造内閣が消費税増税に前のめりになりすぎていた。そのことを懸念していた小沢は、党内や国民合意を得るために心がけた。

〈地に足をつけた着実な議論を進めていく〉

小沢は、財政が厳しいから消費税という話では絶対に合意は得られない。社会保障のあるべき姿を示すことで、国民の受益感覚が醸成される必要があるとの考えだった。

特に、子育てや雇用対策など現役世代向けのサービス向上が重要であって、社会保障を広げた社会サービスという概念で議論を進めていかなければならない状況にあった。

それから数日後の平成二十三年二月一日、小沢鋭仁は自らが会長を務める「国家研」の会合で、近いうちに東京・赤坂へ事務所を構え、研究会を政治団体として届け出る考えを明らかにした。

小沢は意欲を見せた。

「コンスタントに運営したい」

党内のグループとして活動すること、そして、研究会を拠点として、将来の党代表選出馬を模索する動きでもあった。

「震災後の取り組み」

小沢鋭仁は、東日本大震災発生後、民主党としての復旧初期支援のための税制特例措置のとりまとめ、さらに瓦礫の処理対応などに関わってきた。

瓦礫の処理は災害廃棄物というジャンルに区分され、管轄は環境省となる。そこで、前環境大臣でもある小沢は、環境省といっしょに手当てにあたっていた。

平成二十三年三月二十四日、東北自動車道が全面開通した直後には、宮城県仙台市に向かい、東北地方環境事務局の職員を激励するとともに、津波の被害に見舞われた宮城県名取市の閖上《ゆりあげ》地区を視察した。現地の様子を目に焼き付けたことで、環境省との仕事にも力が入った。

瓦礫の処理作業は、いっこうに終わらない。だが、今後、最大ポイントになってくるのは、原子力廃棄物である。

ただし、環境省は、原子力に対して何ひとつ手出しができない状況にある。そもそも、原子力の廃棄物という意識が、存在しなかったということもあるのだろう。

原子力は、基本的に経済産業省のエネルギー庁が管轄することになっている。しかし、廃棄物は環境省が管轄する。

この曖昧さが、復興の妨げになっている要因のひとつだった。そんな曖昧さを解決し、一日でも早く復旧・復興への道筋をつけるためにも、省庁をまたいだ復興庁が早期に設置されることが望まれた。が、それはできなかった。小沢も、そのことを悔やんでいた。

〈なぜ、菅さんはやらなかったんだ…〉

たしかに、福島第一原発が重大危機に直面し、その作業だけでも大変だったということはわかる。だが、なにも、その指揮に総理大臣自らが乗り込まなくても良かったのではないか。震災による問題は、福島第一原発の問題だけではない。被害にあった東北の復興支援の問題も同時に動いているのである。その二つの問題を、同時に解決へ導かなければならなかった。ダブルトラックでそれぞれの責任者をしっかりとおき、菅総理大臣はその上にどっしりと構えてさえいればよかったのだ。

それが、現実の形として見えてくるのは、震災発生から約三ヵ月以上がたっていた。復興基本法修正案が成立すれば、被災地復興に向けて企画・調整・実施機能を担う「復興庁」を創設することができるようになるのである。

小沢鋭仁は、平成二十三年四月十二日、自身が代表を務めるグループ「国家研」の事務所を都内に開所した。

もともと、中長期的なスタンスで民主党の代表選に向けた活動をはじめようと考えていた。その第一歩が事務所の開所でもあった。しかし、三月に発生した東日本大震災直後ということもあり、事務所の開設は賑々しくせず、ひっそりとはじめた。

そのころ、統一地方選前半戦での民主党惨敗を受け、菅直人首相（党代表）と岡田克也幹事長に辞任を求める動きが本格化していた。しかし二人は、そのまま動かずにいた。東日本大震災や東京電力福島第一原子力発電所事故での対応の不手際もあいまって、辞任要求は強まるばかりだった。

小沢鋭仁も、以前から菅首相には危機感を抱いていた。

〈組織を動かしていくという点からすると、菅さんではなかなか難しいな〉

その思いは、東日本大震災の日となった三月十一日以降、いっそう強く持つようになっていた。

〈ここは早く、総理は代わったほうがいい〉

小沢鋭仁は、開所したばかりの事務所で開かれた国家研の会合で、はっきり言った。

「選挙に負け続けている。企業経営では決算が一つの結果責任だが、政治の世界では選挙がまさにそれだ。一次補正が一段落すれば、復興に向け挙国一致の政治体制をつくることが大きな課題となる」

菅首相と岡田幹事長に対し、自発的な退陣を促した。

平成二十三年四月二十七日、民主党税制改正プロジェクトチームの小沢鋭仁座長は、野田佳彦財務相に要請した。

「消費税などの話が出て、党内から懸念の声が上がっている」

復興財源の案として、震災復興税の導入構想が取り上げられ、消費税を増税しようとしていた。これに対し、慎重な論議を求めたのである。

「財務省の課長補佐が考えそうな話だ」

そんな声が、あちらこちらからあがっていた。

財務省は、増税したくてしかたがない。しかし、増税には難しい状況にある。だが、震災復興のための消費税増税ということであれば、国民も受け入れやすい。ここで、消費税を増税すればいずれ、復興のための

ものを社会保障のためにシフトできるかもしれない。

その社会保障を安定的なものにしていくためには財源が必要とされていた。が、その財源を、働く現役世代ばかりに押し付けてしまうことは、あまりにも過酷な話でもある。国民全体が享受する社会保障ならば、国民全体で負担すべきことではないか。ならば、国民全体で負担する消費税がよかろうということである。

いっぽう、復興税は、国民全体で負担すべきという類のものではない。それを消費税で賄おうとするなら、全国すべて、被災者・被災地にまで負担がおよぶことになる。被災者・被災地だけを外すということは基本的に無理なのだ。のちに還付すればいいという話もあるが、そのためには時間や経費も必要である。

当初、たしかに復興税のための消費税をそのままスライドし、社会保障費にあてるという話も出たが、やはり、なかなかそれには無理があるのだ。

この点については、小沢鋭仁と野田財務相との間で合意した。

「結果として、社会保障は消費税になるかもしれないが、少なくとも、復興税と消費税は切り離して議論しましょう」

復興税のための消費税が導入されてしまえば、被災者にとっては、負担が増えることになる。そうでなくても苦しいのに、さらに苦しみが加わることになる。それよりも、復興税は別の形で補う方がいいということは、当然のことだった。

「消費税増税をめぐる論争」

平成二十三年六月二日、社会保障と税の一体改革を議論する政府・与党の、菅直人首相を議長とする集中検討会議は、社会保障制度改革案をまとめた。

改革案では、消費税を社会保障目的税とし、不足する財源を補うために「二〇一五年度までに、一〇％まで引き上げる」との方針を明確にした。

社会保障改革案を受け、今後は関係閣僚と与党幹部を中心に検討を進め、消費税増税を含む一体改革案を六月二十日までにまとめるとされた。

自民党時代、与謝野馨経済財政政策担当相は主張していた。

「平成二十七年度には、消費税率は最低一〇％が必要だ」

まさに、与謝野の主張どおりの方針に進められようとしていた。

翌日の三日には、民主党の「社会保障と税の抜本改革調査会」が開かれた。議論のテーマは、前日にまとまった社会保障改革の政府案についてである。

社会保障の財源確保のために、消費税率を二〇一五年度までに一〇%に引き上げると明示されたことに対し、多くの参加議員が反発した。

「初めから消費税を上げるための議論だ」

「増税はノーと言わざるを得ない」

民主党としては、これから社会保障における国民負担について議論をしようとしていた矢先の出来事に、紛糾した。

特に、政局も大きく揺れ動いている時期である。菅直人首相が辞める、辞めないという騒ぎになっている。辞めていく首相が国民負担という重要な決定を下していいのか。そんな意見が噴出するのも当然のことだった。

小沢鋭仁は、社会保障は消費税によって、全国民が拠出すべきだという考えである。

しかし、今後の社会保障と税のあり方については、民主党内で一度も議論がされていない。そこは、しっかりと党内で議論して決めなければならないことである。

小沢鋭仁自身は、社会保障の財源は消費税で補うという意見だが、その意見に反対するものもいるだろう。なかには、相続税を引き上げることで社会保障の財源を確保すべきだと主張する人もいるはずだ。欧州では、環境福祉税という考え方も広がっている。

いろんな意見があって、しかるべきである。ただし、大事なことがある。

社会保障の財源確保については、国民負担率を先進国並みに引き上げるということだ。

日本は、少子高齢化という世界でも類をみない大変重い状況に直面している。その日本は、先進国と比較すれば、圧倒的に国民負担率が低いのだ。GDP比で日本は三九％。いっぽう、先進国の平均は五二～五三％である。それでも、日本では先進国並みの社会保障を確保している。特に国民皆保険は、世界で冠たる制度である。

が、それを支えている日本の財政状況は厳しく、一番深刻な状況に直面している。その日本が、国民の負担が一番低いという話はあり得ない。日本は、少なくとも先進国並みにしてもいいはずなのだ。

そこで問題になってくるのは、国民の合意を得るということである。

いろいろな絵を描くことは役人でも学者でもできる。だが、民主主義の政治においては、国民の合意が最も重要であり、それは政治家本来の仕事だ。その時に、即座に消費税のみが全面に躍り出るような状況は、国民の合意を得る観点からすると極めて問題なのである。

では、そのためにはどうすればいいのだろう。国民に納得してもらうためは、全世代的に「受益感覚」を感じてもらわなければならない。

いままで社会保障といえば、高齢者のものという意識が強かった。そこを、全世代、特に現役世代に目を向け、現役世代の社会ニーズへ手当てをしていくことが国民の理解に繋がっていくはずなのだ。

具体的にいえば、困っている働く母親たちのために、子育て支援をはじめとした家族に対する手当てが考えられる。日本は、予算で見る限り、家族に対する給付率は一・九％しかない。世界でもっとも手厚い給付をしているフランスは三％、諸外国も二・五％である。日本は、この点でも先進国に後れを取っているのだ。

このように、社会保障というよりも、子育てや雇用など現役世代への対応を含めた「社会サービス」の観点でとらえていかなければならない。現役世代も含めた社会サービスを手厚くすることで、負担することへの不平不満が解消されるだろう。

「わたしたちも恩恵を被っているのだから、負担することは当然。ある意味で保険だ」

そんな風に思ってもらえるような社会サービスを供給していかなければならないのだ。

すべての国民が、自分は社会に支えられている、互いに支え合っているという「受益感覚」を持てなければ、税の問題も前には進まない。そんな理想的な社会保障制度をつくりあげた国が、スウェーデンをはじめとする北欧の国々である。

スウェーデンなど北欧では、国民負担率は六〇％を占めている。

しかし、国民は重税感を持っていない。

「すべて、わたしたちに返ってくるんですから」

そんな基本的コンセンサスにあるという。

日本も、スウェーデンや北欧の国々のような意識を持った国に変えていかなければならないのだ。

スウェーデンも、三十年かけて四〇％だった国民負担率を六〇％まで引き上げた。短兵急にことを運ぼうとするのではなく、国民に自分たちも恩恵を被っているという「受益感覚」をしっかり持ってもらえることを先行させて手当てしていく。そして、国民一人ひとりに、「最終的に、国民負担率は先進国並みにならざるをえない」という意識を持ってもらうことなのだ。

消費税の増税や税率の引き上げ幅よりも、まずは社会保障のあるべき姿をしっかりと国民に伝えることが第一義である。ただ、それには、当然、社会保障を安定的なものにしていくための財源が必要であり、そこで消費増税について議論すべきでもある。

小沢にとって、日本の社会保障の将来像は、アメリカ型からヨーロッパ型へ脱皮していくことである。

「民主党、分裂の危機」

平成二十三年五月二十七日、自民、公明両党は、内閣不信任決議案を共同提出する方針を確認した。この動きに対し、菅首相に近い閣僚や民主党執行部は、造反を最小限に食い止めようと、衆院解散や処分をちらつかせて党内への締め付けをいっそう強めていた。

党内対立が深まる中、首相、小沢一郎元代表双方から距離を置く「中間派」からは、事態の打開を模索する動きも出た。

中間派の小沢鋭仁は、二十七日午前、衆院第二議員会館の樽床伸二元国対委員長の部屋を訪れた。

「不信任案への賛成は難しいが、否決して菅直人首相を信任する思いにはなれない。両院総会の開催を求めよう！」

小沢鋭仁の提案に、樽床も同調した。

「当然だ。この状況を乗り切るには期限を切った大連立が望ましい。一度前向きな議論をする必要がある」

政府・与党内で総括するため両院総会での議論が必要だった。

いきなり不信任案が出てきたから同調するというのではいけない。同調には「大義」が必要となる。両院議員総会で首相が辞任要求に応じなければ、それが「大義」となり、執行部が開催を拒めば、それも「大義」となると考えた。

小沢鋭仁は、菅首相が自発的に辞任することが一番望ましいと考えていた。そして、そうしてくれることを願っていた。

〈菅さんは、以前、民主党の代表を辞任したときがある。そのときは、両院総会で辞任した。菅さんだって、しかるべき手順を踏んで詰められれば、辞めるだろう〉

小沢鋭仁の脳裏に残っていた思い出が、頼みの綱だった。

自民、公明、たちあがれ日本の野党三党は平成二十三年六月一日夕、菅直人政権に対する内閣不信任決議案を衆院に共同提出した。

その日の夜、鳩山グループも約二十人が集まり、会合が開かれた。そこに、小沢鋭仁の姿はなかった。

小沢鋭仁は、鳩山にはっきり欠席すると断りを入れていた。

とにかく、小沢鋭仁に急がれていることは、鳩山由紀夫から自立・独立することだった。小沢鋭仁の将来を見据えても、それが重要なことであることは間違いなかった。なぜならば、多くの人たちの認識が古いものだったからである。

「国家研というグループは、鳩山会社のグループ会社だろう」

それは、まったく違った認識だった。

〈個人的には、鳩山さんとの関係は師弟関係であり、その関係は大事にしていきたい。だが、それと政治行動は別にしていきたい〉

そんな思いがあったため、小沢は鳩山グループの会合への参加を見送ったのだ。

平成二十三年六月二日、衆議院は、菅直人政権に対する内閣不信任決議案を反対多数で否決した。

鳩山由紀夫はこの日、昼の民主党代議士会直前に首相と面会していた。

その席で、鳩山からの「復興基本法案の成立と平成二十三年度第二次補正予算案の編成のめどがたったら、首相の座からお引き取りいただく」という申し出に、首相は「結構だ」と言った。

小沢鋭仁は、鳩山の行動を知って思った。

〈党を割ってはいけないという、党をつくった鳩山さんの本当の気持ちだったのだろう。あの人は、本当に優しい人だ〉

しかし、最後の詰めも含め、ある意味で、この認識は若干、鳩山に甘かった部分があったことも確かだろう。

ただ、代議士会で、鳩山自らが菅に詰め寄らなければならない状況に追い込んだのは、平野博文元官房長官である。あの交わされた文書は、両方の視点から読めるようになっていたからだ。

民主党内は、菅直人首相の後継を決める党代表選に向けた動きが活発化しはじめた。

出馬に意欲をにじませる小沢鋭仁は、次の代表選では、東北の復興・新エネルギー戦略、社会保障と税の一体改革のあり方およびそれに絡んだ消費税の問題、そして、野党との連携などが議論の争点となるだろうと睨んだ。

小沢鋭仁にとっては、中長期的なスタンスで代表選に取り組もうと思っていた矢先の出来事だった。

〈まさに、瓢箪から駒の話だ。まあ、運命なんて、そんなものだろう〉

さっそく、小沢鋭仁は代表選に向けた作業に取りかかった。小沢の専門は、デフレから脱却するためのマクロ経済政策。それから、環境、福祉など社会保障の分野である。

平成二十二年八月二日、小沢鋭仁が会長として発足した「国家研」には、五十嵐文彦財務副大臣が顧問に、糸川正晃議員が事務局長として、当時、五十四名の国会議員が登録されていた。

そのうち、「次の民主党代表に小沢鋭仁を！」と思ってくれている議員は、二十名は超えるとみている。そうなれば、代表選に出馬できる推薦人二十人以上はそろうはずだ。

小沢鋭仁は、仲間とよく相談し、準備にあたっていた。

いずれにしても、菅退陣後の代表選の最大のポイントは、「民主党の融和か。それとも、いままでの排除を継続するか」である。ここが、大きな分岐点となると小沢鋭仁は読んだ。

小沢鋭仁は、融和か排除かと問われれば、融和と答える。「和を以て貴しと為す」という言葉の如く、聖徳太子以来、日本古来から受け継がれてきた伝統を、民主党内に広めていく考えだ。

また、当然、今の日本においては、原子力発電に対するスタンスも注目される。

小沢鋭仁は、日本の原発はステップダウンという考えである。段階的に減らし、やがてはゼロとする。そのためにも、これまで原子力にあてていた予算を再生可能エネルギーにシフトし、徹底的に支援をしていくのだ。

ただし、更なる再生可能エネルギーへの財源をどうするのかという問題はある。国会では、前年廃案になった温暖化対策基本法が今国会でも成立のめどが立たない。地球温暖化対策税で見込まれる税収の確保は、困難になった。

いっぽう、日銀や都市銀行は資金を融資する対象がないと騒いでいる。そんな様子を見て、小沢鋭仁は思う。

〈日銀や都市銀行は、どこに目をつけているのか。まさに環境エネルギー分野には、いくらでもニーズがある。その環境エネルギー分野へ、融資していけばいいのだ〉

再生可能エネルギーに対するサポート体制は、徹底的にしていく構えである。

平成二十三年六月八日、朝日新聞朝刊に「温室ガス二十五%減、削除も　小沢・衆院委員長、基本法三試案」という次のような記事が掲載された。

『政府の地球温暖化対策基本法案をめぐり、前環境相の小沢鋭仁・衆院環境委員長（民主）が、三つの修正試案をまとめていたことが七日、わかった。法案の目玉だった温室効果ガス削減の「二十五%目標」を削除する案もある。地球温暖化対策の国際交渉を乗り切るためには、目標修正に踏み込んでも同法の早期成立が不可欠だとして与野党に呼びかける。しかし、新たな政権の枠組みが模索されるなか、着地点は見えない。

温暖化対策の基本法案は、政府のほかにも自民、公明の両党も国会に提出している。二〇二〇年までに減らす温室効果ガスの目標について、政府案は一九九〇年比二五％減と明記。自民案は〇五年比一五％減（九〇年比八％減）、公明案は九〇年比二五％減だ。

小沢氏は各党と非公式に協議し、目標について修正試案をまとめた。（一）目標は残すが必要に応じて見直す（二）目標を削除し、基本計画の中で改めて設定する（三）基本法の前文に温暖化に関する科学的な知見をふまえる必要性を書き込んだ上で基本計画で目標を設定する、という三案を示した。』

小沢鋭仁は、政権交代し、自身が環境相に就任した直後に提案した、国連総会での「二酸化炭素二十五％削減（九〇年比）」について、危惧していた。

地球温暖化対策については、真剣に取り組まなければならない。

いっぽうで、東日本大震災による原発の停止により、二酸化炭素の二十五％削減という数値の達成は難しい状況に追い込まれている。福島第一原発の事態の収束も見込めない今の段階で、今後の原発を語ることなどできなければ、数字の裏付けもできない。何の根拠もなく、目標数値だけを掲げることはあまりにも無責任である。

そこで、小沢鋭仁は、政府、公明党、自民党からそれぞれ三つの法案が提出されていることを受け、それぞれの考えをメモにして取りまとめた。それが、マスコミに流れてしまったのだった。

地球温暖化対策は、大変難しい局面になってしまった。だが、それでも国際交渉の観点からは基本法が必要不可欠なのだ。

脱原発が叫ばれる今、再生可能エネルギーに対する期待が膨らんでいる。

太陽光、風力、地熱、メタンハイドレードなど多様な自然エネルギーがあるが、小沢鋭仁は、それらすべてを「環境・エネルギー公共事業」という言葉で表現している。

これまでの公共事業は、環境を破壊するイメージが強かった。が、小沢鋭仁は、そのイメージをがらりと変え、環境をよくするための公共事業を広げていきたいと考えている。

それは、再生可能エネルギーの分野だけではない。もっと広げれば、道路も環境公共事業となりうるのだ。

たとえば、自転車で通勤するためには、自転車専用レーンを二レーンほど整備しなければならない。自転車道路も公共事業である。

ドイツ、オランダ、デンマーク、北欧諸国では、自転車利用のためのインフラ整備が進んでいる。専用のレーンがあるところも多い。

デンマークでは、コペンハーゲンに住む人の三六%が自転車で通勤または通学し、四五%は日常的な交通手段として自転車を使っている。そして、ほとんどすべての大通りには自転車専用レーンが整備され、その総延長は三〇〇〇キロにもおよび、コペンハーゲン交通局は二〇一五年までに五〇%の人が通勤・通学に自転車を使うよう整備を目指している。

やはり、自転車通勤・通学を増やすためには、自動車専用レーンの整備と追い越し可能なレーンの二レーンを整備することである。追い越し可能レーンがなければ、急ぎの際対応ができず、普及は進まない。これにより、CO_2が削減され、環境のためにもなる。だからこその環境公共事業なのである。

また、石油など資源のない日本にとって、再生可能エネルギーで日本のエネルギー問題を解決する糸口が見つかるとなれば、世界の中の日本の立場は変わるだろう。東日本大震災を契機に、再生可能エネルギーに全力を傾注していくことは、今後の日本が安心して生き残っていくための外交戦略上、コアであり、アグレッシブな政策である。

過去を振り返れば、田中角栄は石油、ウラン鉱石、天然ガスなど独自の資源外交を展開し、その結果、「虎の尾」を踏んだとも言われている。

しかし、日本が独自に再生可能エネルギーに取り組むことには、だれも、どの国も文句を言うことはできない。

小沢鋭仁は、再生可能エネルギー分野に科学の粋を集め、経済力を投入し、それによって日本経済が活性化するというサイクルを思い描いている。

特に、小沢鋭仁が注目しているのは、地熱を用いた冷暖房システムである。

たとえば、真夏に地表が三十五度を示しているときでも地下五メートルの深さは十五～十七度、真冬に地表の気温が三度の時でも十六～十八度と、夏はひんやり涼しく、冬はほんのり暖かい状態にある。この地中熱が年間十五～十八度と安定している状態を利用し、地下にパイプを埋込み、夏は冷気を、冬は暖気を送るシステムを使う。そうなれば、環境にもやさしい。この冷暖房システムに対しては、環境省も援助している。

六月九日夜、ポスト菅を争う代表選の出馬に意欲を示す小沢鋭仁は、小沢を中心とする「国家研」の活動拠点となる赤坂にある新事務所の開設式を行った。

この開設式には、「国家研」のメンバーである五十嵐文彦や糸川正晃らはもちろん、来賓として国民新党首の亀井静香や、小沢と同期当選の枝野幸男官房長官や玄葉光一郎国家戦略担当大臣が駆けつけた。

集まった議員たちを前に、小沢鋭仁は、代表選出馬への意欲を見せて語った。

「目の前に大きな課題がある以上、仲間としっかり取り組んでいきたい」

小沢鋭仁は、六月十四日、「国家研」で代表選への立候補を表明した。

「代表選には必ず出馬する。みなさんの協力をお願いしたい」

小沢鋭仁は近く選対本部を発足させ、経済財政やエネルギーなどの公約づくりに着手するとした。

小沢鋭仁には代表選に向けた、ひとつのキャッチフレーズがある。

「光の国日本構想」

この言葉だ。

「光の国」という言葉の中には、再生可能エネルギーの意味合いも含まれている。太陽光の光でもあれば、情報通信網の光ファイバーの光でもある。いわゆる時代の最先端国家だ。太陽の光が燦々と輝き、それをエネルギーに変え、さらには全国に張りめぐらされた光ファイバーの中を最先端の情報が行き来をして、豊かな国民生活を支えていく国。そんな明るい日本をつくりたいと描いている。

平成二十三年七月二十七日、小沢鋭仁元環境大臣は、国家研の政策提言「ハイクオリティ（上質）国家ニッポン」を発表した。

民主党の代表選を見据え、どのような国づくりをしたいのか、それを示してみせた。

政策提言のなかで、ヨーロッパ型福祉社会を念頭において、日本の良さも加味した国を目指すとした。

小沢は思っていた。

〈日本は、成熟した民主主義国家だが、機会さえ与えられれば何をしてもよいという意識ではなく、もう少し生活の質、家族、文化、環境を大事にする国にしていきたい。経済活動も、ただ単に短期的に利益を上げられればよいということではなく、中長期的な視点を持ち、もう少しルールを重視した、穏やかな自由主義社会にしていくべきだ。もちろん、競争も必要だが、けたぐりをしてでも勝たなくてはいけないという考え方ではいけない。一言で言えば、「上質な国家」を目指すことだ〉

民主党の代表選に真に国民が望んでいることは、候補者たちが真摯に政策論を戦わせることであり、その政策の優劣によって次期代表・総理が選出されることだ。

しかし、政界の現状をみれば、政策論争が重視されることはない。むしろ、党内の力学だけで物事が進んでいる側面が強い。

そこで、小沢鋭仁は、政策論争の活発化を狙い、早い段階から政策提言を打ち出してみせたのである。

「菅後継をめぐる波乱の代表選」

平成二十三年八月十八日、海江田万里経済産業大臣は、自らに近い立場にある赤松広隆元農水大臣らと会談し、民主党代表選挙に立候補する意向を伝えていた。

「震災からの復興や原発事故の収束、それに、今後の成長戦略に、先頭に立って道筋をつけたい」

海江田から協力を要請された赤松は、支援する考えを伝えたという。

「海江田出馬意向」の一報が流れたのは、八月十八日の夕方のことだった。

同じく代表選出馬の準備を進めていた小沢鋭仁元環境大臣は、この一報を聞き、動揺した。

〈海江田さんは、出馬できないという意見が多かったのに…、どうしたんだ…〉

小沢鋭仁と海江田は、同じ鳩山前総理のグループの議員と見られていた。

しかし、小沢鋭仁は、平成二十三年二月一日に自らが会長を務める「国家研」の会合を開いたとき、東京・赤坂に事務所を構え、研究会を政治団体として届け出る考えを明らかにし、その後、研究会を拠点として、将来の党代表選出馬の準備を着実に進めてきていた。

平成二十三年六月九日には、その「国家研」の会合で、代表選へ出馬する意思も表明していた。

研究会の会員も約四十五人ほどの規模になった。ただ、五十嵐文彦財務副大臣や大谷信盛衆院議員など鳩山グループに所属している議員が多かった。小沢鋭仁も鳩山グループに所属しているが、ここ最近は定例会合には出席せず、鳩山グループでの活動は行っていなかった。

小沢は思った。

〈鳩山グループが、海江田さんを支持する可能性がでてきたな…〉

小沢鋭仁が動揺した理由は、それだけではなかった。

国家研のメンバーの中には、六人ほど赤松広隆のグループと重複している議員がいる。重複している議員の中には、参院議員の難波奨二のように、「鋭仁さんのグループのメンバーに入っているから、鋭仁さんを応援する」といってくれる議員もいた。が、例えば、衆院議員の山花郁夫の場合、山花の父親で日本社会党委員長や細川内閣で国務大臣を務めた山花貞夫と赤松が師弟関係であったことから、赤松が海江田を支持する場合、海江田支持に流れることは確実だった。

それでも、万が一のことを考え、小沢鋭仁は事前に赤松に申し入れていた。

「もし、海江田さんが立候補した場合は、わたしのところに、何人かの人たちを残してほしい」

こういった事情から、小沢鋭仁は落ち込んでいた。

〈海江田さんが出馬するとなると、正直いって、きついな……〉

代表選への出馬の意向を鳩山由紀夫に伝えていた小沢鋭仁には、鳩山からずっと言われ続けていたことがあった。

「今回の代表選は、勝たなければいけないんだ。当然、僕にもあなたを応援したい気持ちはある。精一杯、やってくれ。だけど、とにかく、勝つ体制をつくらなければいけないんだ。そのときは、一本化の話もあるからね」

あくまで自らが擁立した候補の勝利にこだわる鳩山の気持ちとは違い、小沢鋭仁は、代表選に挑戦者として臨む気持ちが強かった。

〈今回は、正々堂々と政策論議ができればいい〉

すでに、七月二十七日に「国家研」としての政策提言を行い、そこから政策に関する議論が少しずつ出始めるようになっていた。

その様子を見ながら、小沢鋭仁は思っていたのである。

〈あのタイミングで発表して、ちょうど、よかったな〉

そんな気持ちがあったことから、鳩山にも本音を漏らしていた。

「政策論議が出始めています。ぼくは、それで、ある意味、目標を達成できました」

この言葉に対して、鳩山は小沢鋭仁を叱咤したのである。

「それじゃあ、駄目だ！　今回は、勝たなければいけない」

海江田の出馬報道が流れた日の夜、赤坂にある国家研の事務所では、記者懇談会が開かれていた。新聞やテレビの記者が集まり、当然、話題は民主党代表選挙の話になった。

そこでいろんな情報を話しながら分析した結果、一つの結論に達していた。

「だけど、海江田さんは、最後には出馬できないのではないか」

その場合、やはり、鳩山グループの関係で出馬するのは「小沢鋭仁」しかいない。

ところが、翌八月十九日の早朝、小沢鋭仁の宿舎に電話が入った。

ある新聞社の記者からだった。

「鋭仁さん、朝日新聞に、『小沢鋭仁は立候補を断念して、海江田支持にまわる』って書いてあるけど、本当？」

そんな覚えはないので、思わず聞き返した。

「なんでそんな記事が？　そんなことないよ」

宿舎で朝日新聞をとっていない小沢鋭仁は、すぐに確認できずにいた。

記者は、問いただした。

「朝日新聞にだけ、話したんじゃないですか？」

「そんなことはない。昨夜、記者懇で話しただけだよ。立候補断念ということもない」

答えを聞いた記者は言った。

「それなら、この記事は酷いな」

平成二十三年八月十九日の朝日新聞朝刊には、こう報道されていた。

『海江田氏、民主代表選に出馬へ　前原氏は近く最終判断

海江田万里経済産業相（62）は18日、民主党代表選に立候補する意向を固め、近く正式表明する。小沢一郎元代表の党員資格停止処分の解除を訴え、党内最大の小沢グループの支援を得る方針だ。一方、前原誠司前外相（49）も自らのグループから出馬論が高まっており、近く最終判断する意向を示した。

海江田氏は19日にも小沢元代表と会談し、処分解除の方針を伝えるとともに支援を要請する。小沢氏が海江田氏支持を決めれば有力候補になる。また、代表選に意欲を示していた小沢鋭仁元環境相は立候補を断念

し、海江田氏の支援に回る方針を固めた。

前原氏はグループ幹部に立候補しない意向を伝えているが、自らのグループ議員との18日の会合で、若手・中堅議員を中心に立候補を促す意見が噴出。前原氏は会合の中で「決めかねている。虚心坦懐《きょしんたんかい》に考えたい」と語ったという。前原氏周辺によると、3月に外相を辞任する理由になった在日外国人による献金問題が立候補のネックになっているという。前原氏は18日昼、「そう時間をかけず、自分自身で最終判断を下したい」と記者団に語った。』

小沢鋭仁にとっては、非常に辛い時期であった。そんなときに、朝日新聞のこの報道である。この報道を読んだ地元の山梨県からは、問い合わせがどんどん入ってくる。

立候補のために、ある議員を訪ね、支援を頼んでも、この一言である。

「今日、朝日でこういう記事、読みましたよ」

小沢鋭仁は、何よりも先に訂正し、誤解を解かなければならない。

「すいません。それは、誤報です。ですから、こうやってお願いに来ているのです」

せっかくの相手との関係にも、もやもやした気持ちが残ってしまう。

だから、朝日新聞の編集局長と政治部長宛に抗議文を出し、訂正記事を出すよう、文書で求めた。そして、それがない場合には、法的措置も考えるとした。

が、朝日新聞は、訂正記事を書くことはなかった。

この日、小沢鋭仁は、「円高対策のための緊急提言～勇気を持って金融政策の大転換～」を発表した。史上空前の円高やデフレの長期化により、日本経済の見通しは不透明だ。そのための打開策を提言したのである。

日本は、かつてない産業空洞化の危機にある。円高対策には、政府の為替介入という手段もあるが、それは一時的な効果でしかない。

円高とデフレの根本的な原因は、通貨供給量の不足だ。アメリカは、リーマンショック後の金融緩和により、ベースマネーを約三倍まで増やしている。それに対して、日本は二〇%しか増やしていない。

外国通貨に対して円が相対的に少なければ、希少価値が出て、当然、円高になる。

為替介入は一時的な効果しかないため、日本は通貨政策を大転換して、せめて欧米並みの金融緩和を行ない、ベースマネーを増やすべきなのだ。平成十四年の舛添要一らとの勉強会で学んできたリフレ政策の提言であった。

〈このままでは、かつてない産業空洞化の危機が起きるだろう〉

そのことを懸念する小沢鋭仁は、「日本の金融政策は手詰まり」という報道も多いが、アメリカが通貨を増やすなら、日本ももっと増やせばよいだけの話であり、それができないということに疑問を持ち、緊急提言したのである。

「代表選、土壇場での撤退」

平成二十三年八月二十五日、小沢鋭仁元環境大臣は、鳩山由紀夫から、衆議院議員会館の鳩山の部屋まで来るよう、呼び出されていた。

以前から、「今回の選挙は勝たなければならない選挙だ。いざというときには、一本化の話もありうる」と言われていた小沢鋭仁は、このとき思った。

〈一本化となったら、ぼくに決めてくれる〉

それは、「国家研」の仲間も同じ気持ちだった。

ただし、海江田万里が出馬するとなれば、面倒なことになりそうな予感もあった。

「国家研」の仲間内でも話していた。

「海江田さんが出るとなれば、海江田さんになる可能性は高いよね」

だが、小沢鋭仁自身、なお海江田はおそらく出馬することができないと見ていた。

鳩山由紀夫も小沢一郎も、菅内閣の原発事故への対応を大震災発生以来ずっと一貫して批判してきた。そのため、当事者である経済産業大臣の海江田をポスト菅の代表選で支持するのは難しいだろうと見られていた。

鳩山や小沢が菅内閣への不信任案採決に賛成しようとしたときも、原発事故対応への不満を理由にあげていた。

小沢一郎も鳩山同様に、海江田に不満を抱いていることを聞いていた。

「海江田では、駄目だ」

小沢一郎のそういう発言があったということもあり、みんなが言っていた。

「海江田さん、難しいよな。今回は出れないよな」

松野頼久も同意していた。

「そうですよね。出れないですよね」

小沢鋭仁は考えた。

〈じゃあ、あとは、誰だ。樽床か？　馬淵か？　おれか？〉

樽床伸二は、平成二十二年六月の代表選で菅直人と一騎討ちになったとき、小沢一郎の支援を受けている。が、現在は、小沢一郎と距離を置いている。馬淵澄夫は、まだ当選回数も少ない。

鹿野道彦には、鳩山グループの周辺にはアレルギーが強かった。

「鹿野さんもありませんね」

まわりの議員は言っていた。

「一番近いのは、やっぱり鋭仁さんですよ」

樽床、馬淵、鹿野、小沢鋭仁の四人となれば、小沢鋭仁の可能性が高い。推薦人の二十人もそうなれば心配はない。

いっぽうの海江田には、特にグループもなく、子飼いの議員もほとんどいないために推薦人がほとんどいない。だから、海江田が出馬すると表明したとしても、海江田は途中で降りる可能性がある。

当然、一本化になれば「小沢鋭仁」しかないと思える状況だった。

「国家研」の主要なメンバーの認識も一致していた。

「鋭仁さんで、決まるよな」

原口一博の名前も、不信任案の採決前には有力な候補の一人としてあがっていたが、不信任案の否決以降は本命ではないと見られていた。

ある議員の話によると、原口の名前があがった経緯はこうだ。

「今回、原口の名前を出しておかなければ、あいつは、もう完全に死んでしまう。そこで、小沢グループの一部の人たちが、ちらっと名前を出しただけだ」

このような動きを背景に、小沢鋭仁は鳩山の部屋に向かった。

鳩山からは、海江田万里との一本化を要請された。

小沢鋭仁は、応じた。

「わかりました」

ただ、この日の会談では、まだ小沢鋭仁と海江田のどちらに一本化するかは決まらなかった。小沢鋭仁は、身柄を鳩山の判断に預ける形になったのだ。

小沢鋭仁は思った。

〈おそらく自分に決まるだろう…〉

八月二十六日朝、小沢鋭仁は、鳩山から連絡をもらった。

「一本化の話があるから、今日も夜事務所に来てください」

その日になり、新聞記者から入ってくる情報があった。

「どうやら、海江田さんで決まったそうですよ」

新聞記者の鳩山由紀夫番と小沢鋭仁番は、同一人物が多かった。そこで、情報もおのずと上がってきていた。

小沢鋭仁だけを追いかけている新聞記者とは、いつしか親しい仲になっている。海江田に決まったらしいとの話を聞いて、小沢鋭仁に言った。

「うわ…、それは酷いよね」

それでも、小沢鋭仁は信じていなかった。

「別に、それで決まったわけじゃないだろう」

小沢鋭仁は、まだ自分に可能性があると考えていた。

この日午後七時半、前日と同じように衆議院議員会館にある鳩山由紀夫の部屋に行き、小沢鋭仁は、鳩山、海江田の三人で会った。

鳩山は、二人に向かっていった。

「海江田さんに鋭仁さんが協力してもらいたい。わたしの判断をご理解いただき、どうか握手でも」

小沢鋭仁は、鳩山から海江田への一本化の話を告げられた。小沢鋭仁は、がっかりした。

最後の瞬間まで、小沢鋭仁は自分に可能性があると信じていたからだ。

とにかく、残念の一言だった。

このとき、ある考えが浮かんだことも確かである。

〈推薦人、あと三人集まれば、二十人になる。今からでも無理してやれば、立候補できないわけではないな…〉

しかし、それは、許されないことだということもわかっていた。二十五日の夜、小沢鋭仁の身柄は、鳩山由紀夫に預けたからである。人間同士の信用の問題がある。

〈今回は、しかたがない。諦めるしかない〉

このときの小沢鋭仁には、海江田で勝てる、勝てないなどと考えている余裕はなかった。

海江田は、平成二十三年七月七日の国会で、近く辞任する意向を示していた。

「いずれ時期がきたら、責任を取らせて頂く」

鳩山由紀夫は、かねてから、海江田に対し、賠償支援機構法が成立した直後に辞任しないと「時期を逸する」と伝えていた。再生エネルギー法成立まで待っていては、菅総理退陣と重なりかねないからだった。

しかし、海江田は、八月三日に同法が成立しても動かなかった。

民主党内からは、ある声が出始めていた。

「さっさと辞めていれば、ポスト菅の有力候補になっていたのに」

また、七月二十九日の衆議院の経産委員会で、涙を流したことでも評価を落とし、リーダーとしての資質を疑問視する声も漏れていた。

小沢鋭仁も、海江田が涙を流したり、もっと早く経済産業大臣を辞任していれば、代表選に向けた流れは変わっていたと感じていた。

そのうえ、政策に対する発言も、経済連携協定（ＴＰＰ）参加に積極的だった海江田が、代表選立候補を表明した直後から「慎重に検討」と言い出す始末。原発に関しても、経産大臣としての発言は撤回し、「二〇二〇年代初頭までに原発への依存度を二〇％以下に引き下げる」とし、「四十年以内の原発ゼロ」を掲げた。

民主党内最大規模の小沢一郎グループの支持を得たことで、ＴＰＰ推進派の海江田の意見は、変わらざるをえなかったと報道された。

しかし、小沢鋭仁には、小沢一郎グループではなく、赤松広隆の意向が大きく影響していたのではないかと見えた。

〈赤松さんが、少なくとも、原発とＴＰＰは駄目だと指示したのだろう〉

赤松は、海江田の選対本部長である。

その赤松といえば、ものすごく明快な人である。

「『原発とＴＰＰの政策は、変えたんです』と、逆に、はっきり示した方がいいんだ」

そういうタイプが赤松である。

ところが、海江田の方向転換は裏目に出てしまう。

若手の中間派の議員たちの中には、政策を一生懸命やりたいと思っている議員がいる。そんな議員たちには、その姿勢ではまったく受けない。

海江田より、政策提言をはっきりと示していた小沢鋭仁の方が、受けがよかった。

「政策論的には、鋭仁さんの政策が一番いい」

この言葉は、どの陣営に所属する議員からも言われていた。

小沢一郎元代表が支援を表明した海江田は、小沢グループ（約百二十人）と鳩山由紀夫前総理のグループ（約三十人）の多くが支援に回った。さらに、選対本部長を務める旧社会党グループの赤松広隆元農水大臣ら同グループの一部の支持を集めて、百十五〜百二十人を固めていた。小沢一郎は、連日、陣営を訪れて引き締めを図った。

海江田陣営は、前原、野田の二人のいずれかが二位につければ、鹿野との連携で決選投票を制することができるとみていた。

しかし、鹿野が二位に滑り込んだ場合、前原、野田の支持派が、小沢一郎が支持する海江田を避けて、鹿野に決選投票で逆転を許すことを警戒した。

このため、海江田の陣営は八月二十七日、第一回投票での過半数獲得を確実にする方針を確認。選対本部長の赤松広隆元農水大臣は、記者団に語った。

「一発でバシッと過半数を取る」

ところが、小沢鋭仁の見方は、赤松とはまったく違っていた。

〈一回目で過半数を取ることは、無理だ〉

選挙対策会議の場でも、小沢鋭仁は、はっきりと断言した。

「決選投票の対応が大事だ」

そういって、作戦を披露した。

「ある意味では、今の野田さんや前原さんが代表になってしまったならば、今の執行部がそのまま続くようなものだ。このまま、前の体制で行くのか。それとも、ここは一新するのか。それを問いかければいい」

この提案に、多くの賛同者があらわれた。

「それがいいじゃないか。その方針でいこう」

また、小沢鋭仁は、鹿野グループには、今の執行部に不満を持っている人が多いと読んでいた。そこで、鹿野グループのメンバー、四人ほどと電話で話してみた。

だが、想像していた以上に反応は悪い。

「いくらなんでも、引き剥がしは、みんな、怒っているよ。鋭仁さんには、何も恨みもないけどね」

翌朝、もう一度、小沢鋭仁は連絡を入れてみた。

相手側の返事はこうだった。

「もう、とにかく、陣営で一本化してやると。そう決めたんだ。すでに、おれの手を離れているからさ」

八月二十八日午後十二時、JR有楽町駅イトシア前で、「海江田万里を総理大臣に！」総決起行動が開催された。

鳩山由紀夫前総理、赤松広隆元農水大臣、小沢鋭仁前環境大臣、原口一博前総務大臣、の四人が、応援演

説に立ち、その他、推薦人に名を連ねる国会議員が集結した。

いよいよ、海江田の演説がはじまった。

ところが、最初、よかった演説が、途中からずるずると話が長くなってしまい、しだいに何を言いたいのかがわからない演説に変わってしまっていた。

まわりからは、早く、止めた方がいいという思いが伝わってくる。

小沢一郎グループの議員からは、こんな声も聞かれた。

「海江田さんより、鋭ちゃんの方がずっとよかったよな」

「どじょう総理の誕生」

平成二十三年八月二十九日、民主党代表選の投票の日がやってきた。各陣営は、投票当日になっても激しい駆け引きを続けていた。

海江田の決起大会で、小沢鋭仁はあいさつに立った。

「どうやらこの陣営は、ある意味で、悪者集団になっている。だけど、虐められてきたのは、一体どっちなのか？　そういうことを考えれば、加害者は現執行部で、被害者はこのグループじゃないですか。そういう思いで、中間派の人たちに声をかけていこう」

この小沢鋭仁のあいさつを聞いて、鈴木克昌が声をかけてきた。

「鋭仁さん、悪い。いやァ、あそこまで心配してくれて、本当にありがとう」

両院議員総会での立候補者による演説がはじまった。

が、海江田の演説は、あまり、いい出来ではなかった。

いっぽう、野田の演説は、いつも聞いている議員からすれば、相変わらずの演説だった。

小沢鋭仁は思った。

〈どじょうの政治って、じゃあ、一体、どうするのか。泥臭いといっても、政策的には何を目指すのか、よくわからないな〉

冷静に分析すれば、そんなところである。

しかし、それでも、なんとなく心には残る。それが、野田の演説であり、野田マジックなのだといえた。


小沢鋭仁元環境大臣は、野田内閣を一言でいえば「増税内閣」だと評価している。

そして、案じてもいる。

〈本当に、的確な経済対策を打てるのだろうか。相当、不況になっていくだろう〉

最大のポイントは、来年の三月から五月までになるだろう。

なぜなら、野田総理は、八月三十日の閣議後の記者会見で、消費税増税を含む社会保障と税の「一体改革」にふれ、増税法案を二〇一二年の通常国会に提出することを改めて表明したからである。

菅内閣が決めた「社会保障・税一体改革成案」の中に「二〇一一年度中に必要な法制上の措置を講じる」

とするスケジュールが入っていることを指摘し、「それを踏まえて対応する」と明言した。

来年の通常国会に提出するというのであれば、三月までに増税案を提出しなければならない。一応、二〇一〇年代の半ばからの実施とはなっているものの、消費税を一〇%に引き上げるなどといった具体的な数字も出てくる可能性もある。

そこで、政府と国民との間の考え方の乖離が浮き彫りになるかもしれない。国民は、一〇%とは想定しておらず、せいぜい、七、八%の話ではないかととらえているかもしれない。

そうなれば、消費税の具体的な数字に対する議論が紛糾することも考えられる。

そのうえ、九月中には復興増税案がとりまとめられる見込みで、復興増税は二〇一二年度から実施されることにもなる。つまり、来年の四月から増税されるというわけだ。

その額は、かなり圧縮されるだろうが、まずは、三月に消費税増税論があり、四月には、復興税の増税が実施となる。

果たして、そのときの経済状況がどうなり、国民の意識がどうなっているのか。

もちろん、小沢鋭仁も、増大する社会保障の財源のための消費税増税はせざるをえないという立場にあるため、増税自体には反対はしない。

しかし、その増税の必要性をもっとわかりやすく国民に説明する義務を果たさなければいけないのに、政府はその義務を怠っているとしか思えないのだ。

〈社会保障を充実させる。そのサービスのための増税であることを理解してもらわなければならないのに、

ただ単純に財源が足りないから増税という話になっている。それでは駄目だ〉

小沢鋭仁は、「社会保障と税の抜本改革調査会」でも決まったように、二〇一〇年代半ばまでに経済がデフレを脱却して、名目成長率がプラスになることを条件として、五％程度の消費税アップを行なわなければいけないと考えている。

国民には、自分が支払った税や社会保障費によって、自分自身が助かっているんだという感覚、つまり「受益感覚」を持ってもらえるようにしなければならない。

政府も、国民にそうした感覚を持ってもらえるような政策をやらなくては、理解などされない。

藤井裕久民主党税制調査会長は、九月八日付の朝刊に掲載された毎日新聞のインタビューで、こう答えた。

野田佳彦総理が設置を検討している新たな経済関係の会議はどう運営すべきですか？

「与謝野（馨・前経済財政担当相）さんに入ってもらいたい。与謝野さんは（社会保障と税の一体改革とりまとめの）功労者だ。」

この記事を見た小沢鋭仁は、正直、驚いた。

そして、藤井の税調会長人事は、失敗する可能性があるとも思った。なぜなら、藤井は完全に円高論者だからである。経済対策で失敗するかもしれない。

とにかく、今の円高は、七十六円が七十七円になったからいいというようなレベルではない。

円安円高には、プラスの面もあればマイナスの面もある。少なくとも、日本のように、輸出で経済が成り立っていく国にとって円高は全体的にみればマイナスである。

庶民にとっては、円高のおかげで海外からの輸入ものが安くなり、購買意欲は高まるだろう。そういう良い面もあることは承知している。しかし、日本経済全体の視点からすれば、円高はマイナスだ。ましてや、地方の中小企業はもっと危機的状況に置かれている。

にもかかわらず、財務省は、「このくらいは、許容範囲」だと考えている。今の円高に対して、本気で危機意識など持っていない。

円高によって、日本の産業は空洞化になっていく。空洞化になるということは、国家が静かに衰退していく道をたどるということである。

小沢鋭仁は、それを一番恐れているのだ。

〈今の政治には、トップに立つ者が確信を持ってやっていくということが重要なのだろう。政治の世界は、意見が一方向ということなんて、いつの時代もありえないのだから〉

民主党代表選挙終了後、小沢鋭仁元環境大臣のもとへは、鳩山グループへの復帰を求める声が届けられるようになった。

「また一緒にやろうよ」

「もう一回、鳩山グループを支えてくれませんか」

鳩山由紀夫本人、そして、松野頼久などからである。

小沢鋭仁は、六月二日の衆議院での内閣不信任案採決の際、鳩山の対応とは異なる立場を取った。が、しっかりと筋だけは通しにいっていた。

「すみません。反対票を投票します」

そんな小沢鋭仁に復帰を求める声があるのだ。

小沢鋭仁は松野と相談しながら決めようということで動いている。

なぜならば、小沢鋭仁の「国家研のメンバー」イコール「鳩山グループ」ではないからである。鳩山グループ以外のメンバーの考えも汲み取らなければならない。

小沢鋭仁の師匠は、浜田卓二郎元衆院議員である。その浜田は、自民党の派閥・宏池会に所属していたが、それとは別に、政策集団「自由社会フォーラム」を立ち上げ、その事務局長に就任したのが小沢鋭仁である。

それに則してみれば、鳩山グループに復帰しながら、国家研を両立するということもありうるとも思える。

特に、今の鳩山グループは、以前のパワーをまったく失ってしまうほど落ち込んでしまっている。野田内閣に抜擢される人材もいなければ、崩壊の危機もささやかれるほどである。

そんな鳩山グループを盛り返すために、小沢鋭仁が復帰する。国家ビジョン研究会の中からも数人が小沢鋭仁と行動をともにしてくれるだろう。そうなれば、鳩山グループの芯もしっかりとし、かなり力をつけることになるはずだ。

小沢鋭仁の心中には、鳩山由紀夫に対する気持ちもあるのだ。

〈自分が国家研を作ったことで、由紀夫さんには、ある意味で、迷惑をかけてしまったかもしれないな…〉

そして、小沢は日本維新の会に参画していくことになる。

第四章「政治家・小沢鋭仁として
——政策中心の政治を目指して——」

「憲法改正のゆくえ」

政治家・小沢鋭仁のテーマは何か。

実務家としては景気対策に力を入れている。平成二十八年に入って、株価が不穏な動きを見せている。これは試練だが、安倍晋三政権が日本銀行と呼応して進めるリフレ政策の流れ自体は悪くない。

経済がまずまずとすると、やはり憲法改正である。小沢はハト派・平和主義者でありながら、憲法改正論者の立場を取り続けている。

平成二十六年一月二十五日には、自身の憲法改正案を条文の形でまとめた。衆議院予算委員会で改革結集の会として提案もしている。

小沢は憲法改正を「二段階」に分けて考えている。第一段階では、当面の課題にまず手をつける。当面合意ができる課題だけを選んで憲法を変える。具体的には、「緊急事態条項」と「環境」、「地方自治」だ。

第二段階では、議論の分かれる課題にも踏み込んでいく。「九条」と「九十六条」だ。

九条は安全保障の問題。九十六条は改正手続きの問題だ。

九条で大事なのは平和主義の維持。その上で現状の文言をわかりやすく整理する。さらには、集団的自衛権に関して「限定容認論」を貫く。

自衛隊を軍と位置づけるかどうかの議論もある。小沢はあまりこの点を重視していない。「日本を守るための部隊として自衛隊を置く」という表現でいいと考えている。

憲法九十六条の改正については、どうか。憲法改正に必要な議会勢力を「三分の二」と定めている。これをテーマ別に、例えば「五分の三」程度に改められないか、と小沢は考えている。

現行憲法が定める「両院の三分の二」はとてつもなく高いハードルだ。「一強多弱」といわれる今の国会でも無理であろう。

改憲をめぐってこれだけ多くの議論がある中、これまでなかなか提案に至らなかった背景には憲法の規定がある。わずかに一度だけ、一院制の提案が超党派の議員連盟から出された事がある。これは正に憲法改正案だ。立法の形で初めて出したのは超党派の衆参対等統合一院制国会実現議員連盟で、筆頭提案者は小沢鋭仁だ。だが、発議には持ち込めなかった。

「維新の党、分裂」

平成二十七年八月、維新の党の分裂は、決定的となった。さりとて、小沢は、「おおさか」という地名が入っているおおさか維新の会にはなかなか加われなかった。大阪のために政治をやっていくのか、と山梨の仲間たちに誤解される懸念があったからだ。

小沢が平成二十七年九月、甲府市内で開いた後援会幹部との食事会。幹部の一人は次期衆議院選挙で山梨一区からの出馬を促した。

結局、橋下徹大阪市長や松井一郎大阪府知事が主導する新党・おおさか維新の会は、十月十四日に結成された。だが、小沢は動かなかった。

「いろんな動きが終わってから、決めたい」

と態度を保留した。後援会内部では新党入りを求める声と、山梨一区への「再国替え」を訴える声が交錯していた。

十月二十四日、小沢は維新の党の松野頼久代表に離党届を提出する。いっぽう、おおさか維新の会との連携にも意欲を示した。

その後、小沢は、四人の仲間と共に十二月二十一日に、新党「改革結集の会」の設立を総務省に届け出た。顔ぶれを見てみよう。代表・村岡敏英、幹事長・小熊慎司、会長・小沢鋭仁、政調会長・鈴木義弘、国対委員長・重徳和彦。小沢の役割は党運営や国会活動で代表を補佐することだ。

国会内の記者会見では、こう言い切った。

「自民党に対抗できるもう一つの政治勢力をつくる」

五人に共通するのは、おおさか維新の会へのシンパシーだ。国会運営に関してはおおさかと共同歩調を取っていった。

改革結集の会は「中央集権や既得権益の打破」「身を切る改革」を政策として掲げる。「第三極政党」としての性格が色濃い。

〈改革結集の会という名前の通り、改革勢力を束ねるきっかけをつくりたい〉

小沢はそんな思いを抱いていた。民主党を割って保守派のグループと合流する構想も持っていた。

松野たちは、民主党との連携合流を意図し、維新の党は分裂した。民主党が一人も減らず、全く変わらない中での合流は小沢には考えられなかった。小沢の考える政策は民主党では到底実現できないとの思いは、離党以来変わっていない。

たとえ盟友の松野からの誘いであってもそこは譲れなかった。民主党を離党した平成二十四年十一月十四日がつい昨日のように思われる。

〈保守派が民主党を割ってくるなら〉

小沢には、そんな思いがあった。

平成二十八年一月、村岡は民主党の野田佳彦と会っている。野田はこう言った。

「橋下さんたちと一緒になった再編じゃないと、パンチがないね」

野田だけではない。前原誠司、長島昭久ら、「保守」といっていい顔ぶれが民主党にはそろっている。

実は維新の党の分裂劇の直前、橋下徹と前原、長島が京都で顔を合わせる手筈になっていた。維新の党のゴタゴタで実現はしなかったが、長島は今でもこう言っている。

「橋下さんと、直接話をしたい」

政界再編の行方がどんな形に結実するのか。それをにらみながら、改革結集の会は歩んでいくことになりそうだ。

小沢に関していえば、山梨での知名度は確たるものがある。新人候補が今から山間部を飛び回り、ゼロベースで自分の選挙母体を築いていくのは難しい。小沢の場合、それはすでにある。前回の衆議院選挙で動かしてきたし、メンテナンスもしている。

象徴的な出来事があった。平成二十四年十二月三日、衆議院選挙の初日に小沢は甲府で「比例区の出陣式」を行ったのだ。ブロックの外での第一声は、極めて異例といっていいだろう。

「この山梨の地から立つことができない。みなさまのお役にたちたいという思いをぶつけることができないことは、つらい」

「きょうお集まりいただいたのは『小沢を頼む』と声をかけていただいた人ばかり。『おかしいじゃないか』という話も届いているだろう。一段落したら、おわびのごあいさつをしたい」

平成二十六年の選挙では比例区の近畿ブロックで当選を果たした。だから地元の山梨で選挙活動をするのは道理に合わない。近畿の支持者にも礼を失するからだ。小沢はこれまで山梨での動きを自粛してきた。

だが、維新の党の分裂以降はその禁を解いている。新聞紙上でも明言した。

「県民のみなさんには近畿に行ったという理解が大きいが、そうではない。（比例近畿への転出は）緊急避難だった。選挙後も一貫して山梨一区の総支部長だった。県民のみなさんに誤解があるのであれば、まず解いていく」

山梨一区での出馬にも言及した。

「まだ確定しているわけではないが、それが自然の話だと思っている」

近畿比例での出馬はすでに触れた通り、あくまで党の事情によるものだ。緊急避難的な対処だった。現に国替えの後も小沢は維新の党山梨一区支部長の任にあり続けている。ただし、近畿の有権者を刺戟しては申し訳ないので、あまり前面に出さなかっただけである。

平成二十七年の一年間、実質的に山梨では動いていない。そろそろ腰を上げるときだろう。

〈今からちょこちょこ小さな組織をつくるより、政界再編の大きな流れの中で戦ったほうがいい〉

小沢は今、そう考えている。

「新たな挑戦へ向けて」

おおさか維新の会は、平成二十八年の参議院選挙で「全国的に候補を立てたい」と公言している。だが、近畿以外の候補者には小沢と同じような問題を抱えている者が少なくはない。全国で選挙戦を戦うのはかなり難しいかもしれない。

おおさか維新の会も日本維新の会や維新の党と同じように「自民党を越え得る政党」を目指すのだろうか。

〈もう一度、チャンスはある。橋下徹が国政に出てくるときに勝負を賭ければいい〉

直言をじさない橋下のキャラクターやその言動は時に誤解を生むこともあった。小沢もそのことはよくわかっている。だが、橋下は近年の永田町では珍しいカリスマ性の持ち主でもある。これは政治家として得難い資質だ。

例えば、「大阪都構想」。途中から負けは明らかだった。

「もう負けです。うまくいかないと思う。ここは、方針転換しましょう」

小沢はそう進言している。それでも橋下は突き進んだのだ。

橋下は、なぜそこまでこだわるのか。都構想自体は維新の党として機関決定した政策だ。党名にある「維新」は伊達ではない。小沢や橋下をはじめ、維新のメンバーは誰しも本当に「維新」を成し遂げたいと考えている。具体的には憲法を改正し、統治機構の改革を行い、地方再生のために、首都圏一極集中からの脱却を目指す道州制を導入するといった一連のプロセスを実行することだ。都構想は道州制を構成する一つの要素とみていい。

明治維新も一気に実現したわけではない。土佐で起こり、長州で起こり、薩摩で起こり、という流れの中で進んでいった。平成の維新では大阪を突破口にしたい。党全体でその端緒をつくろう。維新の党はそう考えた。小沢はそういう意味で都構想に賛成している。

住民投票では苦杯をなめた橋下だが、平成二十七年の大阪市長・府知事の同日選挙では市長選で橋下の後継者の吉村洋文が初当選し、さらに府知事選で現職の松井一郎が再選されるなど、完全勝利を収めた。この勝負強さは驚異的だ。橋下のカリスマ性があらためて証明された。

「国民投票法の一部改正」

小沢鋭仁は、平成二十三年十月二十一日の憲法審査会始動から平成二十四年十一月十六日の衆議院解散まで、憲法審査会の与党筆頭幹事を務めていた。その間の憲法審査会の歩みは、遅々としたものであり、小沢にとっては非常に歯がゆいものであった。

総選挙を経て政権が交代することとなったが、憲法審査会は相変わらず、具体的な改憲論議には入れない状態が続いていた。小沢はその大きな原因の一つは、憲法改正国民投票法の整備が中途半端となっていることだと考えていた。すなわち、平成十九年五月に制定された国民投票法には、三つの検討課題、いわゆる「三つの宿題」が残されていた。特に、①選挙権年齢等の十八歳への引下げと②公務員の政治的行為の制限に係る法整備の二つについては、平成二十二年五月までに行うべきものであった。

この法整備が「国会の不作為」によって行われていないため、憲法改正国民投票をする場合の投票権年齢が不明確になるなど、実際には国民投票を行うことができない状態となってしまっていたのだ。

小沢は、「時代の変化を敏感に感じ取り、必要な改革を大胆に行っていく」ことが政治家に課せられた重要な使命と考えている。その際、改革の内容はもちろん大事だが、何よりスピードが必要なのだ。スピードなき改革は改革の名に値しない。憲法改正を行っていくための不可欠な環境整備を一刻も早く行い、一院制の導入や憲法改正手続の要件の緩和に向けた動きを本格化しなければならない。

思い立ったらすぐ行動に移す。維新に移り、国対委員長を務めていた小沢は早速、衆議院法制局とともに改正案作りに着手した。その際のポイントは一つ。小沢は、改正案の内容は、「三つの宿題」を片付けるために必要最小限のものとするようにしたのだ。

まずは憲法改正の環境整備を完了すべしという小沢の考え方の下、党の意見をとりまとめ、平成二十五年五月十六日、維新案が国会に提出されることとなった。改正案の国会提出後には、維新として、憲法審査会をはじめ様々な場面で憲法改正国民投票法を整備する必要性を訴えた。また、小沢自身も平成二十六年二月四日の予算委員会において、憲法改正国民投票法を整備することが憲法改正を行っていくために不可欠であることを訴え、安倍総理から「与党のリーダーシップにおいて議論を加速させたい」との答弁を引き出すなど憲法改正国民投票法の改正に向けてあらゆる努力を尽くした。

そして、ついにその努力が実を結び、平成二十六年四月八日に維新、自民、民主、公明、みんな、結い、生活の共同提案で憲法改正国民投票法改正案が提出され、同年六月十三日に改正法が成立することとなったのである。

「憲法九十六条の改正」

平成二十三年六月七日、憲政記念館。小沢は、超党派「憲法九十六条改正を目指す議員連盟」第一回設立総会の場で、当時与党であった民主党側代表として、野党自民党の古屋圭司議員とともに、壇上に並んでいた。小沢は、その後も引き続き、議連の中心メンバーとして活動することになる。

この「九十六条改正議連」の活動に呼応する形で、「九十六条改正」を政治課題として掲げたのが、議連の顧問でもあった安倍晋三総理だ。安倍総理は、第二次政権発足当初、他の憲法改正に先駆けて九十六条改正を行う「九十六条先行改正」を掲げた。賛否両面からの議論が沸き起こった。

小沢は、この「九十六条改正ブーム」とも言うべき状況について、議連の運動が実を結んだことを喜びつつも、一抹の危惧の念を抱いていた。

〈九十六条改正を主張するのは、「一院制」「地方自治」に代表される統治機構改革という目標があって、そのための憲法改正をしやすい環境を整える必要があるということだが、今の議論では、最終的に何を改正するかわからないけれども、とりあえず手続を緩和するということになってしまわないか。これでは、護憲勢力から、九条や人権保障など、憲法の基本原理に関わる部分まで、簡単に変えられてしまうという猛烈な反発が出てくるのではないか。感情的反発を抑えた、冷静な議論に持っていくための知恵はないものか〉

小沢は、以前から憲法論議について相談をしていた衆議院法制局の知恵を借りることにした。

「スペイン、ロシア、カナダなど、改正する項目によって、憲法改正手続に違いを設けている国があります。統治機構については柔軟に改正できるようにして、憲法の基本原理に関わる部分は厳格にする。こういう発想だと思います」

法制局からの回答に、小沢は思わず膝を打った。

「これで行こう。統治機構を定めた憲法第四章から第八章（国会、内閣、司法、財政、地方自治）の改正は、各議院の「過半数」に引き下げるが、第一章（天皇）、第二章（戦争の放棄）、第九章（改正）第十章（最高法規）の改正は、『三分の二』を維持することにする」

この案を示して、賛否両極端の議論が渦巻いている九十六条改正論議に一石を投じ、厚みのある冷静な議論を呼びかける。

だが、小沢のこうした努力も空しく、護憲・改憲の対立は既に先鋭化し、状況は「冷静な議論」を許さなかった。当初「九十六代の首相だから、九十六条を変えたい」などと強い意欲を示していた安倍総理は、批判が大きいのを見て取ると「最初の改正は慎重に」などと、発言をトーンダウンさせてしまう。政権奪還の余勢を駆った「九十六条改正ブーム」は急速に萎んでいった。

〈九十六条改正論議が頓挫した原因は、憲法のどの部分を、どんな内容で、どの順番で改正するのか、憲法改正の具体的な道筋を示さずに、先に手続だけを改正するという姿勢が、国民の不安を招いたことにある。九十六条改正を実現するためには、その前に、憲法改正の全体像を示さなければならない〉

今回の事態から得た教訓に立って、小沢が提起するのが、「憲法改正の全体像」だ。まず、第一段階として、「緊急事態規定」「地方自治」「環境権」を、第二段階として、「一院制と首相公選制」「九十六条改正」を行う。「改革結集の会」ではこのような「全体像」を発表している。

同時に、九十六条改正自体の議論を深めることにも怠りがない。日本維新の会国会議員団憲法調査会幹事長として、単純に「過半数」に引き下げる案と、分野別に引き下げる案の二案を党内論議に供した。加えて、「憲法の基本原理は変えないなど、改正の限界を明文で規定する」という案、「フランスの憲法改正手続にならい、『五分の三』とする」など、様々な案を用意し、政治状況に応じていつでも対応できる準備をしている。

「集団的自衛権に関する見解」

小沢の「リベラル」としての存在感が存分に発揮されたのが、日本維新の会の「集団的自衛権に関する見解」のとりまとめだ。

安倍内閣が集団的自衛権の行使容認のための憲法解釈の変更を行う方針を示している中、日本維新の会では、平成二十六年一月二十五日の執行役員会において、「集団的自衛権に関する見解」が決定された。政府に先んじていち早く具体的な見解を発表すれば、議論をリードできるとの考え方だ。これを受けて、「日本維新の会国会議員団安全保障調査会」が発足し、二月十二日の第二回会合において、小沢鋭仁は、「見解」とりまとめの責任者である幹事長に就任した。

安全保障調査会は、「見解」発表までに計八回開催され、具体的な見解案の検討を行った。だが、その過程で、「リベラル」を政治信条とする小沢と、旧「太陽の党」のメンバーに代表される「タカ派」の面々との間で意見の隔たりが表面化した。

相違点の第一は、「見解」の基本構成だ。「見解」では、従来の政府解釈との連続性を維持し、「自国及び自国民防衛のため」という限定を付して集団的自衛権行使を認めるという考え方をとった。小沢が責任者として、作業を統括する立場にあったからこそ採用された考え方だ。「タカ派」議員や、彼らが思想的に共鳴する有識者の中には、従来の政府解釈は誤ったものだから「正常化」し、広範な集団的自衛権行使を認めるべきという意見もあったが、これは採用されず、現実的で極めて限定的な考え方がとられた。

第二は、「密接な関係にある」国として何を想定するかだ。集団的自衛権行使は、「我が国と密接な関係にある国」に対する侵害があることが前提になるが、そのような国として、同盟国である米国のみを想定するのか、韓国、台湾など、もっと幅広い国を想定するのか、という問題だ。「タカ派」議員の間では、米国以外の周辺国で武力衝突が起こった場合も、介入できる余地を残したいという議論もあった。だが、本当にそんなことまでやるのか。

小沢は一喝する。

「同盟国である米国はともかく、それ以外の国が攻撃を受けた場合まで集団的自衛権行使を認めてしまえば、朝鮮半島有事、台湾有事、南シナ海…その他あらゆる武力衝突に、自衛の範囲を超えて介入していくことになる。本当にそれでいいのか」

数では多数を占める「タカ派」議員も、同調するほかなかった。

小沢の奮闘により、見解には、「国際法上の同盟などの関係にある国を原則とする」との歯止めがかかった。国際法上の同盟関係にある国は、現在は米国しかないから、米国が攻撃を受けていない事態まで、日本が出ていって武力行使をすることはないということだ。

こうして小沢の下で作成された「見解」は、翌年の安保法制の審議に当たって、「維新の党」の対案作成の基本方針となった。維新の党は、集団的自衛権行使を「武力攻撃危機事態」、すなわち、日本を守るために活動している同盟国軍隊が攻撃を受け、しかも日本への直接の武力攻撃の明白な危険が切迫している場合に限る。政府案の「存立危機事態」とは異なり、ホルムズ海峡封鎖などの事態を読み込むことができない、極めて限定された要件だ。

「ＩＲ法案」

平成二十二年四月十四日、超党派の議員から構成される国際観光産業振興議員連盟（通称：ＩＲ議連）が発足した。ＩＲとは、聞き慣れない言葉であるが、Integrated Resort（統合型リゾート）の略である。巷では、「カジノ議連」などと呼ばれているが、正確には、これは誤りである。統合型リゾートは、テーマパーク、劇場、シネマコンプレックス、ショッピング・グルメモール、スポーツ施設、国際会議場、ホテルなどにカジノを含んだ複合施設であって、ＩＲ議連は、これらの複合施設を推進し、これによって地域振興や国際観光振興を図ろうとする議連である。

小沢は、幹事長として、ＩＲ議連の中核的役割を担っていた。

小沢の果たした役割は、大きく二つある。一つは、当初、議連で模索していた、カジノの認可や監督まですべて一つの法律の中で規定したフルセットの法案から、政府に必要な検討と法案提出を義務づけるプログラム法へと現実路線に作戦を転換したこと。もう一つは、プログラム法でさえ、どの党も提出に二の足を踏む中で、先陣を切って、日本維新の会として平成二十五年十二月五日に法案を提出したことである。維新案に刺激されて議連での議論が進み、その後、同じような内容の法案が超党派で提出されている（維新案は撤回。その後、解散による超党派案の廃案を経て、平成二十七年四月に、再度、超党派で法案が提出され、平成二十八年十二月十五日紆余曲折を経て、成立した。議連での活動が開始されてから、十余年の年月を経ての成立だった）。

「日銀法改正案」

平成二十五年四月二十五日、日本維新の会及びみんなの党から衆議院に日銀法改正案が提出された。その内容は、小沢が民主党政権時から温めてきた構想を具体化したものであり、小沢は提出者としてこの法律案の提出を主導している。

この法律案は、まず、日本銀行の目的として「雇用及び名目経済成長率に配慮しつつ物価の安定を図るため通貨及び金融の調節を行う」ものとしている。これは、米連邦準備制度理事会（ＦＲＢ）が連邦準備法によって物価安定の維持及び最大雇用の達成を金融政策の目的（デュアル・マンデート）にしているのに対して、現行日銀法が目的・理念の規定に「物価の安定」しか規定されていないことから、雇用及び名目経済成長率への配慮を謳うことにより、ともすればインフレ退治、裏返せばデフレへの無策に傾きがちな日銀の金融政策を是正しようとしたものである。

また、この法律案では、日銀が物価変動目標（インフレ・ターゲット）とその達成時期について政府との間に協定（アコード）を締結することとし、その実効性を確保するために、日銀の役員が役員たるに適しないと認めるときの解任権を規定する一方、日銀の独立性にも一定程度配慮し、目標不達成についての合理的理由の説明があれば解任されないことも規定している。

この法律案の提出に当たって、小沢は自民党に対して「勇気をもって大胆に本当に日本にとって必要なことをやってほしい」と求めた。が、既にアベノミクスによる金融緩和が進んでいたこともあり、菅義偉官房長官は、黒田東彦総裁率いる当時の日銀について「大胆な金融緩和を決定している。今、あらためて日銀法を改正する必要はない」との認識を示している。

ただ、物価変動目標について日銀と政府がアコードを締結するという内容の日銀法改正は、自民党が政権復帰した総選挙直後の自民党安倍晋三総裁も視野に入れていたものである。

小沢は、それに先立つ民主党政権時に与党内において馬淵澄夫、宮崎岳志らとともに「円高・欧州危機等対応研究会」を結成し、その会長として、平成二十四年三月一日に物価変動目標を含む本格的金融緩和に取り組む「QE-EPOCH」（新時代緩和）の断行を要求した提言を民主党の前原誠司政調会長に手渡しており、引き続いて同年五月には物価変動目標に関するアコードを締結する日銀法改正案をまとめている。

このように、小沢がライフワークとして取り組んできた日銀法改正を始めとする金融政策は、アベノミクスを先取りするものであったのだ。

「激動の時」

平成二十八年、小沢鋭仁の思いは届かなかった。維新の党と民主党が合流し、民進党が結成されたのだ。

さらに、七月の参院選では、民進党は共産党と選挙協力をした。

小沢は選挙優先の民進党の姿勢に驚きを隠せなかった。

〈いったい、政策はどうするのか…〉

政治家小沢鋭仁にとって、民進党と共産党の政策や理念を抜きにした選挙協力は、驚き以外の何物でもなかった。

民進党が平成二十八年三月に、結成された時には、小沢が所属する「改革結集の会」にも、合流を打診してきた。それも破格の条件をつけての誘いであった。

「改革結集の会」の五人にとって、民進党に合流することは、次の選挙を考えるうえでは非常にメリットがあった。まして、衆参ダブル選挙が囁かれている状況では、とても魅力的な提案だった。

小沢以外の四人は、民進党との合流に動いた。しかし、小沢は動かなかった。

小沢には、たとえ選挙が厳しい戦いになるとしても、民進党に合流するという選択肢はまったくなかった。

なぜなら、それは小沢の考える政策全てを封印する行動になるからだった。

「改革結集の会」代表の村岡敏英は、小沢のことを思い、小沢を誘った。

「個々人ではなく、政党として合流するのだから、小沢さんも一緒に入りませんか」

村岡の誘いはありがたかった。だが、断らざるをえなかった。

小沢は、これまでにも盟友の誘いを続けて断ってきていた。小沢としては、そのたびに断腸の思いであり、寂しくもあった。

しかし、政治家である以上、すべては政策を軸に行動すべきだという強い信念があった。

よく「選挙に勝って、バッジをつけてこそ政治家だ」と言われている。それも一片の事実ではあろう。が、そのために政治家として日々研鑽してきた政策を売ってしまっては、元も子もない。

小沢は、これまでも当選するために、選挙において全力を尽くしてきた。だが、肝心要の政策を曲げることは一度もしなかった。

小沢には、自身の保身のために、政策や政治理念を曲げることは絶対にしないという強い自負があった。


小沢以外の四人が民進党に参加することにより、「改革結集の会」は、政党要件を満たさなくなった。

一人になった小沢に声をかけたのは、元内閣府特命担当大臣の下地幹郎だった。

下地は、維新の党の分裂後、おおさか維新の会に参加し、国会議員団政調会長を務めていた。小沢と下地とは以前から親交があった。下地は、小沢のことを兄貴と呼び、慕ってくれていた。

平成二十八年三月二十八日、小沢は、下地の誘いを受けて、大阪維新の会に入党することにした。

小沢にとって、おおさか維新の会への入党は、政策的にはまったく問題はなく、望むところだった。

が、分裂時ではなく、少し遅れての合流には、他のおおさか維新の会のメンバーたちから後ろ指を差されるかもしれない、という懸念があった。

しかし、無所属の一議員の立場では、国会での活動にも限界がある。小沢のこだわる政策を実現していくことはとうてい難しい。小沢は、憲法改正の実現をはじめ、政策に対してはそれほど強いこだわりがあった。

平成二十八年七月の参議院選挙の結果、自民党、公明党、おおさか維新の会ら改憲派が参議院でも三分の二以上の議席を占めるようになった。憲法改正の機運がさらに高まったのだ。

おおさか維新の会は、この参院選後、七月末に、国会議員や地方議員を対象に新しい党名についてのアンケート調査を実施した。

「日本維新の会」、「維新の会」、「『維新』を含むその他の名称」の三択を提示したアンケートの結果、「日本維新の会」を選んだ議員が多数を占めた。

八月二十三日、小沢の所属するおおさか維新の会は、党常任役員会、および臨時党大会を大阪市内で開き、党名を「日本維新の会」に改名することを決めた。

小沢は、その後の党内人事において、華やかな役職ではなく、みずから憲法改正に携われる役職を希望し、憲法改正推進委員会の会長に就任した。小沢らしい身の振り方であった。

「政策中心の政治を目指して」

平成二十八年、小沢鋭仁は、六十二歳になった。

政治家としては脂の乗った時期といえる。

しかし、他の政治家と比べれば、平成五年に初当選してからのキャリアは、波乱万丈な政治家人生であったことは否めない。特に、昨今は、党を変わるたびに、いつも苦渋の選択を迫られてきた。民主党代表選への出馬を模索した時もそうである。

小沢が民主党を離党し、党を変わったことを選挙に勝つための行為だと、非難をする人もいた。が、実情は真逆であった。

いつも、選挙と政策を天秤にかけ、政策を選び、自ら苦境を選択していったのが実情であった。政策を選んだことにより、選挙に弱くなってしまった。

三月に民進党への入党の誘いを断った今、小沢は、いよいよ後はない、という覚悟をしている。

小沢は思う。

〈政治家にとって、国民のためになる政治を行うこと、そしてそのために具体的な政策を作り、実行に移す努力をしていくことが何よりも重要だ。選挙に勝つこと、どの政党に所属するか、ということも重要だが、それは政策を実行に移すための一つの手段に過ぎない〉

野党が選挙に大勝して与党になることを目指すのは当然なことだ。

しかし、それは与党になれば、政策を実現することができるからであるべきだ。政策そのものが不在では、ただ権力が欲しいだけの政党になってしまう。それではまったく意味がない。また、野党の立場であれども、政策を提案したり、実行させることは不可能ではない。

今、多くの国民には、「政治不信」が蔓延している。それは投票率の低下などを見れば、明らかだ。その「政治不信」の原因の一つは、党利党略や、政治家個人の私利私欲が優先されているかのような事態や事件が跡を絶たないからであろう。

小沢は思う。

〈良い政策が実現された時は、誰がやったか、何党がやったかは関係なく拍手を送るべきだ。正直に言って自分が実現したかったと思う寂しさはあるが、党利党略で云々する気は毛頭ない。もとより、国民のための政策を実現するために、政治家という道を選んだのだ〉

小沢は、いま、環境大臣経験者としての知見を活かし、東京大学大学院の新領域創成科学研究科の非常勤講師を務め、また政策研究大学院大学で客員研究員として政策決定プロセスの研究を行うなど、政治家以外の地道な活動を愚直に続けている。

小沢にとってみたら、これも国民のための政策実現をするための手段の一つである。

小沢の主導する政策の大半は、いわゆる「票やカネになりやすい」法律などではなく、玄人受けする内容のものが多い。

これは政策通と呼ばれる議員の宿命なのかもしれない。

「政治家小沢鋭仁の矜持」

衆議院の残り任期が二年を切った平成二十九年。政界は波乱含みである。

四年以上の長期政権となった安倍晋三総理は、いつ伝家の宝刀である解散権を行使するのだろうか。

そして、夏に行われる東京都議選を前に、昨年初の女性東京都知事になった小池百合子による小池新党の結成はあるのだろうか。

小沢と志を共にする橋下徹元大阪市長の動向もわからない。

一度は政界を引退し、タレント活動をしている橋下だが、いまでも日本維新の会の法律政策顧問であることには変わりがない。その発言や動向は、いまだに世間の注目を集め続けている。実際、橋下の国政への参入を期待する支持者も多い。

小沢自身も、橋下が大阪府知事や大阪市長時代に示したその突破力には、おおいに期待している。

次期衆院選がいつ、どのような構図で行われるのかはわからない。

小沢は、自身にとって九回目となる衆院選を前に、強く思っている。

〈どんな政治状況になろうとも、自身の初心を忘れず、政治家としての信念を貫き、磨き続けてきた自分の政策を国民に訴えるだけだ〉

小沢は、そう決意している。

あとがき

大下英治先生に、「小沢鋭仁物語」を書いてもらったのは、数年前。民主党代表選へ出馬の準備をしていて、世間からも、少しは注目を浴びていた頃だった。結局不出馬となり、お蔵入りになっていた作品に、その後の維新での活動を加えていただき、今般、出版の運びとなった。私のこれまでの歩みを、まとめておきたいと考えたからだ。自分で読み返してみて、波乱万丈、よくも、こんな生活を送ってこれたものだと感慨深いものがある。実は、まだまだ、語りきれない事柄も、数多くあるが、それは「言わぬが花」ということにしよう。

今の私は依然として衆議院議員の職にあり、これを書いている二〇一七年は、大激変が起こる気配もある。もし、将来必要ならば、補完をしていただくこととして、とりあえず、未完であるが出版とさせていただくこととした。

最後に、支援者あっての政治家であることを、改めて思い、私を支えていただいた支援者の方々、スタッフ、そして、いつも身近で温かく支えてくれた家族、親戚に心より感謝を申し上げ結びとさせていただきたい。

小沢鋭仁《おざわさきひと》物語《ものがたり》
政策《せいさく》中心《ちゅうしん》の政治《せいじ》を目指《めざ》して

二〇一七年二月十九日　第一刷発行

著　者　大下英治《おおしたえいじ》
発行者　田辺修三
発行所　東洋出版株式会社
〒112-0014　東京都文京区関口1-23-6
電話　03-5261-1004（代）
振替　00110-2-175030
http://www.toyo-shuppan.com/

印刷・製本　日本ハイコム株式会社

ISBN978-4-8096-7863-9
定価はカバーに表示してあります